"十四五"国家重点出版物出版规划项目

湖北省公益学术著作
Hubei Special Funds 出版专项资金
for Academic and Public-interest
Publications

"一带一路"倡议与中国国家权益问题研究丛书
总主编／杨泽伟

海上共同开发争端解决机制的
国际法问题研究

黄文博 著

WUHAN UNIVERSITY PRESS
武汉大学出版社

图书在版编目(CIP)数据

海上共同开发争端解决机制的国际法问题研究/黄文博著.—武汉：武汉大学出版社,2022.11

"一带一路"倡议与中国国家权益问题研究丛书/杨泽伟总主编

湖北省公益学术著作出版专项资金项目　"十四五"国家重点出版物出版规划项目

ISBN 978-7-307-23257-0

Ⅰ.海…　Ⅱ.黄…　Ⅲ.海洋开发—海洋法—国际法—研究　Ⅳ.D993.5

中国版本图书馆 CIP 数据核字(2022)第 145461 号

责任编辑:张　欣　　　责任校对:鄢春梅　　　版式设计:马　佳

出版发行：**武汉大学出版社**　（430072　武昌　珞珈山）

（电子邮箱：cbs22@whu.edu.cn　网址：www.wdp.com.cn）

印刷：武汉精一佳印刷有限公司

开本：720×1000　1/16　印张：18.75　字数：268 千字　　插页：2

版次：2022 年 11 月第 1 版　　　2022 年 11 月第 1 次印刷

ISBN 978-7-307-23257-0　　定价：88.00 元

"'一带一路'倡议与中国国家权益问题研究丛书"总序

　　"一带一路"倡议自 2013 年提出以来，迄今已取得了举世瞩目的成就，并产生了广泛的国际影响。截至 2022 年 2 月中国已累计同 148 个国家、32 个国际组织签署了 200 多份政府间共建"一带一路"合作文件。可以说，"一带一路"倡议顺应了进入 21 世纪以来国际合作发展的新趋势，昭示了新一轮的国际政治新秩序的变革进程，并且是增强中国国际话语权的有益尝试；共建"一带一路"正在成为中国参与全球开放合作、改善全球经济治理体系、促进全球共同发展繁荣、推动构建人类命运共同体的中国方案。况且，作为现代国际法上一种国际合作的新形态、全球治理的新平台和跨区域国际合作的新维度，"一带一路"倡议对现代国际法的发展产生了多方面的影响。

　　同时，中国已成为世界第二大经济体、第一大制造国、第一大外汇储备国、第一大债权国、第一大货物贸易国、第一大石油进口国、第一大造船大国、全球最大的投资者，经济对外依存度长期保持在 60% 左右；中国有 3 万多家企业遍布世界各地，几百万中国公民工作学习生活在全球各个角落，2019 年中国公民出境旅游人数高达 1.55 亿人次，且呈逐年上升趋势。可见，中国国家权益涉及的范围越来越广，特别是海外利益已成为中国国家利益的重要组成部分。因此，在这一背景下出版"'一带一路'倡议与中国国家权益问题研究丛书"，具有重要意义。

　　首先，它将为落实"十四五"规划和实现 2035 年远景目标提供理论支撑。习近平总书记在 2020 年 11 月中央全面依法治国工作会议上强调，"要坚持统筹推进国内法治和涉外法治"。《中华人民共和国国民经济和社会发展第十四个五年规划和 2035 年远景目标纲要》提出要"加强涉外法治体系建设，加强涉外法律人才培养"。中国 2035 年的远景目标包括"基本实现国家治理体系和治理能力现代化""基本建成法治国家、法治政府、法治社会"。涉外法治体系是实现国家治理体系和治理能力现代化，基本建成法治国家、法治政府、法治社会的重要方面。本丛书重点研究"全球海洋治理法律问题""海上共同开发争端解决机制的国际法问题"以及"直线基线适用的法律问题"等，将有助于统筹运用国际法完善中国涉外立法体系，从而与国内法治形成一个相辅相成且运行良好的系统，以助力实现"十四五"规划和 2035 年远景目标。

其次，它将为推动共建"一带一路"高质量发展提供国际法方面的智力支持。十九届五中全会明确提出继续扩大开放，坚持多边主义和共商共建共享原则，推动全球治理变革，推动构建人类命运共同体。本丛书涉及"'一带一路'倡议与中国国际法治话语权问题""'一带一路'倡议在南太平洋地区推进的法律问题""'一带一路'背景下油气管道过境法律问题"等。深入研究这些问题，既是对中国国际法学界重大关切的回应，又将为推动共建"一带一路"高质量发展提供国际法方面的智力支持。

再次，它将为中国国家权益的维护提供国际法律保障。如何有效维护中国的国家主权、安全与发展利益，切实保障国家权益，共同应对全球性风险和挑战，这是"十四五"规划的重要任务之一。习近平总书记特别指出"要强化法治思维，运用法治方式，有效应对挑战、防范风险，综合利用立法、执法、司法等手段开展斗争，坚决维护国家主权、尊严和核心利益"。有鉴于此，本丛书涵盖了"中国国家身份变动与利益保护的协调性问题""国际法中有效控制规则研究"等内容，能为积极运用国际法有效回应外部挑战、维护中国国家权益找到答案。

最后，它还有助于进一步完善中国特色的对外关系法律体系。对外关系法是中国特色社会主义法律体系的重要组成部分，也是处理各类涉外争议的法律依据。涉外法治是全面依法治国的重要内容，是维护中国国家权益的"巧实力"。然而，新中国成立以来，中国对外关系法律体系不断发展，但依然存在不足。随着"一带一路"倡议的深入推进，中国对外关系法律体系有待进一步完善。而本丛书探讨的"'一带一路'倡议与中国国际法治话语权问题""全球海洋治理法律问题""'一带一路'背景下油气管道过境法律问题""海上共同开发争端解决机制的国际法问题"等，既有利于中国对外关系法律体系的完善，也将为中国积极参与全球治理体系变革、推动构建人类命运共同体提供国际法律保障。

总之，"'一带一路'倡议与中国国家权益问题研究丛书"的出版，既有助于深化国际法相关理论问题的研究，也有利于进一步提升中国在国际法律秩序发展和完善过程中的话语权、有益于更好地维护和保障中国的国家权益。

作为享誉海内外的出版社，武汉大学出版社一直对学术著作鼎力支持；张欣老师是一位充满学术情怀的责任编辑。这些得天独厚的优势，保证了本丛书的顺利出版。趁此机会，本丛书的所有作者向出版社的领导和张欣老师表示衷心的感谢！另外，"'一带一路'倡议与中国国家权益问题研究丛书"，议题新颖、涉及面广，且大部分作者为学术新秀，因此，该丛书难免会存在不足和错漏，敬请读者斧正。

杨泽伟 [1]

2022 年 2 月 19 日

武汉大学国际法研究所

---

[1]　教育部国家重大人才计划特聘教授、武汉大学珞珈杰出学者、二级教授、法学博士、武汉大学国际法研究所博士生导师，国家高端智库武汉大学国际法治研究院团队首席专家，国家社科基金重大招标项目、国家社科基金重大研究专项和教育部哲学社会科学研究重大课题攻关项目首席专家。

目　　录

引言 …………………………………………………………… 1

一、研究意义 ………………………………………………… 1

二、国内外研究现状 ………………………………………… 2

三、研究范围和研究方法 ………………………………… 13

第一章　海上共同开发争端解决机制概述 ………… 16

第一节　海上共同开发的概念 ………………………… 16

一、国内外学者的观点 …………………………………… 16

二、国内外学者的共识及主要争议点 ………………… 21

三、本书采用的海上共同开发概念 …………………… 25

第二节　海上共同开发争端的界定 ………………… 36

一、海上共同开发争端的概念 ………………………… 36

二、海上共同开发争端产生的原因 …………………… 39

三、海上共同开发争端的特点 ………………………… 41

四、海上共同开发争端的分类 ………………………… 44

第三节　海上共同开发争端解决机制的界定 …… 47

一、海上共同开发争端解决机制的概念 ……………… 47

二、海上共同开发争端解决机制的内容与特点 …… 48

本章小结 …………………………………………………… 51

第二章　海上共同开发争端解决的基本原则 ……… 54

第一节　和平解决国际争端原则 …………………… 54

一、和平解决国际争端原则概述 ……………………… 54

二、和平解决国际争端原则在海上共同开发争端解决中的

　　应用 …………………………………………………… 56

第二节　国际合作原则 ……………………………………… 58

　　一、国际合作原则概述 …………………………………… 58

　　二、国际合作原则在海上共同开发争端解决中的应用 …… 59

第三节　诚信原则 …………………………………………… 62

　　一、诚信原则概述 ………………………………………… 62

　　二、诚信原则在海上共同开发争端解决中的应用 ……… 64

第四节　可持续发展原则 …………………………………… 68

　　一、可持续发展原则概述 ………………………………… 68

　　二、可持续发展原则也应成为海上共同开发争端解决

　　　遵循的原则 ………………………………………… 72

　本章小结 …………………………………………………… 76

第三章　海上共同开发争端解决的一般方法及其特点 ……… 78

第一节　海上共同开发争端解决的一般方法 ……………… 78

　　一、协商或谈判 …………………………………………… 78

　　二、仲裁 …………………………………………………… 80

　　三、联合管理机构解决 …………………………………… 83

　　四、专家裁决 ……………………………………………… 86

　　五、法院诉讼 ……………………………………………… 89

　　六、领导人决策 …………………………………………… 90

第二节　海上共同开发争端解决方法适用的特点 ………… 91

　　一、协商或谈判是最基本的海上共同开发争端解决方法 …… 91

　　二、仲裁是海上共同开发争端解决的重要方法 ………… 92

　　三、仲裁与协商或谈判可相互衔接 ……………………… 95

　　四、以调解为代表的第三方介入的方法不受重视 ……… 98

　　五、法院诉讼的作用较为有限 …………………………… 100

第三节　影响海上共同开发争端解决方法选择的因素 …… 102

　　一、各国的文化传统 ……………………………………… 102

　　二、管理模式 ……………………………………………… 103

三、共同开发的对象…………………………………… 106
本章小结…………………………………………………… 107

第四章 海上共同开发争端解决可适用的法律……………… 109
第一节 海上共同开发争端解决适用的共同开发法律文本 … 109
一、适用海上共同开发协定……………………………… 109
二、适用共同开发合同…………………………………… 112
三、适用专门的海上共同开发法规……………………… 114
第二节 海上共同开发争端解决适用的国内法…………… 117
一、根据当事人自主选择而适用一国的国内法………… 117
二、在当事人未选择时的法律适用……………………… 121
第三节 海上共同开发争端解决适用的国际公约………… 122
一、《联合国海洋法公约》……………………………… 122
二、《能源宪章条约》…………………………………… 124
三、国际海洋环境保护类国际公约……………………… 127
四、人权类国际公约……………………………………… 130
本章小结…………………………………………………… 134

第五章 海上共同开发争端解决机制的完善………………… 136
第一节 海上共同开发争端解决机制的缺陷及其完善……… 136
一、现有的海上共同开发争端解决机制存在诸多缺陷… 136
二、完善海上共同开发争端解决机制…………………… 143
第二节 加强对争端的预防………………………………… 147
一、完善协定或合同条款………………………………… 147
二、加强风险识别与防范………………………………… 147
三、建立信息共享机制…………………………………… 150
四、完善监督机制………………………………………… 152
第三节 增加第三方介入的方法…………………………… 155
一、调解…………………………………………………… 156
二、国际组织介入………………………………………… 161
三、对非法律性第三方介入的方法补充说明的几个问题 … 165

第四节　将调解与仲裁进行组合或衔接……………………… 167

一、将调解与仲裁进行组合或衔接的基础…………… 167

二、将调解与仲裁相结合的两种模式………………… 168

三、在海上共同开发争端解决中将调解与仲裁相结合

应注意的问题…………………………………… 170

本章小结………………………………………………… 172

第六章　南海共同开发现状综述………………………………… 173

第一节　南海海洋资源被周边国家大肆掠夺………………… 174

一、越南……………………………………………… 175

二、菲律宾…………………………………………… 176

三、马来西亚………………………………………… 177

四、印度尼西亚……………………………………… 178

五、文莱……………………………………………… 179

第二节　南海周边国家的共同开发实践……………………… 180

一、马来西亚与泰国共同开发案…………………… 180

二、马来西亚与越南共同开发案…………………… 182

三、马来西亚与文莱共同开发案…………………… 183

四、马来西亚与印度尼西亚共同开发案…………… 185

第三节　中国推进南海共同开发的实践与进展……………… 185

一、中国与越南……………………………………… 186

二、中国与菲律宾…………………………………… 189

三、中国与马来西亚………………………………… 194

四、中国与文莱……………………………………… 195

五、中国与印尼……………………………………… 197

本章小结………………………………………………… 198

第七章　与中国有关的共同开发争端及对南海共同开发的启示

………………………………………………………… 202

第一节　中国与日韩共同开发争端………………………… 202

一、中国与日韩共同开发争端的背景……………… 202

二、中国政府的应对·· 204

三、中国与日韩共同开发争端的特点·················· 206

第二节　中韩渔业争端·· 207

一、中韩渔业争端的背景······························· 208

二、中国政府的应对··································· 211

三、中韩渔业争端的特点······························· 212

第三节　对南海共同开发的启示··························· 215

一、划界才是有效避免海上共同开发争端产生的根本··· 215

二、尊重第三方的合法权益······························· 215

三、务必要重视争端解决条款···························· 216

四、贯彻落实好《中华人民共和国海警法》············· 217

五、强大的综合国力是争端解决的重要保证············· 219

本章小结··· 219

第八章　南海共同开发争端解决机制的构建及其适用············ 222

第一节　明确中国政府对第三方介入的方法解决国际
　　　　争端的立场··· 222

一、中国政府重视和鼓励以调解的方式解决国内和国际
　　争端··· 223

二、中国政府对国际仲裁的态度由谨慎转为开放·········· 224

三、中国政府对国际法院解决争端的方法仍有诸多限制 ··· 226

第二节　中国政府在南海共同开发争端解决机制的构建与
　　　　适用应注意的问题································· 227

一、总结和吸取此前与中国有关的海上共同开发争端
　　实践的教训··· 228

二、做好争端的预防与应对····························· 228

三、参考和协调南海地区有关争端解决的国际法律框架 ··· 229

第三节　中国石油公司在南海共同开发争端解决机制的
　　　　构建与适用应注意的问题························· 231

一、做好风险的识别与预防····························· 232

二、明确中国法律对争端解决的相关规定················· 232

三、制定争端解决的多步方案·······························234

四、要重视仲裁解决争端的方法·······················235

五、履行公司的社会责任·································239

本章小结···243

结论···245

参考文献···249

后记···288

引　言

一、研究意义

自中国政府提出"搁置争议，共同开发"以来，中国与周边邻国在海洋环境保护与资源开发的合作等方面取得了积极进展。2004年6月30日《中越北部湾划界协定》和《中越北部湾渔业协定》生效；2005年3月14日中国与菲律宾和越南签署了《在南中国海协议区联合海洋地震工作协议》；2011年10月11日，中越两国缔结了《关于指导解决中国和越南海上问题基本原则协议》，并于2011年10月15日发布了《中越联合声明》；2013年10月11日中国与文莱共同发表了《中华人民共和国和文莱达鲁萨兰国联合声明》，为推动海上共同开发创造了有利条件；2018年中菲两国签署了《关于油气开发合作的谅解备忘录》及《关于建立政府间联合指导委员会和企业间工作的职责范围》等文件。此外，马来西亚与越南、马来西亚与泰国、马来西亚与文莱、马来西亚与印度尼西亚的共同开发实践也表明，海上共同开发是推进南海国家之间能源合作、缓和南海局势和实现互利共赢的重要举措。因而，研究海上共同开发具有重要意义。

海上共同开发的实现需要一系列法律制度做保障，其中争端解决机制又因其突出的作用和功效，而值得深入研究。从横向看，争端解决机制与其他法律机制一起，构成了海上共同开发协定和国际石油合同的核心内容，共同保障协定和合同的有效实施；从纵向看，争端解决机制是保护各开发主体利益的最后一道屏障，能在争端产生后为争端主体解决争端提供最直接的法律依据。因此，海上共同开发争端解决机制的研究更具有理论和现实意义。

从理论上而言，海上共同开发争端解决机制的研究能拓展和丰富海上共同开发理论研究的范围。目前对海上共同开发的理论研究主要侧重于宏观层面，对具体制度如争端解决机制等问题的关注度不够，研究成果也较为缺乏。因此，从争端解决机制的角度来开展对海上共同开发的研究，能引起学术界对具体制度的重视，进一步丰富海上共同开发的研究范围。

从现实的角度而言，研究海上共同开发争端解决机制有助于海上共同开发活动的推进。海上共同开发协定和国际石油合同的签订与实施，都伴随各主体之间权利的对抗和对利益的竞逐，难免产生争端。而对海上共同开发争端进行研究，有助于进一步了解和总结海上共同开发争端产生的原因和争端的特点，并为争端的预防及解决提供有价值的方案，以减少阻力，为后续开发活动的推进提供参考。

此外，研究现有的海上共同开发争端解决机制能为中国南海共同开发做好准备。中国政府致力于推进南海共同开发，相关国家也释放了积极信号，表示愿意与中国开展合作。中国要推进南海共同开发进程，必须做好各方面的准备工作。其中，争端的预防及解决是必须要面对和研究的一个重要方面。深入剖析海上共同开发争端解决机制，有利于化解和消除南海共同开发当事国之间的矛盾和分歧，实现双方互利共赢。

二、国内外研究现状

随着中国与周边国家海洋权益的斗争日趋激烈，中国对海洋权益高度重视，并将领土与海域划界视为关乎国家核心利益的问题而坚决予以维护。学术界也响应国家号召，纷纷开展海洋法领域的研究，为国家海洋权益的维护献计献策。其中，海上共同开发是该领域研究的热点。相比于国外，国内学者对海上共同开发的研究起步较晚，研究的范围和深度也有限，而且并无专门针对海上共同开发争端解决机制问题的研究。国内现有的对海上共同开发争端解决机制的论述少量地分散在与海上共同开发协定框架有关的著述中，而且论述也并不全面和深入。国外学者虽然对海上共同开发的研究起

步较早，研究成果也更加丰富，但对于争端解决机制的研究也相当
有限。

（一）国内研究现状

在中国的海洋权益面临重大挑战和国家对能源有迫切需求的大
背景下，学界对海上共同开发的研究热情日益高涨。他们通过论证
海上共同开发的合理性和可行性等问题，试图突破未决海域划界争
端带来的困境。因而现有的研究主要以服务于解决海域划界争端和
维护海洋权益为目的，多以中日东海大陆架划界和南海争端为视
角，并结合世界范围内已有的海上共同开发实践，来探讨东海和南
海共同开发的具体方案。这些研究成果丰硕，具有重大的参考价
值。但遗憾的是，在这些成果中，较少有关于争端解决机制的
论述。

1. 著作类。国内关于海上共同开发研究的专著数量较少，而
且在这些著作中鲜有关于争端解决机制的论述。国内第一本关于海
上共同开发研究的专著是蔡鹏鸿先生的《争议海域共同开发的管理
模式：比较研究》。① 蔡先生将共同开发限定在争议海域，并详细
论述了第三方地位和角色、开发区的区域定位、开发方式的选择、
适用的法律、管理机制、财税征收等具体问题，还重点分析了冰
岛—挪威共同开发案等十个案例，且均附有海上共同开发协定文
本。虽然该书并未涉及争端解决机制的内容，但它首次较为全面地
分析了海上共同开发的理论与实践，并提供了丰富翔实的资料，为
海上共同开发的后续研究奠定了坚实的基础。

另一部重要的著作为外交部法律司萧建国先生的《国际海洋边
界石油的共同开发》一书。在蔡书的基础上，萧书进一步论述了共
同开发的理论问题，包括共同开发的国际法依据，合作原则是共同
开发的理论基础，共同开发制度的框架内容等。与蔡书不同的是，
萧书将共同开发分为争议海域的共同开发和跨界的共同开发两种，

---

① 参见蔡鹏鸿：《争议海域共同开发的管理模式：比较研究》，上海社
会科学院出版社1998年版。

梳理了中国及邻国对近海石油勘探开发历程，最后还展望了中国进行共同开发的愿景。① 与蔡书不同，萧书涉及了对争端解决机制的研究。在共同开发制度框架中，萧先生专门提到了共同开发争端的解决，论述了争端的分类和解决方式，以及争端解决适用的法律。② 虽然该书只是对共同开发争端解决机制做了简单的梳理，但这是国内首次论及海上共同开发争端解决机制的专著，为后续争端解决机制的研究做了前期铺垫。

近年来，国内一直持续对海上共同开发的研究并产生了许多优秀的学术成果，代表性的有四川大学法学院的杨翠柏教授于 2016 年出版的《南沙群岛油气资源共同开发法律研究》，该书立足于南海共同开发，在前人研究的基础上比较了现有的共同开发区的管理机制、共同开发的模式、共同开发区的财税制度，并分别作出了适合南海共同开发的选择；③ 还有武汉大学国际法研究所的杨泽伟教授主编的《海上共同开发国际法问题研究》，该书也涉及了海上共同开发的基础理论和国际实践，以及相关的海洋法问题；④ 和厦门大学南海研究院助理教授董世杰的《争议海域既有石油合同的法律问题研究》，该书对争议海域既有石油合同的基本理论问题，争议海域既有石油合同的法律效力分析，争议海域既有石油合同的处理方式，以及中国周边争议海域既有石油合同的处理对策建议均做了深入论述；⑤ 以及大连海事大学法学院的邓妮雅老师的《海上共同开发管理模式法律问题研究》一书，将海上共同开发管理模式作为

①　参见萧建国：《国际海洋边界石油的共同开发》，海洋出版社 2006 年版。

②　参见萧建国：《国际海洋边界石油的共同开发》，海洋出版社 2006 年版，第 151~155 页。

③　参见杨翠柏、何苗、陈嘉、张倩雯：《南沙群岛油气资源共同开发法律研究》，南京大学出版社 2016 年版。

④　参见杨泽伟主编：《海上共同开发国际法问题研究》，社会科学文献出版社 2016 年版。

⑤　参见董世杰：《争议海域既有石油合同的法律问题研究》，武汉大学出版社 2019 年版。

研究对象，全面介绍了海上共同开发管理模式法律框架的构建，海上共同开发联合管理机构的类型与职权，海上共同开发管理模式及其机构的发展趋势，以及中国在南海共同开发管理模式上的选择；① 海南大学法学院何海榕老师的《泰国湾海上共同开发法律问题研究》一书则将研究视角聚焦于泰国湾海域，详细分析了泰国湾海上共同开发的背景、谈判进展，泰国湾海上共同开发的法律文件及其执行，泰国湾海上共同开发的效果及对中国的启示。② 这些著作进一步丰富了海上共同开发的理论研究，但由于研究视角的不同，这些著作并未侧重于争端解决机制，仅在著作中略有提及而未做更深入的论述。

2. 论文类。相较于专著，研究海上共同开发问题的论文数量较多，可以分为如下几类：

第一类为海上共同开发基础理论方面的研究，这类研究多涉及较为宏大的理论问题，代表性著作有：林忠于 1998 年发表在《现代法学》的《中国与共同开发的学术探讨》、余民才于 2001 年发表在《法学家》的《论国际法上海洋石油共同开发的概念》、肖建国于 2003 年发表在《外交学院学报》的《论国际法上共同开发的概念及特征》、万霞和宋冬于 2007 年发表在《太平洋学院》的《争议海域的共同开发制度——从邓小平和平解决国际争端的外交思想说开去》、杨泽伟于 2011 年发表在《江苏大学学报（社会科学版）》的《"搁置争议，共同开发"原则的困境与出路》、杨泽伟于 2014 年发表在《东方法学》的《论海上共同开发的发展趋势》等。

第二类为专门针对中国东海与南海共同开发问题的研究，这类研究基于南海与东海的现实情况，并结合已有的海上共同开发实践，设计出可行的共同开发方案。代表性著作有：周忠海于 2003 年发表在《厦门大学法律评论》的《论南中国海共同开发的法律问

① 参见邓妮雅：《海上共同开发管理模式法律问题研究》，武汉大学出版社 2019 年版。

② 参见何海榕：《泰国湾海上共同开发法律问题研究》，武汉大学出版社 2020 年版。

题》、余民才于 2005 年发表在《法商研究》的《中日东海油气争端的国际法分析——兼论解决争端的可能方案》、鞠海龙和张三保于 2006 年发表在《社会主义研究》的《对中日东海划界的现实思考——从邓小平"搁置争议、共同开发"和平解决国际争端的视角》、贾宇于 2007 年发表在《世界经济与政治论坛》的《中日东海共同开发的问题与前瞻》、蔡鹏鸿于 2008 年发表在《现代国际关系》的《中日东海争议现状与共同开发前景》、李国选于 2008 年发表在《南洋问题研究》的《南海共同开发制度化：内涵、条件与制约因素》、安应民于 2011 年发表在《当代亚太》的《论南海争议区域油气资源共同开发的模式选择》、张丽娜于 2012 年发表在《法学杂志》的《南海油气资源共同开发的主体适格性》、李金明于 2015 年发表在《太平洋学报》的《中菲礼乐滩油气资源"共同开发"的前景分析》、罗国强于 2015 年发表在《法学论坛》的《〈中日东海问题原则共识〉与东海共同开发——结合钓鱼岛与防空识别区问题的讨论》、李金明于 2018 年发表在《太平洋学院》的《中菲南海油气资源"共同开发"的可行性研究》、余文全于 2020 年发表在《国际论坛》的《中菲南海争议区域共同开发：曲折过程与基本难题》、祁怀高于 2021 年发表在《太平洋学报》的《马来西亚的共同开发政策及中马共同开发前景》等。

第三类为海上共同开发的案例研究，这类研究选取典型的海上共同开发案例，全面地剖析个案的基本情况，并总结出应从中吸取的经验与教训。代表性的文章有：罗国强和郭薇于 2012 年发表在《南洋问题研究》的《南海共同开发案例研究》、何海榕于 2015 年发表在《太平洋学报》的《马泰与马越共同开发案的比较研究》、邓妮雅于 2016 年发表在《中国海洋大学学报（社会科学版）》的《日韩共同开发东海大陆架案及其对中国的启示》、匡增军和欧开飞于 2016 年发表在《边界与海洋研究》的《俄罗斯与挪威的海上共同开发案评析》、黄文博于 2017 年发表在《武大国际法评论》的《东帝汶诉澳大利亚仲裁案及其对中国的启示》、王阳于 2017 年发表在《战略决策研究》的《"仲裁案"后南海共同开发的思路：基于英国和阿根廷共同开发个案的分析与借鉴》、何海榕于 2019 年发表在《中国海洋报》的《试析塞舌尔毛里求斯外大陆架共同开发案》等。

第四类为对海上共同开发具体问题的研究，这类研究具有较强的法律性和针对性，代表性的文章有：杨泽伟于 2014 年发表在《时代法学》的《论海上共同开发"区块"的选择问题》、董世杰于 2015 年发表在《武大国际法评论》的《海上共同开发区的法律适用》、杨泽伟于 2017 年发表在《法学评论》的《海上共同开发的先存权问题研究》、黄文博于 2017 年发表在《中国海洋大学学报（社会科学版）》的《论海上共同开发监督机制的完善及其在南海的适用》、邓妮雅于 2018 年发表在《中国海洋大学学报（社会科学版）》的《"一带一路"倡议下南海资源共同开发的模式选择》、杨泽伟于 2018 年发表在《东方法学》的《论海上共同开发争端的解决及中国的选择》、吴晓明于 2018 年发表在《社会科学》的《绿色发展法治理念：海洋边界油气田共同开发的必然选择》、何秋竺于 2019 年发表在《广西大学学报（哲学社会科学版）》的《"人类命运共同体"视域下南海资源共同开发区的建设》等。

从上述成果中不难发现，国内对海上共同开发的研究主要集中于理论和宏观层面，并逐渐将研究视角转向微观领域，开始重视海上共同开发具体制度的专门研究。但由于共同开发活动的推进需要多种制度作支撑，现有的对案例和具体制度的理论研究仍然较为有限，不足以满足实践的需要。而对海上共同开发争端解决机制而言，现有的研究主要集中在以下三个方面：

第一，在海上共同开发框架内容的一般性论述中涉及争端解决机制。例如上述萧建国先生的《国际海洋边界石油的共同开发》一书。

第二，在具体个案研究中分析该案的争端解决机制。例如匡增军和欧开飞于 2016 年发表在《边界与海洋研究》的《俄罗斯与挪威的海上共同开发案评析》一文在分析俄罗斯与挪威海上共同开发协定的主要内容时，就论及该协定规定的争端解决的方法，包括谈判与协商、仲裁和专家裁定。邓妮雅于 2016 年发表在《中国海洋大学学报（社会科学版）》的《日韩共同开发东海大陆架案及其对中国的启示》一文在论述日韩海上共同开发协定的内容时，也涉及争端的解决。何海榕老师于 2020 年出版的《泰国湾海上共同开发法律问题研究》一书，在论述泰国湾海上共同开发的执行时，对共同开发的争端解决机制也是做了简要梳理。

第三，为中国共同开发争端的解决建言献策。例如曾加和魏欣于 2012 年发表在《山东科技大学学报（社会科学版）》的《中日东海油气资源共同开发中的争端解决》一文中，作者较为详细地论述了海上共同开发争端的类型与解决途径、争端解决适用的法律，并提出了中日海上共同开发争端解决机制的几点构想。王承志于 2014 发表在《中山大学法律评论》的《共同开发南中国海油气资源的法律问题》一文中，作者依据性质的不同，将争端分为国际公法性争端、国际私法性争端和国际投资争端三类，并在借鉴世界贸易组织等争端解决机制的基础上，建议在东盟组织框架下设立专门的争端解决机构。杨泽伟教授于 2018 年发表在《东方法学》的《论海上共同开发争端的解决及中国的选择》一文，也较为详尽地梳理了争端的类型，争端产生的原因，争端解决的方法及中国的选择。

（二）国外研究现状

国外对海上共同开发的实践和理论研究均早于国内。在 20 世纪 50 年代，在中东的波斯湾地区就出现了海上石油资源的共同开发实践。1958 年 2 月巴林和沙特阿拉伯签订《关于波斯湾大陆架划界协定》，确立了世界上第一个海上石油共同开发制度。随着共同开发实践的不断出现，与之相关的理论研究和学术活动也相继展开。美国的法律石油专家威廉·奥挪拉多（William T. Onorato）是对共同开发进行全面理论探索的先驱，他在 1968 年发表了一篇文章《国际共有石油储藏的分配》（Apportionment of an International Common Petroleum Deposit），对共同开发作了较全面的论述。[1] 随后，英国国际法和比较法研究所组织了一个由学术界、石油专家和律师组成的小组，专门就海上共同开发进行研究，并起草完成了共同开发协定范本，于 1990 年汇编而成《近海油气的共同开发》上下

---

[1]　参见 William T. Onorato, Apportionment of an International Common Petroleum Deposit, International and Comparative Law Quarterly, Vol. 17, 1968。

两卷（Joint Development of Offshore Oil and Gas：A Model Agreement for States for Joint Development with Explanatory Commentary）（Volume Ⅰ，Ⅱ）。① 这两卷书的出版，标志着国外对海上共同开发的研究达到了较高水平。

1. 著作类。相较于国内，国外有关海上共同开发的研究成果数量更多。除了大量散见于与海域划界和能源开发等有关的著述中，还有部分针对海上共同开发研究的专著。这些专著主要为综合性的研究，即全面论述了海上共同开发的理论及实践问题。

首先要重点介绍的是上述英国国际法和比较法研究所汇编而成的《近海油气的共同开发》（上下两卷），它迄今为止仍是研究海上共同开发问题较为重要的著作。该书上卷介绍了海上共同开发的基础理论和海上共同开发协定应包含的内容，并设计了海上共同开发协定的模板。其中，在第二部分即海上共同开发协定内容中，较为详细地论述了海上共同开发争端解决机制，包括争端解决的方法、争端解决适用的法律、联合委员会的作用、争端的分类、仲裁裁决的承认与执行、国家豁免等问题，是目前研究争端解决机制最重要的、最全面的英文参考著作之一。该书下卷则转向海上共同开发具体问题的研究，包括潜在的共同开发区，共同开发海洋环境保护，以及具体个案的研究。其中，在分析日韩共同开发协定时，还简短地介绍了争端解决条款。

其次是一本论文集，即 Beyond Territorial Disputes in the South China Sea。② 此论文集，收录了一些较新的研究成果。第一部分有两篇文章，论述了南海争端的基本情况；第二部分有四篇文章，主要涉及海上共同开发的原则、前提条件和主要条款；第三部分也有四篇文章，剖析了亚洲地区的海上共同开发案例；最后一部分有两

---

① 参见 Hazel Fox, Paul McDade, Derek Rankin Reid（eds.），Joint Development of Offshore Oil and Gas：A Model Agreement for States for Joint Development with Explanatory Commentary（Volume Ⅰ，Ⅱ），The British Institute of International and Comparative Law, 1989, 1990。

② 参见 Robert Beckman, Ian Townsend Gault, Clive Schofield（eds.），Beyond Territorial Disputes in the South China Sea, Edward Elgar, 2013。

篇文章，总结了南海共同开发的影响因素及其推进的具体举措。该书在第六篇文章中，在论述海上共同开发协定的法律结构和核心问题时，结合澳大利亚与东帝汶的共同开发协定和英国与挪威的共同开发协定，提出争端解决不仅有仲裁，还有调解等其他方式，并说明了争端解决条款对海上共同开发的重要意义。①

其三是专著 Joint Development of Hydrocarbon Deposits in the Law of the Sea，② 该书重点论述了跨界的共同开发和重叠海域的共同开发两种情形，及其相应的国家实践。该书在第 6 部分论述海上共同开发包含的基本的法律和功能性要素中，将争端解决与法律适用结合在一起论述。作者认为，法律适用与争端解决是海上共同开发的基础要素，这两项要素的缺失将直接导致法律的不确定性。作者还以具体的海上共同开发协定中的争端解决条款为例，来分析导致争端解决机制差异性的原因。此外，作者还论及海上共同开发争端解决机制与共同开发当事国国内法律之间的协调问题。③ 这是近年来，对争端解决机制研究得较为深入的成果之一。

从上述成果中不难发现，虽然国外著作对海上共同开发争端解决机制的研究也很有限，但国外更早地开始关注到争端解决机制，而且研究较为深入。

2. 论文类。关于海上共同开发的英文论文不胜枚举，研究的视角与国内相近，主要有如下几类：

第一类是关于海上共同开发基础理论的研究，代表性的文章有：Apportionment of an International Common Petroleum Deposit（William T. Onorato, International and Comparative Law Quarterly, Vol. 17, 1968）；Taming Troubled Waters：Joint Development of Oil

---

① 参见 Robert Beckman, Ian Townsend Gault, Clive Schofield（eds.）, Beyond Territorial Disputes in the South China Sea, Edward Elgar, 2013, pp. 174-175。

② 参见 Vasco Becker Weinberg, Joint Development of Hydrocarbon Deposits in the Law of the Sea, Springer, 2014。

③ 参见 Vasco Becker Weinberg, Joint Development of Hydrocarbon Deposits in the Law of the Sea, Springer, 2014, pp. 137-140。

and Mineral Resources in Overlapping Claim Areas（Mark J. Valenica,
San Diego Law Review, Vol. 23, 1986）；The Basic Concept of Joint
Development of Hydrocarbon Resources on the Continental Shelf
（Masahiro Miyoshi, International Journal of Estuarine and Coastal Law,
Vol. 3, 1988）；Joint Development of Common Offshore Oil and Gas
Deposits："Mere"State Practice or Customary International Law ?
（David M. Ong, The American Journal of International Law, Vol. 93,
1999）等。

第二类是探析东海与南海共同开发，代表性的文章有：
Southeast Asian Seas：Joint Development of Hydrocarbons in
Overlapping Claim Areas ?（Mark J. Valenica, Masahiro Miyoshi,
Ocean Development and International Law, Vol. 16, 1986）；Joint
Development Agreements of Offshore Hydrocarbon Deposits：An
Alternative to Maritime Delimitation in the Asia-Pacific Region（Vasco
Becker-Weinberg, China Oceans Law Review, No. 1, 2011）；Vietnam
and the South China Sea Dispute：Sovereign Claim, Energy Security and
Joint Development Agreement（Min Van Pham, The Journal of
Territorial and Maritime Studies, Vol. 1, 2014）等。

第三类是案例研究，代表性的文章有：Vietnam and Joint
Development in the Gulf of Thailand（Nguyen Hong Thao, Asian
Yearbook of International Law, Vol. 8, 1998）；The 1979 and 1990
Malaysia-Thailand Joint Development Agreements：A Model for
International Legal Cooperation in Common Offshore Petroleum Deposits?
（David M. Ong, The International Journal of Marine and Coastal Law,
Vol. 14, 1999）；Model Agreements for Joint Development：A Case
Study（Chidinma Bernadine Okafor, Journal of Energy & Natural
Resources Law, Vol. 25, 2007）等。

第四类是对海上共同开发具体问题的研究，代表性的文章有：
Marine Environmental Protection in Joint Development Agreements
（Cecilia A. Low, Journal of Energy & Natural Resources Law, Vol. 30,
2012）等。

从上述研究成果可知，虽然国外对于海上共同开发研究起步早，但随着国内学术界近年来对海上共同开发问题的高度关注，国内外研究成果均较为丰硕。同国内的研究一样，目前国外也没有对争端解决机制进行专门研究的论文，现有的研究成果也主要存在于对海上共同开发协定框架的一般性研究和对个案研究中，而且数量和篇幅都很有限。前者如 Model Agreements for Joint Development：A Case Study（Chidinma Bernadine Okafor，Journal of Energy & Natural Resources Law，Vol. 25，No. 1，2007），该文论述了不同的海上共同开发协定对争端解决的不同规定。还有 Cross-Border Unitization and Joint Development Agreements：An International Law Perspective（Ana E. Bastida，Adaeze Ifesi-Okoye，Salim Mahmud，James Ross，Thomas Walde，Houston Journal of International Law，Vol. 29，2007）一文中，作者认为每个海上共同开发协定中都应当包含争端解决机制的条款，而且争端可以提交给第三方解决或由第三方介入。

后者是在具体的案例中分析争端解决机制。例如 Vietnam and Joint Development in the Gulf of Thailand（Nguyen Hong Thao，Asian Yearbook of International Law，Vol. 8，1998），文中作者分析了马来西亚和越南的争端解决模式具有商业性，争端解决更为灵活。

（三）国内外研究的不足

虽然国内外对海上共同开发的研究均涉及争端解决机制，且研究也取得了一定成果，但研究的广度和深度均具有很大的局限性。这主要表现在以下几个方面：

1. 对争端解决机制的研究深度不够。现有的研究只是简单介绍法律文本中的争端解决条款，而没有深入地探究该条款背后隐藏的相关的法学理论，以及体现出的相关当事国解决国际争端的一贯立场和实践。因而，需要加深对争端解决机制研究的理论深度。

2. 对争端解决机制的研究没有做到理论与实践相结合。争端解决机制到底是如何运作的，对于海上共同开发争端的解决效果到底如何，有哪些方面需要进一步改进？争端解决机制本身具有很强的功效性，它能否有效地解决海上共同开发争端，直接关系到开发活动能否顺利推进。因此，将争端解决机制具体运用到争端的解决中并客观地评估其效果，是争端解决机制最具价值的研究之一。但是现有的研究成果并未将争端解决机制与具体争端的解决相结合，理论研究与实践严重脱节，导致现有的研究成果对海上共同开发争端解决实践所体现的现实指导意义比较有限。

3. 争端解决机制的研究文本比较单一。海上共同开发实践遍布世界各地，每一个案例都有其特点，都有研究价值。而现有的对争端解决机制的研究只局限于单一的个案的法律文本，而未深入地结合其他典型案例进行比较研究，无法突出个案争端解决机制的特殊性。因而对于在后续的海上共同开发实践中如何因地制宜地构建和完善争端解决机制，现有的研究成果无法给出有价值的参考。这就需要国内外学术界今后加强这方面的研究。

三、研究范围和研究方法

（一）研究范围

本书的题目是"海上共同开发争端解决机制的国际法问题研究"，如无其他特殊说明，本书中所有的"共同开发"均指"海上共同开发"，"争端解决机制"均指"海上共同开发争端解决机制"。研究的范围是世界范围内重要的海上共同开发案例，包括：1960年捷克斯洛伐克与奥地利共同开发案；1965年科威特与沙特阿拉伯共同开发案；1969年卡塔尔与阿布扎比酋长国共同开发案；1971年伊朗与沙迦共同开发案；1974年日本与韩国共同开发东海大陆架案；1974年法国与西班牙划界与共同开发案；1974年苏丹和沙特阿拉伯共同开发案；1976年英国与挪威共同开发弗里格天然气案；1979年泰国与马来西亚共同开发案；1981年冰岛与挪威扬马延岛共同开发案；1989年阿拉伯也门共和国与也门民主人民共和国共同开发案；1989年澳大利亚与印度尼西亚共同开发案；1992年马来西亚与越南共同开发案；1993年哥伦比亚与牙买加共同开发案；1993年塞内加尔与几内亚比绍共同开发案；1995年英国与阿根廷共同开发案；1995年丹麦与挪威共同开发案；1997年丹麦与冰岛共同开发案；2000 年尼日利亚与赤道几内亚共同开发案；2001 年尼日利亚和圣多美普林西比共同开发案；2001 年东帝汶与澳大利亚共同开发案；2003 年巴巴多斯和圭亚那共同开发案；2006 年密克罗尼亚与马歇尔群岛共同开发案；2006 年密克罗尼西亚与帕劳共同开发案；2006 年法罗群岛、挪威与冰岛共同开发案；2007 年特立尼达和多巴哥与委内瑞拉玻利瓦尔共和国共同开发案；2010 年俄罗斯与挪威共同开发案；2012 年美国和墨西哥共同开发案、2012 年塞舌尔群岛和毛里求斯共同开发案。研究是从国际法角度，分析海上共同开发争端解决涉及的法律问题，重点包括争端解决的方法和争端解决适用的法律，并前瞻性地指出南海共同开发争端解决机制的构建与适用应注意的问题。本书研究的资料包括如下几类：

1. 海上共同开发法律文本。这类资料主要是指海上共同开发协定、国际石油合同和专门为海上共同开发而制定并颁行的法律法规。其中，海上共同开发协定和专门为海上共同开发而制定并颁行的法律法规，主要是参考杨泽伟教授主编的《海上共同开发协定汇编(上、下)》和《海上共同开发协定续编》。① 对于国际石油合同，主要参考有关学术著作中对国际石油合同内容的论述。

2. 国际司法机构作出的司法裁决。比如本书研究的重点案例之一是东帝汶与澳大利亚共同开发案，东帝汶向澳大利亚提起仲裁程序的同时，也提起了强制调解程序，仲裁法庭的法令对该案的走向起着至关重要的作用，因而也是本书研究的资料之一。

3. 各种学术著作。各种中英文学术论文和专著，是本书主要的研究资料。认真研读这些学术著作为本文内容的架构和观点的提炼起到了重要作用。

4. 网络资源。主要是指各种新闻网站和政府机构网站发布的新闻和公告等，有助于文章内容的及时更新。

---

① 杨泽伟：《海上共同开发协定汇编(上、下)》，社会科学文献出版社 2016 年版。杨泽伟：《海上共同开发协定续编》，武汉大学出版社 2018 年版。

(二)研究方法

本书将主要采用以下研究方法。

1. 实证分析法。实证分析法是海上共同开发争端解决机制最基本的研究方法。本书选取典型的海上共同开发案例,并基于其各自共同开发法律文本中的争端解决条款,全面地梳理海上共同开发争端解决应遵循的国际法原则、方法和适用的法律。

2. 比较研究法。每个海上共同开发案例的争端解决机制都不尽相同,光是争端解决的方法就多达6种,而且每个争端解决机制对各解决方法还设置了不同的适用条件。有的在仲裁前设置了谈判解决的前置程序,有的对各解决方法设置了期限限制,还有的可以不经仲裁而提交至国际法院等。这些不同的设计体现了各海上共同开发案的背景和共同开发当事国解决争端的立场。因此,对这些不同的争端解决方法进行比较研究,突出各方法的特点,尤其是优缺点,有助于全面地透视海上共同开发争端解决机制。

3. 交叉研究法。由于现有的有关海上共同开发的学术成果没有专门针对争端解决机制的研究,因而研究需要参考其他学科的研究成果,尤其是国际投资法、国际能源法和国际环境法等领域的学术资料。因为海上共同开发是一个综合性的概念,共同开发活动涉及国际法、国际经济法、国际能源法以及国际环境法等其他领域的问题,海上共同开发争端机制的研究也需要吸收和借鉴这些领域的研究成果,立体地展现争端解决机制涉及的法律问题。

第一章　海上共同开发争端解决
机制概述

第一节　海上共同开发的概念

自 20 世纪 50 年代开始，有关海上共同开发的实践活动相继产生。最早的海上共同开发案例，即 1958 年巴林和沙特阿拉伯共同开发波斯湾大陆架案，[①]"确立了世界上第一个海上石油共同开发制度"，[②] 由此引发了国内外学术界关于海上共同开发问题的关注和探讨。

一、国内外学者的观点

(一)国外学者的观点

国外对海上共同开发的研究较早，在相关理论的研究方面也成果颇丰，其中具有代表性的学者和观点如下。

美国学者威廉·奥挪拉多(William T. Onorato)是对共同开发这一现象进行全面理论探索的先驱。[③] 他在《国际共有石油储藏的分配》一文中，详细论述了国际共有石油储藏涉及的法律问题及其适

---

① 两国于 1958 年 2 月 22 日签订了《巴林—沙特阿拉伯边界协定》，即 Bahrain-Saudi Arabia Boundary Agreement, 22 February, 1958。

② 萧建国：《国际海洋边界石油的共同开发》，海洋出版社 2006 年版，第 2 页。

③ 参见萧建国：《国际海洋边界石油的共同开发》，海洋出版社 2006 年版，第 2 页。

用。他认为，国际共有储藏关乎国家的主权权益，是引发国际争端的一项潜在因素。因此，如何分配共有储藏尤为重要。① 而预先达成协定分配共有储藏，是解决国家间对共有储藏开发权利争端的一项简单且直接的方法。例如巴林和沙特阿拉伯就事先达成协定，就共有储藏开发的收益进行平等分配。②

1983 年 8 月，在夏威夷召开的关于南海碳氢矿物潜力及共同开发可能性的第二次研讨会上，各专家学者对这一问题进行了广泛深入的讨论，并形成了一些颇具代表性的观点。

德国教授雷纳·拉戈尼（Rainer Lagoni）主张，共同开发是国家间为了勘探和开发跨界的，或位于主张重叠海域的某些储藏、油田或非生物资源聚集区，而达成的合作。③ 拉戈尼强调了两点：（1）共同开发是主权国家间的合作，因而私法上契约性质的合作不属于国际法上共同开发的范畴；（2）共同开发是建立在协定的基础上的，突出强调了国家间共同开发协定的必要性。

日本学者三好正弘（Masahiro Miyoshi）认为，共同开发应被限定为一种政府间安排，排除政府与石油公司或私人公司组成的财团之间的以资本参股的合资。④ 他还指出，主权国家应恪守两方面义

---

① 参见 William T. Onorato, Apportionment of an International Common Petroleum Deposit, International and Comparative Law Quarterly, Vol. 17, 1968, p. 85.

② 参见 William T. Onorato, Apportionment of an International Common Petroleum Deposit, International and Comparative Law Quarterly, Vol. 17, 1968, p. 87.

③ 参见 Rainer Lagoni, Report on Joint Development of Non-living Resources in the Exclusive Economic Zone, International Law Association, 1988, p. 2。

④ 参见 Masahiro Miyoshi, The Basic Concept of Joint Development of Hydrocarbon Resources on the Continental Shelf, International Journal of Estuarine and Coastal Law, Vol. 3, No. 1, 1988, p. 5. The writer says: "from the point of view of international law, it would be advisable to restrict its definition to one based on an inter-government agreement, to the exclusion of joint ventures between a government and an oil company or of consortia of private companies for capital participation."

务：（1）不得单方面开发；（2）应为共同开发进行友好协商。

加拿大学者汤森·高尔特（Ian Townsend Gault）认为，共同开发是一个或多个国家之间，为勘探和开发近海矿产资源，采取某种共同管理的形式，决定联合行使其对某一特定区域所享有的权利。①

此外，英国国际法和比较法研究所共同开发研究小组认为，国际法上的共同开发是主权国家因经济和政治原因，完全自愿采取的举措，而非依法律强制。该研究小组吸收了拉戈尼的观点，将共同开发定义为，两国通过国家间合作或采取国内措施的方式，开发双方或一方依国际法主张的，位于大陆架海床和底土的特定区域内的近海石油和天然气，并按约定的比例分享。②

近年来，国外学者一直持续对共同开发的理论研究，并形成了一些具有特色的观点。例如，德国学者 Vasco Becker Weinberg 将共同开发概括为两个或两个以上为勘探和开发跨界的或争议海域的矿产资源为目的的国家，为海洋自然资源的国际化而进行的合作。③他还强调，共同开发必须要考虑连续的国家实践，以及国家谈判并达成国际协定的权力。④ 他还认为，虽然国家之间的合作至关重

---

① 参见 Ian Townsend Gault, Joint Development of Offshore Mineral Resources-Progress and Prospects for the Future, Natural Resources Forum, Vol. 12, 1988, p. 275。

② 参见 Hazel Fox, Paul McDade, Derek Rankin Reid (eds.), Joint Development of Offshore Oil and Gas: A Model Agreement for States for Joint Development with Explanatory Commentary, British Institute of International and Comparative Law, 1989, p. 45。

③ 参见 Vasco Becker Weinberg, Joint Development of Hydrocarbon Deposits in the Law of the Sea, Springer, 2014, p. 6. Vasco Becker Weinberg briefly defines joint development as a cooperative effort for the internationalization of marine natural resources between two or more states for the exploration and exploitation of offshore hydrocarbon deposits that straddle a boundary line or that are found in maritime areas of overlapping claims。

④ 参见 Vasco Becker Weinberg, Theory and Practice of Joint Development in International Law, in Cooperation and Development in the South China Sea, Zhiguo Gao, Yu Jia, Haiwen Zhang (eds.), China Democracy and Legal System Publishing House, 2013, p. 85。

要，但国家主要是受国家利益和经济目标的驱使。[①] 他将共同开发界定为是一项实现资源国际化的合作，并从现实主义角度指出了国家进行共同开发的主要动力。

还有新加坡国立大学的研究员 Tara Davenport 认为，共同开发只是一个一般性表述，它的含义从跨界资源的一体开发延伸至未决海域的共同开发。[②] 她并未将共同开发定性为一个专有名词，而是认为共同开发只是一个一般意义的表述。

(二)国内学者的观点

国内学者对海上共同开发问题的研究虽晚于国外学者，但随着海上共同开发实践的增多，国内学者对海上共同开发理论的研究也日渐深入。

高之国法官指出，一体开发(unitization)是个纯粹的商业性概念，而国际法上的共同开发主要是个政治概念，二者不能混为一谈。他从以下六个方面详细地论述了一体开发与共同开发的区别：(1)当事方不同：一体开发的当事方主要是许可人或受让人，共同开发则是产生于主权国家之间。(2)法律协定的形式和性质不同：一体开发协定是一个私法性质的合同，共同开发协定是一项国际条约，因而一体开发主体仅具有合同义务，而主权国家违反共同开发协定需承担国际条约责任。(3)调整对象不同：一体开发调整的是已探明的两个或多个区块的矿藏，或跨界矿藏；共同开发调整的是位于争议海域的潜在储藏或油田。(4)目的和功能不同：一体开发具有明确的经济目的；共同开发是为了勘探开发自然资源而搁置争议，具有浓厚的政治色彩。(5)范畴不同：一体开发属于广义的共同开发，但反过来不尽然。(6)历史发展阶段不同：一体开发在石

---

① 参见 Vasco Becker Weinberg, Joint Development of Hydrocarbon Deposits in the Law of the Sea, Springer, 2014, p. 7。

② 参见 Tara Davenport, The Exploration and Exploitation of Hydrocarbon Resources in Areas of Overlapping Claims, in Beyond Territorial Disputes in the South China Sea, Robert Beckman, Ian Townsend Gault, Clive Schofield (eds.), Edward Elgar, 2013, pp. 109-110。

油工业领域是一个固定的、成熟的概念，相较而言，共同开发还只是一个发展中的概念，其诸多方面的界定还有待统一。①

基于此，他将共同开发定义为，两个或多个相关国家的政府，为开发和分配领土争端未决的重叠海域的潜在自然资源，基于国际协定而共同行使主权权利和管辖权利。他认为共同开发应包含五个要素：（1）领土争端；（2）潜在的或已被探明的资源储藏；（3）政府间协定；（4）联合经营；（5）过渡性。其中领土争端是不可或缺的内容，否则共同开发便无从谈起，而仅为国际层面的一体开发。②

蔡鸿鹏先生对共同开发的研究集中于争议海域共同开发管理模式，他认为共同开发的基本定义是："共同开发乃是两国或多国间的一项开发协定，其目的是对争议海域油气资源进行共同开发，并且共同分摊成本，共同分享利益。"③邹克渊教授也认为，共同开发是两个国家在争议海域划界争端解决前的一项合作机制。④ 不同的是，邹克渊教授将共同开发限定在两个国家之间。

萧建国先生从法律和功能性两个角度出发认为共同开发是"主权国家基于协议，就跨越彼此间海洋边界线或位于争议区的共同矿藏，以某种合作形式进行勘探或开发"⑤。"这一定义涵盖了跨界和争议区域共同开发两种类型，意味着共同开发有功能性的考虑，即在跨界情况下，共同开发更多地带有经济利益的驱动，而争议区的共同开发，除经济利益外，还有政治上的考虑，如缓和争端、改善

---

① 参见 Zhiguo Gao, The Legal Concept and Aspects of Joint Development, Ocean Yearbook, Vol. 13, 1998, pp. 111-112。

② 参见 Zhiguo Gao, The Legal Concept and Aspects of Joint Development, Ocean Yearbook, Vol. 13, 1998, pp. 112-113。

③ 蔡鸿鹏：《争议海域共同开发的管理模式：比较研究》，上海社会科学院出版社 1998 年版，第 10 页。

④ 参见 Zou Keyuan, China's Marine Legal System and the Law of the Sea, Martinus Nijhoff Publishers, 2005, pp. 155-156。

⑤ 萧建国：《国际海洋边界石油的共同开发》，海洋出版社 2006 年版，第 16 页。

关系等；该定义并没有对国家间采取的合作形式做出限制，意味着合作形式是灵活多样的，但原则上要做到收益和费用的合理分享与分担"①。

余民才教授为理解与适用的目的，将共同开发定义为："有关国家在相互间协定的基础上，以某种合作方式勘探和开发跨越国际海上边界线或重叠主张海域的石油资源。跨界石油资源的共同开发主要用于经济目的，共同开发概念除此目的外，还服务于其他目的，如和平勘探争端区域的矿藏。因此，共同开发概念包括跨界的开发和重叠区域的共同开发。"②杨翠柏教授也认为共同开发是开发跨越彼此间海洋边界线或位于争议区内的共同矿藏及矿产资源。③

二、国内外学者的共识及主要争议点

由上分析可知，虽然国内外学者基于各自研究的视角和重点，对共同开发有不同的理解和界定，但在如下几点上仍然达成了共识：（1）共同开发仅限于主权国家之间，非国家层面的合作不是国际法意义上的共同开发。（2）共同开发兼具经济目的和政治目的。共同开发本身是一项复杂的、综合性的活动，勘探和开发海洋矿产资源，为主权国家创造巨额经济利益的同时，对于缓和双边或多边关系，实现互利共赢，功不可没。（3）国际合作在共同开发中起着重要作用。在以下问题上，国内外学者仍存在争议：

1. 在主体数量上，海上共同开发是否仅限于两个主权国家，在多个主权国家间进行是否可行。现有的开发实践均在两个主权国家间进行，虽然目前尚无实质意义上的、在两个以上主权国家

---

① 萧建国：《国际海洋边界石油的共同开发》，海洋出版社 2006 年版，第 16 页。

② 余民才：《论国际法上海洋石油共同开发的概念》，载《法学家》2001 年第 6 期，第 49 页。

③ 参见杨翠柏、何苗、陈嘉、张倩雯：《南沙群岛油气资源共同开发法律研究》，南京大学出版社 2016 年版，第 16 页。

间进行的共同开发案例，但部分国内外学者并未排除这一可能性。例如上述高之国法官认为共同开发可存在于两个或多个国家之间，① 加拿大学者汤森·高尔特也认为共同开发可存在于多个国家之间。②

2. 在开发对象上，海上共同开发是否仅限于石油和天然气矿藏，非生物资源是否也属于共同开发的对象。由于生物资源具备很强的流动性，很难将其限制在某一特定区域，因而部分国内外学者更倾向于将共同开发的对象限定为近海矿产资源，如蔡鸿鹏先生认为共同开发是针对油气资源。③ 而近年来有关共同开发的实践表明，共同开发的对象已逐步向渔业资源等领域拓展。例如 1993 年哥伦比亚与牙买加共同开发案④、1993 年塞内加尔与几内亚比绍共

---

① 参见 Zhiguo Gao, The Legal Concept and Aspects of Joint Development, Ocean Yearbook, Vol. 13, 1998, p. 112。The writer says："Joint development can be defined as the common exercise of sovereign rights and jurisdiction based on an international agreement between the governments of two or more concerned states for the purpose of exploitation and apportionment of a potential natural resource in an overlapping area of territorial dispute pending a final delimitation."

② 参见 Ian Townsend Gault, Joint Development of Offshore Mineral Resources-Progress and Prospects for the Future, Natural Resources Forum, Vol. 12, 1988, p. 275。The writer says："Joint development … refers to one or more country to pool any rights they may have over a given area and … undertake some form of joint management for the purposes of exploring for and exploiting offshore minerals."

③ 参见蔡鸿鹏：《争议海域共同开发的管理模式：比较研究》，上海社会科学院出版社 1998 年版，第 10 页。

④ 1993 年 11 月 12 日，牙买加与哥伦比亚签订了《牙买加与哥伦比亚共和国海域划界条约》，条约第 3 条第 1 款规定，两国在管辖权界线无法确定的情况下，双方同意建立一个联合区，联合管理、支配、勘探和开发生物及非生物资源。第 3 条第 2 款规定，两国可在联合区勘探及开采自然资源，包括上覆水域、海床、底土的生物资源与非生物资源，以及联合区的其他经济开发和勘探活动。参见杨泽伟主编：《海上共同开发协定汇编（上）》，社会科学文献出版社 2016 年版，第 321~322 页。

同开发案①、2003 年巴巴多斯和圭亚那共同开发案②等，均将共同开发的对象从单一的非生物资源拓展到生物资源领域。

　　3. 在分类上，海上共同开发是采取狭义的分类，即仅为争议

---

　　①　1993 年 10 月 14 日，几内亚比绍与塞内加尔签订了《几内亚比绍共和国与塞内加尔共和国管理和合作协定》，协定第二条对共同开发区内的渔业资源做了分配，塞内加尔和几内亚比绍各占 50％。参见杨泽伟主编：《海上共同开发协定汇编(上)》，社会科学文献出版社 2016 年版，第 329 页。1995 年 6 月 12 日，双方又签订了《几内亚比绍共和国与塞内加尔共和国关于通过 1993 年 10 月 14 日协定设立的管理和合作局的组织和运作的协定的议定书》，该议定书对渔业资源的开发做了更详细具体的规定。议定书第 1 条就解释了渔业协定和渔业合同的概念。渔业协定指由企业与一方当事国，或企业与一方或多方当事国之间签订的文件及附件而组成的合同，以及当事国为设定获取区域内渔业资源的条件、规范区域内可能实施的渔业勘察、探测和开发活动，而批准的其他附加协议或修正案。渔业合同指由企业与一个或多个公司之间签订的文件及附件而组成的合同，以及当事国为设定前述公司获取区域内渔业资源的条件、规范区域内可能实施的渔业勘察、探测和开发活动，而批准的其他附加协议或修正案。参见杨泽伟主编：《海上共同开发协定汇编(上)》，社会科学文献出版社 2016 年版，第 335 页。议定书第 5 条规定了管理局在海洋渔业方面的职责是：独自或通过与其他国家或部门合作，执行渔业资源的评估和管理，以及监控海洋生态系统与区域内渔业资源的开发；通过确定或执行渔业资源获取和开采的条件，来行使或授权行使捕渔权；推动区域内渔业资源的探查、勘探和开发；销售归其所有的全部或部分渔业产品。参见杨泽伟主编：《海上共同开发协定汇编(上)》，社会科学文献出版社 2016 年版，第 337 页。

　　②　2003 年 12 月 2 日，圭亚那与巴巴多斯国签订了《圭亚那共和国—巴巴多斯关于在其他国家专属经济区外部界限以外两国专属经济区外部界线以内的双边重叠区中的专属经济区行使管辖权的专属经济区合作条约》，条约第五条专门规定了对生物资源的管辖权。第 5 条第 1 款规定，双方应就合作区内的生物资源行使共同管辖权。在行使管辖权时，双方在任何时候都应依据广泛接受的国际法原则和公约，其中包括《执行 1982 年 12 月 10 日〈联合国海洋法公约〉有关养护和管理跨界鱼类种群和高度洄游鱼类种群的规定的协定》行事。第 5 条第 2 款规定，为了实施环境责任管理和确保合作区内的可持续开发，在任何特殊的情形下，双方行使对生物资源的共同管辖权，应受《共同渔业许可协定》的规范，并以书面同意为证。参见杨泽伟主编：《海上共同开发协定汇编(下)》，社会科学文献出版社 2016 年版，第 596 页。

海域的共同开发，还是采取广义分类，即包括争议海域的共同开发
与跨界的一体开发两种。国内外学者对此各持己见。例如高之国法
官就认为，共同开发应仅为争议海域的共同开发，一体开发是通过
法律协定或合同的形式来解决商业问题。①

4. 在定性上，海上共同开发是否已成为一项习惯国际法规则。
国内外学者有有不同的看法。国外学者奥挪拉多认为，共同开发是一
项新出现的习惯国际法规则，并从三个方面加以总结：其一，国家
不得单边开采共有石油储藏；其二，必须以相关国家同意的方式开
采；其三，相关国家必须为达成一项协定，或至少是一项临时安
排，而进行诚信谈判。国内学者高之国赞同奥挪拉多的观点，也认
为共同开发是新出现的习惯国际法规则，或至少是一项国际软法规
则。在争议海域，未经同意单边地和任意地开发共有资源，是被禁
止和不被接受的。② 杨泽伟教授认为，海上共同开发目前尚未完全
成为习惯国际法规则，而正向习惯国际法规则的方向发展。众多的
共同开发案例是海上共同开发习惯国际法规则形成的物质要件，绝
大多数国家对《联合国海洋法公约》及其有关条款的接受是海上共
同开发习惯国际法规则形成的心理要件。③ 也有很多学者对此持不
同看法。例如新加坡国立大学的研究员 Tara Davenport 和德国学者
Vasco Becker Weinberg 均认为，尽管共同开发具有有效性，但国家
并无达成一项共同开发安排的特定义务。国际法上并无相关的国际
公约来具体规定这项义务，也无相关的习惯国际法向国家施加这项

---

① 参见 Zhiguo Gao, The Legal Concept and Aspects of Joint Development,
Ocean Yearbook, Vol. 13, 1998, p. 112。The writer says："Unitization is used to
resolve commercial issues by a legal agreement (contract)."

② 参见 Zhiguo Gao, The Legal Concept and Aspects of Joint Development,
Ocean Yearbook, Vol. 13, 1998, pp. 121-123。The author says that, " Joint
development is an emerging rule of customary international law, or at least a principle
of soft law, under which unconsented, unilateral, and arbitrary development of
shared resources in a disputed area between states is prohibited and unacceptable。

③ 参见杨泽伟：《论海上共同开发的发展趋势》，载《东方法学》2014 年
第 3 期，第 77~79 页。

义务。共同开发不具有习惯国际法规则形成的心理要件。[①]

三、本书采用的海上共同开发概念

(一)海上共同开发的定义

通过对上述观点的分析和归纳,本书采用广义的海上共同开发概念,即两个主权国家为经济或政治目的达成一项临时协定,以勘探和开发位于争议海域内的或跨越双方海洋边界线的海洋自然资源,包括生物和非生物资源,并遵照协定分享收益和分担风险。

1. 在主体数量上,海上共同开发的主体数量应仅为两个主权国家。虽然国际上已有三方共同开发的初步尝试,如 2005 年 3 月 14 日,中国、菲律宾和越南在菲律宾首都马尼拉正式签署了《在南中国海协议区三方联合海洋地震工作协议》,对共同开发南海资源迈出了历史性的一步,但并不能就此断定共同开发实践已存在于三个主权国家之间。因为此协议是由三国石油公司签署的,并不是主权国家之间签订的共同开发协定,而且三方也并未对资源的勘探和开发作出后续的实质性安排。此外,已有的共同开发案例均是存在于两国之间。实践证明,共同开发是一项复杂且艰巨的临时安排,两国之间的共同开发已实属不易,三国之间的共同开发之难更可想而知。本书基于已有的开发实践,将共同开发限定在两个主权国家之间。

2. 在开发对象上,海上共同开发的对象包括生物资源和非生物资源。现有的多个案例均说明,海洋生物资源也属于共同开发的对象。很多共同开发协定在对非生物资源的勘探开发进行规制的同时,也特别对海洋生物资源的开发做了安排。例如 2001 年《尼日利亚联邦共和国与圣多美普林西比民主共和国共同开发两国专属经济区的石油及其他资源的条约》(Treaty between the Federal Republic of Nigeria and

---

[①]　参见 Tara Davenport, The Exploration and Exploitation of Hydrocarbon Resources in Areas of Overlapping Claims, in Beyond Territorial Disputes in the South China Sea, Robert Beckman, Ian Townsend Gault, Clive Schofield (eds.), Edward Elgar, 2013, pp. 110-111。

the Democratic Republic of Sao Tome and Principe on the Joint Development of Petroleum and Other Resources in Respect of Areas of the Exclusive Economic Zone of the Two States）（以下简称《尼日利亚与圣多美普林西比共同开发条约》）第九部分专门对开发区域内的非石油资源做了安排。因此，将共同开发对象范围扩大更符合国际实践。

3. 在分类上，广义的即包括跨界一体开发的共同开发理论，更能契合国际实践。共同开发案例中，有近一半为跨界开发，而且许多案例，如1976年英国和挪威共同开发弗里格油田案、1993年塞内加尔与几内亚比绍共同开发案等，都极具代表性，具有重要的研究价值。跨界的一体开发与争议海域的共同开发，都属于国家层面的国际合作，都有益于两国经济和双边关系的发展。将跨界的一体开发定性为国内经济开发活动的延伸，会忽略其维护双边友好关系和促进国际合作之政治功效，也不利于丰富共同开发实践和进一步总结共同开发成果。因此，本书采用广义的共同开发概念，即包括争议海域的共同开发和跨界的一体开发。

4. 在定性上，海上共同开发还未完全形成一项习惯国际法规则。虽然国际法向主权国家施加了在划界前达成一项临时安排的义务，但这里的临时安排并非特指共同开发，共同开发只是临时安排的一种具体表现形式。因此，主权国家并无共同开发的强制义务，只要能达成一项实质性的临时安排，都是符合国际法的。即便是存在许多的共同开发实践，其数量与现存的划界争端数量相比，仅占少部分，仍有许多划界争端没有解决，或者没有采取共同开发的形式，因而共同开发不符合习惯国际法规则的形成要件。但是随着国际社会对共同开发的认可度不断加强，共同开发的实践也在逐渐增多，越来越多的国家并未排除共同开发，并且表示愿意就共同开发作出尝试和努力。因此，完全否定共同开发与习惯国际法规则之间的联系，不符合国际实践，而将共同开发认定为呈向习惯国际法规则发展的趋势，是比较适宜的。①

① 参见杨泽伟：《论海上共同开发的发展趋势》，载《东方法学》2014年第3期，第77~79页。

（二）海上共同开发的特征

海上共同开发具有如下几个特征：

1. 临时性。《联合国海洋法公约》第 83 条规定，在达成划界协议以前，有关各国应基于谅解和合作的精神，尽一切努力作出实际性的临时安排，并在此过渡期间内，不危害或阻碍最后协议的达成。这种安排不妨害最后界限的划定。共同开发是此类临时安排的一种具体形式。对于跨界的一体开发，共同开发随着开发周期的结束而结束，许多此类的共同开发协定都规定了有效期。例如 1993 年《几内亚比绍共和国与塞内加尔共和国管理和合作协定》（Agreement on Management and Cooperation between the Republic of Guinea-Bissau and the Republic of Senegal）（以下简称《几内亚比绍与塞内加尔协定》）第 8 条规定："本协定有效期为 20 年且可自动续期。"对于争议海域的共同开发，它不是对边界问题作出的永久性安排，而是向边界线最终划定的一种过渡，在最终划界达成后，共同开发随即终止。此类的共同开发活动与是否达成最终划界紧密相关。如 1979 年《马来西亚和泰王国为开发泰国湾两国大陆架划定区域内海床资源而设立联合管理局的谅解备忘录》（Memorandum of Understanding between Malaysia and the Kingdom of Thailand on the Establishment of the Joint Authority for the Exploitation of the Resources of the Sea Bed in a Defined Area of the Continental Shelf of the Two Countries in the Gulf of Thailand）（以下简称《马来西亚与泰国谅解备忘录》）第 3 条和第 6 条规定，马泰联合管理局的期限为 50 年，但若双方在规定的 50 年期限届满之前，对大陆架划界问题达成了满意的方案，那么联合管理局应解散；若两国在规定的 50 年内未能就大陆架划界问题达成满意的解决方案，则现存的安排在期满后继续有效。[①] 再如，2002 年《东帝汶政府与澳大利亚政府间帝汶海条约》（Timor Sea Treaty between the Government of East Timor and the

---

① 参见杨泽伟主编：《海上共同开发协定汇编（上）》，社会科学文献出版社 2016 年版，第 178~180 页。

Government of Australia）（以下简称《帝汶海条约》）第 22 条规定："条约有效期至澳大利亚和东帝汶之间进行永久性的海床划界，或条约生效后 30 年，以较早的日期为准。"①

2. 自主性与自愿性。虽然在最终划界前，国家有义务达成一项临时安排，但国家是否选择以共同开发的形式，以及选择何种方式来运营与管理，完全取决于国家间的自主与自愿。共同开发并无统一的标准和模板，每个共同开发案都是独一无二的。各国完全依据自身的背景和需要，② 对共同开发的制度和模式等作出安排。例如，共同开发争端解决机制，各共同开发协定的规定都不尽相同，有的设置了联合管理机构前置程序，如 1976 年《关于开发弗里格气田并向联合王国输送天然气的协定》（Agreement Relating to the Exploitation of the Frigg Field Reservoir and the Transmission of Gas Therefrom to the United Kingdom）（以下简称《弗里格协定》）第 28 条规定，任何与本协定解释和适用有关的争端，应当通过弗里格气田咨询委员会解决，或两国政府协商解决；如果争端无法通过这种方式解决，或者通过两国政府同意的其他程序解决，应当在任何一国的要求下，将争端提交仲裁庭解决。③ 有的限定了外交途径解决的优先性，如 1974 年《日本和大韩民国关于共同开发邻接两国的南部大陆架的协定》（Agreement Between Japan and the Republic of Korea Concerning Joint Development of the Southern Part of the Continental Shelf Adjacent to the Two Countries）（以下简称《日本和韩国共同开发协定》）第 26 条规定："双方有关本条约解释与执行的争端，首先应当通过外交途径解决；任何未能通过外交途径解决的争端，应该

---

① 杨泽伟主编：《海上共同开发协定汇编（下）》，社会科学文献出版社 2016 年版，第 509 页。

② 参见 Chidinma Bernadine Okafor, Model Agreements for Joint Development：A Case Study, Journal of Energy & Natural Resources Law, Vol. 25, No. 1, 2007, p. 68。

③ 参见杨泽伟主编：《海上共同开发协定汇编（上）》，社会科学文献出版社 2016 年版，第 113 页。

提交仲裁委员会解决。"①还有的设置了专门的专家裁决程序，如2012年《美利坚合众国与墨西哥合众国之间关于墨西哥湾跨界油气储藏的协定》(Agreement between the United States of America and the United Mexican States Concerning Transboundary Hydrocarbon Reservoirs in the Gulf of Mexico)(以下简称《美国与墨西哥油气协定》)第16条详细规定了专家裁决程序，包括专家的任命和雇佣、信息的保密与公开、专家与联合委员会之间的互动、专家裁决的效力等。这些不同的规定反映了当事国之间不同的地区环境和各自不同的法律制度。②

3. 实用性。国家行为是国家利益驱动的结果。③ 国家为了追求自我利益而需要进行理性的效益最大化活动。④ 共同开发当事国经过反复的谈判和考量，达成共同开发协定，以实现利益最大化，主要表现在经济与政治两个方面。

共同开发能为当事国带来经济利益是不言而喻的。共同开发海洋资源，尤其是石油和天然气资源，能为当事国带来巨额利益，特别是对于极度依赖石油来支撑本国经济的国家而言，共同开发是一个不错的选择。这一点在尼日利亚和圣多美普林西比共同开发案中体现得尤为明显。尼日利亚是非洲最大的产油国，石油是其经济支撑，⑤ 石油收入占尼日利亚出口收入的

---

① 杨泽伟主编：《海上共同开发协定汇编(上)》，社会科学文献出版社2016年版，第58页。

② 参见 Vasco Becker Weinberg, Joint Development of Hydrocarbon Deposits in the Law of the Sea, Springer, p. 140。

③ 参见 Raia Prokhovnik, Gabriella Slomp, International Political Theory After Hobbes: Analysis, Interpretation and Orientation, Palgrave Macmillan, 2011, p. 58。

④ 参见 Oona A. Hathaway, Do Human Rights Treaties Make a Difference, Yale Law Journal, Vol. 111, No. 8, 2002, p. 1948。

⑤ 参见 Kenneth Omeje, Oil Conflict in Nigeria: Contending Issues and Perspectives of the Local Niger Delta People, New Political Economy, Vol. 10, No. 3, 2005, p. 321。

90%，占联邦政府总收入的 80%。① 圣多美普林西比是非洲的第二小国，也是几内亚湾地区最后一个开始通过近海石油开发来获利的国家，其经济严重依靠外援，2002 年时政府投资收入的 91% 都是源自国外援助。② 在近海发现石油储藏被认为是改善本国经济的大好契机，并且圣多美普林西比也的确从中获取了巨额利润。2005 年，圣多美普林西比与尼日利亚联合开发局与美国等能源公司签署联合开发区第一区块石油分成合同，圣多美普林西比获得 4920 万美元签约金。这是该国取得的第一笔石油美元。③ 可见，对于石油依赖度较高而又缺乏开发能力的国家而言，共同开发是获取经济利益的有效途径。

共同开发带来的政治利益同样不可忽视。对于跨界的一体开发，两国能通过经济开发活动强化互信，巩固睦邻友好关系。而争议海域的共同开发则是另辟蹊径，将当事国的注意力从尖锐的划界矛盾转移到资源开发上来，降低争议客体的敏感度，缓解双方因划界问题而出现的针锋相对的局面，促进了两国的交流与合作。

4. 系统性。共同开发是一个综合性的活动，它并非某个单一的行为或活动即可成就，而是囊括整个石油产业链，包括开采、运输、精炼、销售，以及与之相关的基础设施建设。为了规范和优化这些活动，调和各参与主体之间的利益和分歧，共同开发当事国便设置了一套完整严密的制度体系，如建立联合管理机构、监督机

---

① 参见 Victoria E. Kalu, Ngozi F. Stewart, Nigeria's Niger Delta Crises and Resolution of Oil and Gas Related Disputes: Need For a Paradigm Shift, Journal of Energy & Natural Resources Law, Vol. 25, No. 3, 2007, p. 246。

② 参见 Gerhard Seibert, São Tomé e Príncipe: The difficult transition from aid-dependent cocoa producer to petrol state, 'African Renewal, African Renaissance': New Perspectives on Africa's Past and Africa's Present, the African Studies Association of Australia and the Pacific（AFSAAP）Annual Conference 26-28 November 2004, University of Western Australia。

③ 参见外交部网站：http://www.fmprc.gov.cn/web/gjhdq_676201/gj_676203/fz_677316/1206_678452/1206x0_678454/，最后访问日期 2021 年 8 月 13 日。

制、财税制度、环境保护机制、信息共享机制、管辖权分配、争端解决机制等。这些制度并行不悖，相互促进与协调，是共同开发协定的血与肉。因此，共同开发并非仅指石油的采掘，而是一个有法律制度作支撑的系统性名词。

5. 不影响划界。众多共同开发协定都包含不影响划界的条款，即"不影响条款"或"不损害条款"（Without Prejudice），它是指在已划定界线的区域进行共同开发，即跨界的共同开发，并不改变已划定区域的归属和法律地位；在某一争议地区的共同开发，也不应对各自就这一地区的权利要求或划界立场产生影响。① 不同的共同开发协定，对其表述不同，但都脱离不了这两层含义。对于跨界的共同开发，如《几内亚比绍与塞内加尔协定》第 6 条规定："根据本协定，当事国应该联合行使各自权利，不损害各方依法先前取得的、经司法裁决确认的权利，以及在区域划定前的主张。"②对于争议地区的共同开发，对"不影响条款"的纳入更为必要。《日本和韩国共同开发协定》《马来西亚与越南谅解备忘录》《澳大利亚与印度尼西亚合作区条约》等都包含此项条款。例如，《尼日利亚与圣多美普林西比共同开发条约》第 4 条规定："不得将本条约的内容解释为任一当事国放弃对部分或整个区域的权利或主张，也不能将其解释为承认另一方当事国对部分或整个区域的任何权利或主张的立场。本条约及其实施引起的任何行为或活动，以及依据本条约在此区域实施的任何法律，都不得构成主张、支持或否认任一当事国对部分或整个区域权利或主张所持立场的根据。"③"不影响条款"是共同开发独有的特色，它在一定程度上消除了共同开发当事国担心共同开发会影响后续划界的顾虑，增进了双方的互信与合作，推动了共同开发协定的达成及履行。

---

① 参见萧建国：《国际海洋边界石油的共同开发》，海洋出版社 2006 年版，第 106 页。

② 杨泽伟主编：《海上共同开发协定汇编（上）》，社会科学文献出版社 2016 年版，第 330 页。

③ 杨泽伟主编：《海上共同开发协定汇编（下）》，社会科学文献出版社 2016 年版，第 371 页。

（三）海上共同开发的法律依据

海上共同开发的法律依据主要有国际条约、国际习惯、一般法律原则、司法判例、国际组织的决议五大类。

1. 国际条约。国际条约分为多边条约和双边条约。多边条约即《联合国海洋法公约》，双边条约包括相关国家签订的划界条约和专门的共同开发协定。

海上共同开发最根本的国际法依据是 1982 年《联合国海洋法公约》。该公约第 74 条和第 83 条明确规定，海岸相向或相邻的国家在达成专属经济区和大陆架划界前，有关各国应基于谅解和合作精神，尽一切努力作出实际性的临时安排，并在此过渡期间内，不危害或阻碍最后协议的达成。这种安排应不妨害最后界限的划定。虽然临时安排并非特指共同开发，但共同开发是其主要实践形式之一。现有的共同开发实践正是在此规定的基础上发展起来的，遵守并巩固了公约鼓励相关国家达成实际性临时安排的精神。

双边条约是共同开发最直接的法律依据。双边条约分为两类：第一类为在双边划界条约中包含共同开发条款，如法国与西班牙于 1974 年签订的《法兰西共和国政府与西班牙王国政府划分两国在比斯开湾大陆架的公约》（Convention between the Government of the French Republic and the Government of the Spanish State on the Delimitation of the Continental Shelves of the Two States in the Bay of Biscay）（以下简称《法国与西班牙大陆架公约》）第 4 条规定："如果自然资源矿藏横跨两国大陆架边界线，且位于边界线一侧的资源矿藏通过位于边界线另一侧的设备可部分或全部开采，当事国应当尽最大努力与开发证的持有者（如果存在开发证的持有者），就该矿藏的开发条件达成一项安排，使此种开发具有最大的经济效益，并且使各方当事国保留其在本国大陆架内自然资源上的所有权利。"①再如，哥伦比亚与牙买加于 1993 年签订的《牙买加与哥伦比

---

① 杨泽伟主编：《海上共同开发协定汇编（上）》，社会科学文献出版社 2016 年版，第 93 页。

亚共和国海域划界条约》（Maritime Delimitation Treaty between Jamaica and the Republic of Colombia）（以下简称《牙买加与哥伦比亚划界条约》），不仅划定了两国的海洋分界线，还确定了共同开发区域（The Joint Regime Area）和联合管理机构（The Joint Commission）。① 还有美国与墨西哥于 2000 年签订的《美利坚合众国政府与墨西哥合众国政府关于墨西哥西部海湾 200 海里以外大陆架划界条约》（Treaty between the Government of the United States of America and the Government of the United Mexican States on the Delimitation of the Continental Shelf in the Western Gulf of Mexico beyond 200 Nautical Miles）（以下简称《美国与墨西哥大陆架划界条约》）第 5（b）条规定，双方应达成协议以高效、平等地开发跨界储藏。

第二类即专门的共同开发协定。如澳大利亚与印尼于 1989 年签订的《澳大利亚与印度尼西亚共和国在印度尼西亚东帝汶省与澳大利亚北部之间的区域设立合作区的条约》（Treaty between Australia and the Republic of Indonesia on the Zone of Cooperation in an Area between the Indonesian Province of East Timor and Northern Australia）（以下简称《澳大利亚与印尼帝汶缺口条约》）、《尼日利亚和圣多美普林西比共同开发条约》《美国与墨西哥油气协定》等，都是较为详尽的共同开发协定。这些开发协定明确地规定了开发区的界线、联合管理机构的职权、法律适用、管辖权分配、财税政策、争端解决以及环境保护等内容，具有较强的可操作性和可适用性，为共同开发活动的开展和管理提供了直接的法律依据。

2. 国际习惯。国际习惯是各国在其实践中逐渐形成的具有法律约束力的行为规则。因此，国际习惯也是海上共同开发的法律依

---

① 该条约第一条划定了牙买加和哥伦比亚共和国之间的海洋分界线，第三条划定了联合管理、支配、勘探和开发生物及非生物资源的联合区，第四条规定了联合委员会的组成，联合委员会的建议权和开始工作的时间。参见杨泽伟主编：《海上共同开发协定汇编（上）》，社会科学文献出版社 2016 年版，第 320~323 页。

据之一。① 对于共同开发，尤其是油气资源的共同开发而言，共同开发当事国在开发活动中形成的国际商业惯例，由于得到了国际社会的承认，而具有法律约束力。例如，共同开发当事国和石油公司之间的实践所产生的惯例、由石油公司之间的经营活动逐渐发展起来的惯例、共同开发当事国之间在争议海域的共同开发而形成的惯例，以及法官、仲裁员或律师等在共同开发争端解决中，或在对共同开发协议的解释中所形成的惯例等。②

3. 国际法原则。国际法原则也是共同开发的法律依据，主要有一般国际法原则和其他的国际法原则两类。前者包括和平解决国际争端原则、国际合作原则、善意履行国际义务原则等。后者包括禁止滥用权利原则、行使自己权利不得损害他人原则等。这些原则均在《联合国海洋法公约》中有所体现。例如，公约第 300 条明确规定了善意履行国际义务和禁止滥用权利原则，缔约国应诚意履行根据本公约承担的义务并应以不致构成滥用权利的方式，行使本公约所承认的权利、管辖权和自由。这体现了共同开发应遵守的规范性和禁止性两方面义务。一方面，相关国家应一秉善意和相互克制，尽一切努力达成实际性临时安排；另一方面，相关国家在达成最终划界前，禁止单边开采以免对对方权益造成损害，并且禁止非依共同开发协定而进行的开发活动。这一原则也体现在部分共同开发实践中，如《尼日利亚与圣多美普林西比共同开发条约》第 3.2 条明确规定，除非依据本条约，在开发区内的其他任何开发活动都是被禁止的。

4. 司法判例。司法判例是共同开发的又一重要的法律依据，主要有 1969 年北海大陆架案、1981 年扬马延岛海域划界争端和 1982 年突尼斯—利比亚大陆架划界案等。在 1969 年北海大陆架案中，国际法院在判决中提出了争议海区共同开发的解决方法。该判

---

① 参见杨泽伟：《论海上共同开发的发展趋势》，载《东方法学》2014 年第 3 期，第 76 页。

② 参见杨泽伟：《中国能源安全法律保障研究》，中国政法大学出版社 2009 年版，第 231~232 页。

决在指出大陆架划界所应考虑的原则后指出，保护矿藏的统一性是划界谈判中应予以合理考虑的一种实际因素；如果存在保护矿藏的统一性问题，共同开发尤为适宜。① 虽然国际法院对这个问题没有作更多说明，但其为未来共同开发的广泛适用提供了法律依据。②

在1981年扬马延岛海域划界争端中，调解委员会考虑到冰岛是主要依靠油气进口的国家，200海里以外的区域油气资源较多，但水深不易开发，委员会特提出一个联合开发的建议，使冰岛和挪威之间的边界问题在友好合作的基础上得到解决。③ 紧接着，冰岛和挪威依据调解委员会的建议签订了《关于冰岛和扬马延岛之间的大陆架协定》(Agreement on the Continental Shelf between Iceland and Jan Mayen)(以下简称《冰岛与扬马延大陆架协定》)，对共同开发做了相应的安排。调解委员会和北海大陆架案的国际法院一样，都重视了存在潜在矿藏的事实，并意识到了其巨大的经济价值对两国的重要意义。④

在1982年突尼斯—利比亚大陆架划界案中，国际法院也支持共同开发的主张。特别是 Evensen 法官在其个别意见中建议对石油资源进行共同开发，在他看来，共同开发是解决划界争端的一个公平有效的替代方案。⑤ 在后续的突尼斯与利比亚1988年共同开发协定中，两国也采用了 Evensen 法官的建议。⑥ 可见，司法判例初

---

① 参见 North Sea Continental Shelf Cases, 1969, I. C. J. at 52。

② 参见萧建国：《国际海洋边界石油的共同开发》，海洋出版社2006年版，第9页。

③ 参见陈致中：《国际法案例》，法律出版社1998年版，第217页。

④ 参见 Ana E. Bastida, Adaeze Ifesi-Okoye, Salim Mahmud, James Ross, Thomas Walde, Cross-Border Unitization and Joint Development Agreements: An International Law Perspective, Houston Journal of International Law, Vol. 29, 2007, p. 385。

⑤ Case Concerning the Continental Shelf (Tunis. v. Libya) 1982 I. C. J. at 316 dissenting opinion of Judge Evensen。

⑥ 参见 Ana E. Bastida, Adaeze Ifesi-Okoye, Salim Mahmud, James Ross, Thomas Walde, Cross-Border Unitization and Joint Development Agreements: An International Law Perspective, Houston Journal of International Law, Vol. 29, 2007, p. 389。

步解释和证明了共同开发的可适用性，为共同开发提供了坚实的法律依据。

5. 国际组织的决议。国际组织的决议，尤其是联合国大会的决议，也鼓励和支持共同开发合作。例如，联合国大会 1973 年通过的决议《环境领域内关于两个或两个以上国家共有的自然资源的合作》提出："以一个有效的合作制度来保障两个或两个以上国家共有的自然资源的养护与开采，是重要与迫切之事。有必要在各国间现有的正常关系范围内，通过建立有关养护及和谐地开采两个或两个以上国家共有的自然资源的适当的国际准则，来确保国家间的有效合作。"①1974 年的《各国经济权利和义务宪章》也支持这一主张，宪章第 3 条规定："对于两国或两国以上所共有的自然资源的开发，各国应合作采用一种报道和事前协商的制度，以谋求对此种资源作最适当的利用，而不损及其他国家的合法利益。"②虽然联合国大会的决议没有法律约束力，但它们具有强大的道德与政治影响力，被主权国家普遍重视和遵守。③

第二节　海上共同开发争端的界定

一、海上共同开发争端的概念

（一）争端的概念

根据朗曼英语词典的解释，"dispute"做名词的含义是争论，

---

① 参见 Co-operation in the Field of the Environment Concerning Natural Resources Shared by Two or More States, A/RES/3129（XXVIII），1973, available at：http：//research. un. org/en/docs/ga/quick/regular/28, last visited on 13 Aug. 2021。

② 参见 Charter of Economic Rights and Duties of States, A/RES/3281（XXIX），1974, available at：http：//www. un. org/en/ga/search/view_doc. asp? symbol＝A/RES/3281（XXIX），last visited on 13 Aug. 2021。

③ 参见 Zhiguo Gao, The Legal Concept and Aspects of Joint Development, Ocean Yearbook, Vol. 13, 1998, p. 118。

争端；做动词时，则为表示议异、反对和争夺。①

　　国际法上的争端概念有狭义和广义之分。狭义的争端反映在马弗罗马提斯案（Mavrommatis Palestine Concessions Case）中，常设国际法院将争端定义为"双方当事人之间对法律或事实的分歧，法律观点或利益的矛盾对立"。② J. G. Merrills 对争端做了广义解释，他认为争端是"当事双方在事实、法律或政策等问题上存在的分歧，其中一方依据这种存有争议的事实、法律或政策提出的主张遭到另一方的拒绝或否定"③。Merrills 的这一定义并没有排除因政治要素而产生的分歧。相较而言，广义的定义更接近国际争端的真实情况，因为国际社会中存在的国际争端，有很大部分属于政治争端。需要说明的是，"争端"与"冲突"是两个不同的概念，"争端"强调双方因权利或利益而产生的分歧，一方的主张遭到对方的反对或拒绝，而"冲突"被用来表示双方之间的敌对状态，④ 它是一个分散性（unfocused）的概念。冲突并不一定与争端相关，⑤ 而争端却有可能成为冲突的起因。⑥

---

①　Dispute：（none）serious argument or disagreement；（verb）1. To say that something such as a fact or idea is not correct or true；2. To argue or disagree with someone；3. To try to get control of something or win something. 参见 Longman Dictionary of Contemporary English, Foreign Language Teaching and Research Press, 2013, p. 629。

②　"A dispute is a disagreement on a point of law or fact, a conflict of legal views or of interests between two persons." 参见 World Court Reports：A Collection of the Judgments Orders and Opinions of the Permanent Court of International Justices, Vol. 1, 1934, p. 301。

③　参见 J. G. Merrills, International Dispute Settlement, 3rd Edition, Cambridge University Press, 1998, p. 1。

④　参见 J. G. Collier, A. V. Lowe, The Settlement of Disputes in International Law, Oxford University Press, 1999, p. 1。

⑤　参见 Sven M. G. Koopmans, Diplomatic Dispute Settlement：The Use of Inter-State Conciliation, T. M. C. Asser Press, 2008, p. 11。

⑥　参见 Junwu Pan, Toward a New Framework for Peaceful Settlement of China's Territorial and Boundary Disputes, Martinus Nijhoff Publishers, 2009, pp. 23-24。

(二)海上共同开发争端的概念

海上共同开发争端，即在海上共同开发活动中，各共同开发主体之间，即共同开发当事国之间、当事国与非国家实体之间以及非国家实体与非国家实体之间，一方的观点与对方存在分歧，或一方的权利或利益遭到对方的反对或拒绝。

海上共同开发争端包括但不局限于传统的国际公法意义上国际争端的概念。传统的国际争端，仅指两个主权国家之间的争端。值得注意的是，现代国际争端，还可作广义解释，不仅包括主权国家之间的争端，还包括以主权国家为一方，以个人、法人团体或非国家实体为另一方的争端。① 在海上共同开发语境下，广义的国际争端概念更为合适。

一方面，现代国际法上，在某些特定情形下，非国家实体可成为国际争端的主体，因而广义的国际争端，更符合国际现实。例如，1965 年《关于解决国家与他国国民之间投资纠纷公约》就赋予自然人和法人国际法主体资格，该公约第 25 条第 1 款和第 2 款规定，中心的管辖适用于缔约国(或缔约国向中心指定的该国的任何组成部分或机构)和另一缔约国国民之间直接因投资而产生并经双方书面同意提交给中心的任何法律争端。另一缔约国国民指具有作为争端一方的国家以外的某一缔约国国籍的任何自然人和任何法人。此外，《联合国海洋法公约》及附件六也规定，自然人和法人可将在海底区域开发活动中产生的特定纠纷，诉至国际海洋法法庭海底争端分庭，而成为争端当事方。公约第 187 条规定，海底争端分庭对缔约国之间，缔约国与管理局之间，作为合同当事各方的缔约国、管理局或企业部、国营企业以及自然人或法人之间，承包者之间的争端，具有管辖权。

另一方面，就海上共同开发而言，虽然共同开发协定是在主权国家之间达成的，但归根结底，协定的实施需依靠国际石油公司以

---

① 参见 J. G. Starke, An Introduction to International Law, Butterworths, 1977, p. 514。

及个人等非国家实体。正因海上共同开发涉及的主体多元化，若将共同开发争端仅限于传统的主权国家之间则过于狭窄，不能更全面地反映开发过程中存在的问题，也不能为其他共同开发实践提供经验和教训。因此，本书采用广义的国际争端概念。

二、海上共同开发争端产生的原因

(一)国家之间本就存在广泛的差异

一个国家的政治体制、法律制度和法文化传统对该国的经济贸易、民商事活动及其思维方式、问题的解决方式等影响是毋庸置疑的。一般而言，政治体制、法律制度、法文化传统等方面的差异越大，相互间的交往障碍也越多，出现交往不畅的可能性就越大。[①]这些差异自然导致各国在合作中出现纠纷。此外，经济发展水平、对能源的需求不同，也会增加争端产生的可能性。例如，在东帝汶和澳大利亚共同开发案中，东帝汶和澳大利亚的经济发展水平相差很大，对石油资源的依赖程度也不同。东帝汶急需石油来获得经济收入，使东帝汶试图通过国际仲裁来推翻现有共同开发法律框架的不平等束缚，以换取获得更多的石油资源。相反，相同或相近的政治体制、法律制度和法文化，以及经济发展目标，会使双方间的合作开展更为顺利，在相关制度安排上也更容易达成一致，争端产生的可能性也较小。

(二)共同开发主体的利益和目标存在一定程度的对立

从现实主义的角度来看，利益的分配无法满足所有主体的期望和要求，是导致争端产生的根本原因。以共同开发当事国和国际石油公司的合作为例，共同开发当事国许可石油公司在开发区内进行油气勘探开发活动，当事国为许可证的许可人，石油公司为受让人。受让人在许可证期限内享有排他性的开采权或经营权(working

---

① 参见杜承秀：《涉东盟经贸纠纷调解及其机制建构研究》，中国检察出版社2016年版，第17页。

interest)。作为回报,受让人要向当事国分享油气产量的收益并缴纳一系列税费,比如签约金、特许权使用费等。从受让人的角度而言,受让人想要尽可能地长期享有勘探开发的权利,为追求利益最大化就需要尽可能地少向许可人缴纳税费和分享收益。而作为许可人,同样为了尽可能多地获取经济利益,而强制要求受让人缴纳各种各目的税费。① 这一矛盾对立的利益需求,导致争端层出不穷。在实践中,这样的例子非常多。东帝汶就与许多石油公司存在这方面的争端。东帝汶的经济严重依赖石油,因而国际石油公司缴纳的税费对其而言尤为重要。与东帝汶合作的国际石油公司有很多,如Woodside、Conoco Phillips 等国际石油巨头,东帝汶需要这些石油公司缴纳各种复杂的税费来增加经济收入,但国际石油公司为了追求自身利益最大化而想办法避税逃税,导致东帝汶与许多国际石油公司都存在巨额的税费争议。2010 年 11 月,因 Conoco Phillips(USA)、Santos(Australia)、Inpex(Japan)几家国际石油公司违规从巴宇-温丹气田(Bayu-Undan gasfield)项目中收回成本,东帝汶政府因此向其开出了一笔高达 3200 万美元的巨额罚单。②

(三)共同开发当事国之间存在海域划界争端

共同开发当事国之间存在海域划界争端,也是导致共同开发争端产生的一个重要原因。由于未划定海洋边界,双方的权力界限模糊不清,难免使当事国之间对共同开发区的界线及后续的一系列法律安排存在分歧,使共同开发阻碍重重。而跨界的共同开发,由于双方权力界限清晰,在领土与海域划界主张上不存在根本对立,因而争端多涉及经济或技术层面,不具有那么强烈的敏感性或对抗性。因此,存在领土与海域划界争端,是导致共同开发争端产生的

---

① 参见 Joseph Shade, The Oil & Gas Lease and ADR: A Marriage Made in Heaven Waiting to Happen, Tulsa Law Journal, Vol. 30, No. 4, 1995, p. 605。

② 参见 Making the Oil Companies Pay What They Owe, available at: http://www.laohamutuk.org/Oil/tax/10BackTaxes.htm, last visited on 13 Aug. 2021。

一个重要原因。

(四)共同开发法律文本规定不够详细

共同开发法律文本的规定越详细，各主体行使权利和开展活动便有直接的法律依据，各主体也就不会越权或滥用权力，而不至于侵犯对方的利益，导致争端产生。因此，模糊的法律规定也是导致共同开发争端产生的原因之一。因此，必须意识到，尽可能详细的规定能最大限度地消除未来共同开发活动的分歧，①　从而避免争端产生。

三、海上共同开发争端的特点

海上共同开发争端是一个集合型概念，它既具有一般争端的特点，还独具特色。主要表现在以下几个方面：

(一)争端本身的独立性与依附性

一般的国际争端，各案之间并不存在必然的关联。但基于共同开发本身的包容性，一个共同开发案中可能包含多项争端，这些争端既有各自独立的起因与诉求，但又无法脱离该共同开发案的背景，且受制于该共同开发案的法律安排，甚至前项争端的解决结果能在一定程度上影响后项争端的解决。例如，在东帝汶诉澳大利亚案中，澳大利亚认为，东帝汶诉澳大利亚仲裁案的仲裁结果将会对国际法院的判决产生影响，因而请求法院在仲裁结果出来之前中止诉讼。②　因此，一项共同开发案中的所有争端均依附于该共同开发案，而各争端的产生、演进及解决结果又相对独立。

---

①　参见 Chidinma Bernadine Okafor, Model Agreements for Joint Development：A Case Study, Journal of Energy & Natural Resources Law, Vol. 25, No. 1, 2007, p. 70。

②　参见 Francisco Pereira Coutinho, Francisco Briosa E Gala, David and Goliath Revisited：A Tale about the Timor-Leste/Australia Timor Sea Agreements, Texas Journal of Oil, Gas and Energy Law, Vol. 10, 2015, p. 457。

（二）争端内容的广泛性与敏感性

共同开发争端涉及国际公法（如海域划界争端等国家主权方面的争端）、国际经济法（如投资争端）和国际私法（如法律适用、承包人权利等）以及国际环境法（如海洋环境污染和自然资源保护）等多方面问题，争端内容相当广泛。此外，争议海域的共同开发争端，还具有高度敏感性。争议海域的共同开发，是主张重叠的主权国家之间互相妥协的产物。虽然共同开发协定中一般都包含不影响条款，但争议海域的共同开发争端的解决结果，都或多或少地会对今后的划界产生影响。尤其是涉及对共同开发区边界的划定、管辖权分配、法律适用、税收等方面的争端，由于其具有不同程度的主权属性，因而争端主体，尤其是主权国家，都高度关注争端的发展及其解决，以避免使自己在今后的划界中处于不利地位。

（三）争端解决方法的任择性与从属性

共同开发争端的解决方法很多，且并无固定的模式可言，选择何种方法来解决争端主要依靠争端主体的自主选择。对于不同的争端类型，可选择的方法也有所不同。例如与油气储藏的测定与分配相关的争端，多依靠专家裁决的方法解决。与税收相关的争端，其解决的原则与程序可能也会有不同的规定。总之，选择争端的解决方法仍需在相关主体达成合意的基础上遵从现有的国际法律框架，尤其是国际公法、国际经济法等领域的争端解决机制。因此，共同开发争端的解决方法在选择上具有任择性与从属性。

（四）不同的争端主体能对共同开发产生不同的影响

由于共同开发争端涉及主权国家、联合管理机构以及私法实体三大类主体，争端主体依次由宏观向微观方面转化，争端对共同开发进程的影响力也逐层递减。例如，在澳大利亚与东帝汶共同开发案中，争端既包括澳大利亚与东帝汶两个主权国家，又牵涉澳大利亚石油巨头伍德赛德石油公司(Woodside Petroleum Ltd.)。澳大利亚与东帝汶之间产生的争端更多侧重于共同开发宏观方面的问题,并且能对共同开发决策产生最重大的影响;而东帝汶与伍德赛德石油公司之间产生的争端则为共同开发实施中产生的较微观的问题,对共同开发进程的影响也相对较弱。

但必须指出的是,虽然国际石油公司属于私法实体,但它仍然能对争端产生重要影响。国际石油公司是直接开展共同开发活动的主体,是共同开发风险与利益承担的第一顺位人,是最重要的私法实体。许多共同开发争端,都与相应的国际石油公司紧密相关。即便是国家与国家之间的争端,国际石油公司也能产生重大影响,甚至在一定程度上能左右争端的解决。例如在尼日利亚,其腐败横行,法院难以实现司法公正。并且由于尼日利亚经济严重依赖石油,但又缺乏资金和技术投入,其只能依靠国际石油公司。尼日利亚政府为了吸引和稳定外商投资,会尽可能给国际石油公司提供支持和安全保障,[1] 甚至不惜牺牲国内某些群体的利益。在涉及与国际石油公司相关的诉讼时,政府为讨好和安抚国际石油公司,不得不向法院施压,以尽可能减少国际石油公司的损失。而这些国际石油公司自身也能通过控制政府来影响案件审判结果。即便法院作出了不利于国际石油公司的判决,也会因为国际石油公司享有许多特权,而导致判决得不到有效执行。[2] 可见,尼日利亚法院受到政府部门的高度控制,仅依靠法院诉讼来弥补受害者的权益,是不够的。因此,海上共同开发争端涉及的利益主体较多,争端是很复杂的。在其中,明确定位国际石油公司在争端解决中的角色与作用,显得尤为重要。

---

① 参见 Ifeany I. Onwuazombe, Human Rights Abuse and Violations in Nigeria: A Case Study of the Oil-Producing Communities in the Niger Delta Region, Annual Survey of International and Comparative Law, Vol. 22, 2017, p. 116。

② 参见 Eferiekose Ukala, Gas Flaring in Nigeria's Niger Delta: Failed Promises and Reviving Community Voices, Washington and Lee Journal of Energy, Climate, and the Environment, Vol. 2, 2010, p. 105。

四、海上共同开发争端的分类

(一)从争端主体的角度进行的分类

从争端主体角度,海上共同开发争端可分为四类。

第一类为国家与国家之间的争端。共同开发当事国之间,既可能因共同开发协定的解释和适用产生争端,也可能产生与划界相关的争端,因而共同开发当事之间的争端具有高度敏感性,解决国家之间争端也应采取更为谨慎的态度。国家与国家之间的争端主要涉及国际公法问题,可以选择的争端解决方法广泛,既可以选择谈判、调解等外交方法,也可以选择法律方法。实践中,仲裁是较重要的方法。例如,在东帝汶与澳大利亚共同开发案中,东帝汶与澳大利亚产生争端,东帝汶试图挣脱《澳大利亚与东帝汶特定海上安排的条约》法律框架的束缚,寻求与澳大利亚达成最终海域划界,向国际仲裁法庭提起仲裁。[①] 虽然该案最终以东帝汶终止仲裁程序而告结,但说明了仲裁是海上共同开发当事国解决争端的一个重要选择之一。

第二类为国家与石油公司等其他私法实体之间的争端。私法实体,尤其是国际石油公司,是共同开发活动的主力军,共同开发当事国必然要与其打交道,产生争端也在所难免。例如,在马来西亚与泰国共同开发案中,泰国政府原本允许 Triton 公司将 Pilong 1 纳入其许可区域内,但泰国政府内部后来又对此表示反对,[②] 因而导致泰国政府与石油公司之间产生争端。这类争端主要涉及国际经济法、国际投资法和国际私法等方面的问题,这些领域的争端解决方法均可适用。尤其是根据《关于解决国家与他国国民之间的投资争

---

① Arbitration under the Timor Sea Treaty (Timor-Leste v. Australia), PCA Case No. 2013-16.

② 参见 Mark J. Valencia, Taming Troubled Waters: Joint Development of Oil and Mineral Resources in Overlapping Claim Areas, San Diego Law Review, Vol. 23, 1986, p. 677。

端公约》而进行的国际仲裁，在解决此类争端中运用较为广泛。

第三类为联合管理机构与私法实体之间的争端。这类争端通常是因联合管理机构行使管理职权而与石油公司产生争端，一般是在一方当事国国内通过诉讼的方式解决，或者仲裁，或者在联合管理机构内部解决。例如尼日利亚—圣多美普林西比共同开发案中，美国公司 ERHC（Environmental Remediation Holding Company）向尼日利亚联邦高级法院起诉，要求法院发布一项禁令，限制共同开发管理局（Joint Development Authority，JDA）实施阻碍 ERHC 权益的行为。①

第四类为私法实体与私法实体之间的争端。例如，在马来西亚与泰国共同开发案中，美国德克萨斯太平洋（Texas Pacific）石油公司、特里顿能源（Triton Energy）石油公司与埃克森美孚（EPMI）石油公司之间的先存权之争。② 再如，在尼日利亚与圣多美普林西比共同开发案中，Statoil Nigeria Limited 与 Texaco Nigeria Outer Shelf Limited 诉 Nigeria National Petroleum Corporation，双方是产品分成合同的当事方，因合同的解释与适用产生争端，原告依据产品分成合同的仲裁条款启动了仲裁程序。③ 这类争端主要受国内民商事法律调整，一般的争端解决方法均可适用。

（二）从争端内容的角度进行的分类

从争端内容的角度主要分为三大类。

---

① 参见 Imhoos Christophe, Rooz Delphine, Seraglini ChristopheSam：Briefing, International Business Law Journal, Vol. 2009, Issue 2, p. 261。

② 参见 Mark J. Valencia, Taming Troubled Waters：Joint Development of Oil and Mineral Resources in Overlapping Claim Areas, San Diego Law Review, Vol. 23, 1986, p. 677。

③ 参见 Dorothy Udeme Ufot, Lagos Court of Appeal Lifts Anti-Arbitration Injunction in Groundbreaking Decision, available at：http://www. internationallawoffice. com/Newsletters/Arbitration-ADR/Nigeria/Dorothy-Ufot-Co/Lagos-Court-of-Appeal-lifts-anti-arbitration-injunction-in-groundbreaking-decision, last visited on 17 May, 2021。

第一类为政治争端，即因政治立场或主张不一致而导致的争端。这类争端多与划界相关，其争端主体为主权国家。例如，在日韩共同开发案中，日韩开发协议无视中国在东海的权益，在还未进行海域划界的前提下，将开发区的面积延伸至中国可依据自然延伸原则主张的大陆架区域。协议签订后，中国有 3 次强烈抗议和 7 次低层次的外交抗议。[①]

第二类为经济争端，即因共同开发活动而产生的经济类争端，包括许可证的授予、产品分成合同的解释和适用、税收等。例如，在东帝汶与澳大利亚共同开发案中，国际石油公司与东帝汶在巴宇-温丹气田（Bayu-Undan gasfield）产生的税收争端，即 Conoco Phillips 和 Woodside 等国际石油公司，拖欠相关税款，给东帝汶造成重大经济损失。每一项共同开发活动的进行，都有可能产生经济争端，因而这类争端较为普遍。

第三类为环境争端，即相关主体因共同开发活动造成环境污染与破坏，由此而产生的争端。这一类型的争端涉及内容较广，不仅包括单纯的环境污染问题，还可能涉及人权保护。目前，这类争端在共同开发争端中为数不多。但需要注意的是，开发活动造成的环境污染事故频发，已引起当地居民的抗议和国际社会的警觉，可是现有的共同开发争端解决机制对于解决环境争端显得爱莫能助，环境争端的解决只能依赖于各主体的合作，未形成有效的机制。

第四类为技术或事实争端，即相关主体对确定跨界储藏，以及油气储藏的具体测定及分配等问题产生的争端。这类争端主要涉及技术或事实层面的问题，其解决依赖于权威专家的裁定，为共同开发主体提供专业支持。

（三）从开发活动的角度进行的分类

国际油气产业包含油气的勘探与开发、油田设备与装置安装、

---

① 参见邓妮雅：《日韩共同开发东海大陆架案及其对中国的启示》，载《中国海洋大学学报（社会科学版）》2016 年第 2 期，第 67 页。

油气运输、原油提炼和销售等多项活动，所有这些活动都可能产生争端。因此，从开发活动的角度，海上共同开发争端包括但不限于以下几类：

第一类为勘探与开发争端，包括上游资产和设备的国有化争端、因财税政策的变化而引发的争端、不可抗力而引发的争端、因共同经营协议中的免责条款引发的争端等。第二类为管道争端。管道是原油运输的主要工具，管道工程是一个长期的、聚集大量资本的建设项目。管道工程的建设者需要获得共同开发当事国和管道经过国家的许可。管道争端包括管道建设者的许可被当事国否决而引发的争端、因管道工程的建设而引发的争端、管道运营商与油气供给商因运输而引发的争端等。第三类为油价争端。这类争端主要是因国际原油价格的波动，或国内政策的调整而引发的油价变化争端。第四类为油田设备争端，如因设备失灵而引发的争端、因交付迟延而引发的争端以及相关的知识产权争端等。①

第三节　海上共同开发争端解决机制的界定

一、海上共同开发争端解决机制的概念

要界定"海上共同开发争端解决机制"，必须首先要界定"机制"。在当今社会科学研究领域，"机制"的概念使用越来越广泛，但却没有统一与明确的定义与内涵。② 英文中，"机制"一词主要有两种表述，即"mechanism"和"regime"，前者指机械的结构与工作原理，后者强调一种制度。因此，本书选择将"regime"作为"机制"一词的英文表述。据考证，"regime"一词最早源于医学，原意是：

---

① 参见 Tom Childs, The Current State of International Oil and Gas Arbitration, Texas Journal of Oil, Gas and Energy Law, Vol. 13, Issue 1, 2018, pp. 7-13。

② 参见王健民：《关于经济合作机制与经济整合概念的讨论——兼论海峡两岸经济合作机制问题》，载《北京联合大学学报（人文社会科学版）》2011年第1期，第64页。

为了保持和促进某种机体(如人体)的健康成长,医生规定了一套饮食、锻炼、养生的办法或疗程,这套由各种办法和疗程组成的东西就叫"regime"。不管运用到什么领域,"regime"有几点含义是共通的,一是旨在促进福利(增加好处),二是权威式的安排,三是系统性和完整性。① 而"国际机制",即"international regime",是指"国际共同体或各主要国家(共同地或私下相互地)为稳定国际秩序(不管是经济秩序、政治秩序、安全秩序,还是环保秩序、救助秩序、交往秩序),促进共同发展或提高交往效率等目的,建立起的一系列有约束性的制度性安排或规范,这些制度性安排或规范可以是成文的、以国际法形式出现的规章制度,也能够是不成文的、非正式的默契与合作;可以是国际组织和大国会晤的决议及其他产物,也能够是私下交易的和没有公开组织者之活动的结果。所有这些机制的核心或关键。在于避免无政府状态、降低冲突的潜能,实现有控制的发展。"②

在此概念的基础上,本书将"海上共同开发争端解决机制"定义为:海上共同开发主体为解决海上共同开发争端和维护各争端主体利益等目的而建立起的具有法律约束力的制度性安排或规范。这些制度性安排或规范可以被事先包含于各共同开发法律文本中,也可在争端产生后依争端主体的自主约定而形成。

二、海上共同开发争端解决机制的内容与特点

(一)海上共同开发争端解决机制的内容

在争端产生之前,海上共同开发争端解决机制的主要作用是预防争端的产生。在争端产生之后,海上共同开发争端解决机制主要是服务于争端的解决。因此,理论上而言,海上共同开发争端解决

① 参见王逸舟:《当代国际政治析论》,上海人民出版社2015年版,第267页。

② 王逸舟:《当代国际政治析论》,上海人民出版社2015年版,第267页。

机制包括争端的预防和争端的解决两大内容。对于前者，争端的预防可从多方面进行而并无统一固定的模式。一般而言，主要包括预先对风险的识别与防范、各共同开发主体之间的沟通与信息共享、对各项开发活动的管理与监督、尽可能保证利益的公平分配等。各共同开发主体可以根据各自的具体情况，就争端的预防进行自主有效的安排。

对于后者，争端的解决包括争端解决应遵守的原则、争端解决的方法和适用的法律。其中，争端解决的方法和适用的法律与争端主体的实体权益联系最为紧密。海上共同开发争端解决的方法有协商或谈判、仲裁、联合管理机构解决、专家裁决、法院诉讼和领导人决策。争端解决适用的法律包括共同开发法律文本、一国国内法和相关的国际法规则。

在所有这些内容中，争端解决的方法和适用的法律是争端解决机制的两大核心内容，争端的预防和争端解决应遵守的原则是对争端解决机制的有益补充，使争端解决机制更为完整和丰富。

(二)海上共同开发争端解决机制的特点

在现有的国际法框架中，世界贸易组织争端解决机制较为完备，且具有广泛适用性、有效性和参考性，因而为了更好地突出海上共同开发争端解决机制的特点，特将海上共同开发争端解决机制与世界贸易组织争端解决机制相比较。

1. 每个共同开发案例的争端解决机制都不尽相同

海上共同开发争端解决机制最大的特点，就是每个共同开发案例的争端解决机制都不尽相同。这是因为争端解决机制是共同开发主体基于自己的特殊情况而自主设计的，并无固定和统一的模式。主要表现在以下几个方面：

其一，海上共同开发争端解决机制并无固定和统一的争端解决方法和机构。海上共同开发争端解决机制中，解决争端的机构并不统一和固定。不同的共同开发案和不同的共同开发争端，争端解决方法和争端解决机构也不相同。例如，沙特阿拉伯与科威特约定将国际法院作为争端解决机构，① 英国与挪威将联合管理机构作为争端解决的机构，② 澳大利亚和东帝汶还将国际常设仲裁法院作为争端解决的机构。③ 而世界贸易组织争端解决机制有专门的争端解决机构，即 Dispute-Settlement Body（DSB），统一主管贸易争端解决事宜。

　　其二，海上共同开发争端解决机制并无完全固定和统一的程序规则。海上共同开发争端解决机制在某些程序性事项上具有一致的做法，例如在仲裁庭的组成上，均是由双方各自任命一名仲裁员，再由这两名仲裁员任命仲裁庭主席。但是在仲裁规则的适用上又不尽相同，有的自行制定仲裁规则，有的直接适用国际仲裁机构的仲裁规则。而世界贸易组织争端解决机制有一套完整、连贯的阶段和程序，包括磋商程序、专家组程序、上诉程序和执行程序，而且各程序都有自己具体的规则和要求。④

　　其三，海上共同开发争端解决机制并无专门有效的机制保障争端结果的执行。对于仲裁庭和法院作出的裁决和判决，因其具有法律强制力而被争端主体所执行。除此之外的通过非法律方法而达成的争端解决结果，其执行仍需依赖各争端主体的自主与自觉。而世界贸易组织争端解决机制却有自己专门的执行程序。《争端解决规则和程序的谅解协定》（Understanding on Rules and Procedures Governing the Settlement of Disputes，DSU）第 21 条"对执行裁决与建议的监督"规定了败诉方主动执行 DSB 裁决报告的程序，第 22 条"补偿与中止减让"则规定了败诉方不执行时胜诉方在世界贸易组

---

① 参见 Agreement between the Kingdom of Saudi Arabia and the State of Kuwait on the Partition of the Neutral Zone，Article 22。

② 参见 Agreement Relating to the Exploitation of the Frigg Field Reservoir and the Transmission of Gas therefrom to the United Kingdom，Article 28。

③ 参见 Arbitration under the Timor Sea Treaty（Timor-Leste v. Australia），PCA Case No. 2013-16。

④ 参见曹建明、贺小勇：《世界贸易组织》，法律出版社 2011 年版，第 52 页。

织框架下的报复程序，① 为争端解决结果的执行提供了法律保障。

2. 海上共同开发争端解决机制的建立与实施具有高度自主性

海上共同开发争端解决机制是依各争端主体的意愿而建立或形成的，具有高度自主性。此外，各争端主体可以根据情势的改变而作出不同的约定，受其他外界因素的约束较少。而世界贸易组织争端解决机制是在世界贸易组织框架下形成的，是世界贸易组织成员方协商一致的结果，具有法律约束力。世界贸易组织争端解决的程序、方法和执行都具有司法化特征，各成员需严格遵守。

3. 海上共同开发争端解决机制鼓励友好协商

世界贸易组织争端解决机制鼓励争端当事方通过双边磋商解决争端，这是争端解决的第一步，也是必经的一步。② 与之相似的是，众多海上共同开发争端解决条款中，也规定了应首先通过协商或谈判的方法解决争端。这点与世界贸易组织争端解决机制的精神不谋而合。这反映了各共同开发主体维护双边关系和促进友好合作的强烈意愿。

4. 海上共同开发争端解决机制具有时效性

海上共同开发争端解决机制对协商或谈判、联合管理机构解决争端等设置了不同的期限，有助于争端的快速解决。这一点也与世界贸易组织争端解决机制中对各个阶段都规定了严格的时限相契合。这说明了海上共同开发争端主体和世界贸易争端主体对争端解决效率的追求。

本 章 小 结

虽然国内外学术界对海上共同开发的概念还未完全达成一致，但本书基于现有的共同开发实践和研究的需要，将海上共同开发定

① 参见曹建明、贺小勇：《世界贸易组织》，法律出版社 2011 年版，第71 页。

② 参见吕西萍主编：《世界贸易组织》，科学出版社 2009 年版，第 76 页。

义为两个主权国家为经济和政治目的达成一项临时协定，以勘探和开发位于争议海域内的或跨越双方海洋边界线的海洋自然资源，包括生物和非生物资源，并遵照协定分享收益和分担风险。海上共同开发是不同国家之间的合作，国家之间在政治和法律体制，以及经济发展水平等方面具有先天的差异性。而且共同开发主体基于各自利益最大化的追求，而存在不同程度的目标对立。这些因素都会必然导致争端的产生。

海上共同开发争端，即在海上共同开发活动中，各共同开发主体之间，即共同开发当事国之间、当事国与非国家实体之间以及非国家实体与非国家实体之间，一方的观点与对方存在分歧，或一方的权利或利益遭到对方的反对或拒绝。海上共同开发争端既具有一般争端的共性，又独具特色。争端的内容具有广泛性和敏感性，争端的独立性与依附性并存，而且争端解决方法的选择又兼具任意性与从属性，不同的争端主体对争端还能产生不同的影响。

由于海上共同开发争端可能在每个共同开发主体之间产生，并存在于任何一个开发阶段或活动中，因此对争端进行总结和分类并非易事。从争端主体角度，海上共同开发争端可分为四类，即国家与国家之间的争端，国家与石油公司等其他私法实体之间的争端，联合管理机构与私法实体之间的争端，以及私法实体与私法实体之间的争端。从争端内容的角度，海上共同开发争端可也分为三类，即因划界而导致的政治争端，因共同开发活动而产生的经济争端，因开发活动造成的环境污染而导致的环境争端，以及因油气储藏的测定或分配产生的技术或事实争端。

海上共同开发争端解决机制是海上共同开发主体为解决海上共同开发争端和维护各争端主体利益等目的，建立起的具有法律约束力的制度性安排或规范。这些制度性安排或规范可以被事先包含于各共同开发法律文本中，也可在争端产生后依争端主体的自主约定而形成。理论上而言，海上共同开发争端解决机制包括争端的预防和争端的解决两大内容。争端的解决又包括争端解决应遵守的原则、争端解决的方法和适用的法律。海上共同开发争端解决机制具有高度的自主性和时效性，但由于共同开发实践本身各具特色，争端解决机制之间也具有个体差异性。

　　需说明的是，由于很多海上共同开发争端的相关信息和资料并未公开，而且搜索的渠道也有限，因此，上述对海上共同开发争端的概念、特点和分类，以及对争端解决机制特点的提炼，是基于能查找到的法律文本和部分争端案例而进行的一般性总结，不一定符合每个个案，但在此基础上展开的研究也能在一定程度上反映出海上共同开发争端解决机制存在的共性问题。

第二章　海上共同开发争端
解决的基本原则

海上共同开发争端解决应遵循的基本原则，既包括国际法的基本原则，如和平解决国际争端原则、国际合作原则，也包括一般国际法原则，如诚信原则，还包括正在发展中的重要原则，如可持续发展原则等。这些原则适用于在海上共同开发活动中产生的所有争端类型，为海上共同开发争端的解决提供了基本的方向。在这些原则中，和平解决国际争端原则是根本，国际合作原则和诚信原则为共同开发争端的解决提供了指导方向，可持续发展原则为共同开发争端的解决提供了更为高远的视角。可持续发展原则是前瞻性原则，为海上共同开发争端的解决提供了发展思路，它将争端主体的视野从关注自身经济利益扩展至关注自然、关注人类的整体利益，提升了海上共同开发争端解决的理论深度。

第一节　和平解决国际争端原则

一、和平解决国际争端原则概述

和平解决国际争端原则是在第二次世界大战后才正式确立的一项国际法基本原则。[①] 它是指"为了国际和平、安全及正义，各国应以和平方法解决其与其他国家之间的国际争端"[②]。其作为国际法基本原则之一，已经在《联合国宪章》中得到确立。《联合国宪

---

① 参见杨泽伟：《国际法》，高等教育出版社 2017 年版，第 55 页。
② 杨泽伟：《国际法》，高等教育出版社 2017 年版，第 54 页。

章》基本宗旨之一就是要促进国际争端的和平解决。《联合国宪章》第 2 条第 3 款规定："各会员国应以和平方法解决其国际争端，避免危及国际和平、安全及正义。"《联合国宪章》第 6 章"争端之和平解决"，进一步解释和说明了这一原则，第 33 条向主权国家施加了和平解决国际争端的义务，① 第 1 款规定："任何争端之当事国，于争端之继续存在足以危及国际和平与安全之维持时，应尽先以谈判、调查、调停、和解、公断、司法解决、区域机关或区域办法之利用，或各该国自行选择之其他和平方法，求得解决。"②《国际法原则宣言》亦确认将和平解决国际争端作为基本原则之一，并规定："每一国应以和平方法解决其与其他国家之国际争端，俾免危及国际和平、安全及正义。各国因此应以谈判、调查、调停、和解、公断、司法解决、区域机关或办法之利用或其所选择之他种和平方法寻求国际争端之早日及公平之解决。寻求此项解决时，各当事方应商定与争端情况及性质适合之和平方法。"具体而言，适用和平解决国际争端原则有以下几点要注意：

其一，和平解决国际争端的方法主要有谈判、调查、调停、和解和司法解决等。这些争端解决方法之间并无优先顺序，而是并列关系。其中，谈判、调查、调停、和解等为政治方法，国际仲裁和司法裁判为法律方法。政治方法意在促进争端主体间达成合意，不像法律方法那般具有正式性和对抗性。③ 虽然国际法上将这些争端解决方法分为两类，但这两类之间并非相互排斥，而是互相融合的。例如，在国际仲裁中也可以进行谈判或调解，或者谈判可以作为国际仲裁的前置程序等，都说明政治方法和法律方法是可以相结合的。

---

① 参见 Junwu Pan, Toward a New Framework for Peaceful Settlement of China's Territorial and Boundary Disputes, Martinus Nijhoff Publishers, 2009, p. 51。

② 参见潘俊武：《解析国际争端解决机制及其发展前景》，载《法律科学》2009 年第 4 期，第 114 页。

③ 参见 Alina Kaczorowska, Public International Law, Routledge, 2015, p. 613。

其二，争端主体有自主选择争端解决方法的权利。这些国际法文件仅是列举争端解决的办法，而非对争端主体具体选择何种方法施加强制力。争端主体可以根据争端的特点和性质自行选择，或在现有的和平解决争端的方法上进行创新或组合，以形成双方认为最适合的争端解决办法，以促进和平解决争端。

其三，和平解决争端作为国际法的一项基本原则，适用于一切争端，既适用于主权国家之间的争端，也适用于涉及非国家实体的争端；既适用于政治争端，也适用于经济投资类争端等。例如，世界贸易组织争端解决机制，将现有的争端方法进行组合和创新，形成了一套独特的、适用于国际贸易领域的争端解决机制。[①] 对于海洋权益方面的争端，和平解决争端原则自然也同样适用。

二、和平解决国际争端原则在海上共同开发争端解决中的应用

(一)和平解决国际争端原则是海上共同开发争端解决应遵循的首要原则

和平解决国际争端原则是海上共同开发争端解决要遵守的首要原则，并被众多共同开发法律文本所确认。有的在序言部分重申这一原则，如《马来西亚与越南谅解备忘录》序言规定，"两国领导人决定在适当时机和平解决两国间所有涉及多方的主张重叠问题"。多数的做法是在具体的争端解决条款中约定了和平解决争端的具体方法，以友好地解决争端。例如，《牙买加与哥伦比亚划界条约》第 7 条规定："缔约两国在解释和适用本条约时产生的争端，由双方依照国际法规定达成协议，和平解决。"还有的是在协定的其他条款中，规定了和平解决争端的原则。例如，《马来西亚与泰国1990 年协定》在第 8 条的产品分成部分规定，双方因订约产生的任何争端，应首先和平地解决，不能和平解决的，应该把争端提交由

---

① 参见周忠海主编：《国际法》，中国政法大学出版社 2004 年版，第 154 页。

3名仲裁员组成的仲裁小组仲裁。① 实践中，不论是哪一类争端主体，不论争端的内容是什么，和平解决国际争端原则都得到了很好的践行。

（二）争端主体能自主地选择和平解决争端的方法并有所创新

海上共同开发主体有权自主地选择和平解决争端的方法，并能依据共同开发的现实需要进行创新。海上共同开发争端的解决方法主要有协商或谈判、仲裁、联合管理机构解决、专家裁决、法院诉讼和领导人决策。其中，协商或谈判、仲裁和国际法院诉讼是国际争端解决的一般方法，而联合管理机构是共同开发当事国基于管理的需要而共同建立的管理机构，其被赋予了争端解决的职能，解决的多数是联合管理机构内部的争端，是海上共同开发所特有的争端解决模式，是共同开发当事国根据共同开发管理的需要对争端解决方法的一种创新。专家裁决是油气产业所普遍采用的争端解决方法之一，一般解决因技术问题而产生的争端。可见，海上共同开发争端解决方法立足于现有的和平解决争端的方法，并在此基础上结合共同开发的特点和需要进行了发展和创新。

（三）和平解决争端原则适用于海上共同开发活动中产生的一切争端

海上共同开发争端涉及面广，争端主体既有主权国家，又有联合管理机构，还有国际石油公司以及个人，在争端内容上也涉及划界、投资、海洋环境保护等多方面，和平解决国际争端原则广泛地适用于这些争端。特别是对于共同开发当事国之间产生的海域划界争端，和平解决国际争端原则尤为适用。共同开发本身就是在践行和平解决国际争端原则。尤其在争议海域，共同开发是为和平解决

---

① 参见 1990 Agreement between the Government of Malaysia and the Government of the Kingdom of Thailand on the Constitution and Other Matters Relating to the Establishment of the Malaysia-Thailand Joint Authority, Article 8 (2)(h)。

国家间海域划界争端而达成的一项临时安排，共同开发将主权国家的注意力从矛盾尖锐对立的划界争端，转移到敏感度较低的海洋资源的经济开发，从而降低争端的激烈程度，促成争端主体之间的友好合作，为海域划界做铺垫，其本身就是在践行和平解决国际争端原则。此外，涉及非国家实体的经济或技术类争端，也要以法律规定的和平的方式解决，不得进行非法竞争或报复，避免争端升级。

第二节　国际合作原则

一、国际合作原则概述

国际合作原则是指"为了维护国际和平与安全、增进国际经济安定及进步以及各国的福利，各国不问在政治、经济及社会制度上有何差异，都应在政治、经济、社会、文化和科技等方面，彼此合作"①。国际合作原则已在很多重要的国际法文件中得到体现。《联合国宪章》第1条就明确规定联合国的宗旨之一为促成国际合作，以解决国际间属于经济、社会、文化及人类福利性质之国际问题。为了实现联合国的宗旨，《联合国宪章》第9章以"国际经济及社会合作"为题，从第55条至第60条专门阐述了有关国际合作的问题。《国际法原则宣言》进一步发展了《联合国宪章》所确立的国际合作原则。宣言规定："各国应与其他国家合作以维持国际和平与安全"，"各国应合作促进对于一切人民人权及基本自由之普遍尊重与遵行，并消除一切形式之种族歧视及宗教上一切形式之不容异己"，"各国应依照主权平等及不干涉原则处理其经济、社会、文化、技术及贸易方面之国际关系"，"联合国会员国均有义务依照宪章有关规定采取共同及个别行动与联合国合作"，"各国应在经济、社会、文化以及科学与技术方面并为促进国际文化及教育进步，彼此合作"。此外，《各国经济权利和义务宪章》和1975年《欧

---

①　杨泽伟：《国际法》，高等教育出版社2017年版，第57页。

洲安全与合作会议最后文件》也都对国际合作原则作出了规定。①

当今世界日益成为密不可分的整体，国家之间的交流与联系愈加频繁和广泛，进一步推进了相互之间合作的深度与广度。完全属于一国范围内的事项越来越少，属于区域性的甚至是全球性的事务范围越来越多，一个国家的行为更多地关乎地区乃至全球利益。因此，继续加强与深化合作，也是维护国际关系、促进经济发展和地区和平稳定的重要举措。

二、国际合作原则在海上共同开发争端解决中的应用

(一)国际合作原则渗透在包括争端解决在内的各个环节中

国际合作是动态的和持续的，② 渗透在共同开发的各个环节，并受许多因素的影响，如两国关系、军事实力、安全因素、文化传统、对石油的需求度、对潜在储藏的认知度等。③ 共同开发本身就是国家进行国际合作的具体表现形式之一，国际合作是共同开发得以存在并推进的根本。不论是跨界的一体开发，还是争议海域的共同开发，国家都有合作的义务。④ 在没有完成划界，或者没有达成临时合作协定的情况下，在争议海域任何单方面的石油活动，都会使争端恶化。⑤ 因此共同开发当事国必须合作，而且合作越深入，

---

① 参见杨泽伟：《国际法》，高等教育出版社 2017 年版，第 58 页。

② 参见 George Elian, The Principle of Sovereignty over Natural Resources, Sijthoff & Noordhoff, 1979, p. 155。

③ 参见 Masahiro Miyoshi, The Basic Concept of Joint Development of Hydrocarbon Resources on the Continental Shelf, International Journal of Estuarine and Coastal Law, Vol. 3, No. 1, 1988, p. 17。

④ 参见 David M. Ong, Joint Development of Common Offshore Oil and Gas Deposits: "Mere" State Practice or Customary International Law? The American Journal of International Law, Vol. 93, 1999, p. 787。

⑤ 参见 Constantinos Yiallourides, Oil and Gas Development in Disputed Waters under UNCLOS, UCL Journal of Law and Jurisprudence, Vol. 5, 2016, p. 59。

越能加强双方之间的互信，越能推动共同开发，使双方受益。相反，若合作只停留在表面，双方之间的间隙和隔阂越深，则难以达成共同开发协定，即便达成了，也难以继续履行。因此，能够成功地达成共同开发协定，就已经说明共同开发当事国之间具有合作的诚意，这是推动履行共同开发协定的前提。在此后的共同开发协定履行的各个阶段，国际合作原则也始终贯穿其中，并必然浸润在争端解决过程之中。例如《澳大利亚与印尼帝汶缺口条约》第五章专章规定了关于 A 区相关事项的合作，包括监督、安全措施、搜索和营救、空中交通服务、水文和地震勘探、海洋科学研究、海洋环境保护、承包商对海洋环境污染的责任、对 A 区和超出 A 区部分的联合经营、设施建设等多个内容。① 国际合作越成功，争端越少。即便是产生了争端，也能快速解决，维护双方利益的平衡。因此，深化国际合作是共同开发实践得以成功的精髓，也是预防和解决争端的基本原则之一。

(二)海上共同开发主体要共同制定与遵守争端解决的程序性规则

在程序规则方面，尤其是对仲裁庭的组成、仲裁规则和专家裁决程序，需要双方共同制定和遵守。争端发生后，需通过仲裁来解决的，双方可建立仲裁庭，并共同决定仲裁庭的组成和仲裁规则。例如，在仲裁庭主席的选任方面，由共同开发当事国各自任命的两名仲裁员经协商一致选出。而且对于仲裁庭主席及其仲裁活动产生的费用，由共同开发当事国共同负担。② 在专家裁决程序方面，若共同开发当事国在一定期限内无法就专家任命达成一致，则当事国

① 参见杨泽伟主编：《海上共同开发协定汇编（上）》，社会科学文献出版社 2016 年版，第 281~283 页。

② 有的是由共同开发当事国均摊，例如《Sunrise 和 Troubadour 开发协定》附件 4 争端解决程序第（h）条规定，澳大利亚和东帝汶自行承担各自任命的仲裁员准备和提交案件产生的费用。仲裁庭主席及仲裁活动产生的费用，由澳大利亚和东帝汶均摊。参见杨泽伟主编：《海上共同开发协定汇编（下）》，社会科学文献出版社 2016 年版，第 548 页。

应该立即交换专家名单，重新任命。除了共同开发当事国，其他主体也有义务在程序方面进行合作。例如，《Sunrise 和 Troubadour 开发协定》附件 5 专家裁决程序第 12 条规定："Sunrise 区域的联合经营商，应该在提供专家要求的信息及便利专家作出决定的事项上，进行充分合作。"①因此，共同开发主体共同制定争端解决的程序规则，为争端的解决提供了法律基础。

（三）海上共同开发主体要在法律适用与执行方面加强合作

除了程序规则，很多共同开发协定都规定，在法律的适用与执行上，双方当事国同样要加强合作、互相协助。例如，《尼日利亚与圣多美普林西比共同开发条约》第 41 条、②《塞舌尔与毛里求斯马斯克林条约》第 16 条等均规定，③ 双方当事国应给予必要的协助与合作，以确保法律得到适用与执行。法律适用与执行关乎争端主体实体权益的保护与落实，它是合作原则适用于共同开发争端解决的一项实质性要求。特别是对于争端解决协议的履行，它不仅需要正当程序作为基础，更依赖于争端双方的互信与协作。

（四）解决共同开发海洋环境争端更加需要加强合作

在海洋污染事故发生后，相关主体应保持谨慎克制、加强合作，以免进一步扩大或恶化情势，给双方造成不必要的损失。这一原则在海洋环境保护中体现最为明显。很多共同开发协定明确规定，在发生海洋污染后，当事国之间应尽可能地减少污染。例如，

---

① 杨泽伟主编：《海上共同开发协定汇编（下）》，社会科学文献出版社 2016 年版，第 550 页。

② 第 41 条第 2 款规定，双方当事国应在其国家法律制度范围内，采取一切适当措施来实施可适用的法律。第 3 款规定，双方当事国应提供一切必要合理的协助和支持，以确保承包商遵守可适用的法律。参见杨泽伟主编：《海上共同开发协定汇编（下）》，社会科学文献出版社 2016 年版，第 386 页。

③ 第 16 条第 4 款规定，对于第三国国民在共同开发区内的犯罪，如有必要，缔约双方应共同协商适用何国刑事法律，应考虑受害人的国籍与所涉犯罪影响最大国的利益。参见杨泽伟主编：《海上共同开发协定汇编（下）》，社会科学文献出版社 2016 年版，第 659 页。

《澳大利亚与印尼帝汶缺口条约》第18条规定，澳大利亚和印尼应当就防止和减少共同开发区石油资源勘探开发产生的污染进行合作。如果污染溢出共同开发区，澳大利亚和印尼应当在防止、减轻和消除污染方面合作。① 此外，对于因油污责任和损失的分担与认定而存在分歧的，双方还应互相交换开发区内石油勘探和开发相关的信息，就基本事实的认定达成一致。可见，对于海洋污染，争端当事国不仅有合作减轻和消除污染的义务，在责任认定与分担上，还应交换相关信息，这对争端主体的合作提出了更高的要求。

（五）合作是海上共同开发争端主体自觉自愿的行为

自主意愿与合作之间具有紧密的内在关系。只有一方的自主意愿得到自由表达和受到应有的尊重，其合作态度才有可能出现。积极自主的意愿必然导致积极真诚的合作。② 因此，要进行合作，就务必要尊重共同开发主体的自由意志，这一点在共同开发争端解决中体现得尤为明显。不论是争端解决的方法，还是争端解决应适用的法律，都首先尊重了当事主体的自由选择。只有在这一基础上，争端主体才有可能就争端的解决进行合作。尤其对于共同开发当事国之间争端的解决，更要在坚持主权平等原则的基础上互谅互让，为合作解决争端打下基础。

第三节　诚　信　原　则

一、诚信原则概述

诚信原则（good faith），也称善意原则，是一项一般国际法原

---

① 第18条第1款规定，缔约国之间应当就防止和减少A区石油资源勘探开发产生的污染进行合作，尤其是以下方面：（a）缔约国应当对联合当局就防止污染提出的请求提供帮助；（b）如果A区内产生的污染溢出A区，缔约国应当在防止、减轻和消除污染方面进行合作。参见杨泽伟主编：《海上共同开发协定汇编（上）》，社会科学文献出版社2016年版，第282~283页。

② 参见叶兴平：《和平解决国际争端》，法律出版社2008年版，第263~264页。

则。诸多国际法律文件都对诚信原则作出了规定。《联合国宪章》第2条第2款规定："各会员国应一秉善意，履行其依本宪章所担负之义务，以保证全体会员国由加入本组织而发生之权益。"《联合国海洋法公约》第300条规定："缔约国应诚意履行根据本公约承担的义务并应以不致构成滥用权利的方式，行使本公约所承认的权利、管辖权和自由。"此外，国际法院在审理国际争端案件时，也多次将诚信原则应用于判决中。① 虽然诚信原则在国际法中具有重要地位，但要对诚信原则作出准确的界定，却是一件棘手且冒险的工作。一直以来，很多国际法学者试图定义诚信原则，② 但都未能得到国际法学界的一致认可。但这并不影响诚信原则在争端解决中的重要作用。在用法律方法解决国际争端方面，诚信原则扮演着促进与限制的双重角色，被众多的国际法院和仲裁法庭，以及法官及仲裁员所援引。③ 一方面，它将可预测性和合理性灌输到国家行为中，增进正当程序，为国际法院和仲裁庭充当解释说明的工具；另一方面，它又限制法律形式主义和任意专断。④ 在用谈判等外交方法解决国际争端方面，争端主体不仅具有诚信谈判的义务，

---

① 参见 International Court of Justice, Nuclear Tests（Australia v. France），Judgment of December 20, 1974, ICJ Reports 1974, p. 268; 参见 also in the North Sea Continental Shelf case, the ICJ held that "good faith" underpinned the essence of negotiations related to seabed boundaries。

② For example, J. F. O'Connor gave a definition of good faith in his book Good Faith In International Law as follows: The principle of good faith in international law is a fundamental principle from which the rule pacta sunt servanda and other legal rules distinctively and directly related to honesty, fairness and reasonableness are derived, and the application of those rules is determined at any particular time by the compelling standards of honesty, fairness and reasonableness prevailing in the international community at that time. 参见 Vaughan Lowe, Reviewed Work（s）: Good Faith in International Law by J. F. O'Connor, The International and Comparative Law Quarterly, Vol. 41, No. 2, 1992, p. 484。

③ 参见 J. F. O'Connor, Good Faith in International Law, Dartmouth, 1991, p. 81。

④ 参见 Andrew D. Mitchell, M. Sornarajah, Tania Voon, Good Faith and International Economic Law, Oxford University Press, 2015, p. 9。

在达成争端解决方案后，更要予以履行，这也是诚信原则的本质要求。

对于诚信谈判，可从一些国际法律文件和判例中找到有关的法律依据。联合国大会决议53/101(1998)"国际谈判的原则和指导方针"第1(c)项和第2(a)项规定，国家在谈判中或在履行谈判义务时，应遵循诚信原则，[1] 为谈判营造一个互信的环境，增强谈判主体行为的可预测性，任何有损谈判的行为都应被制止。诚信谈判的实质要素是，要求谈判各方必须开诚布公，在真诚地表明自己观点的同时，善意地对待对方或他方的陈述和观点。诚信谈判的程序性要素是，经过谈判各方同意或接受的程序，无论是临时的还是正式的，一经制定，谈判就必须善意地遵守。谈判方在无正当理由的情况下延误谈判或协议的通过，无正当理由造成谈判破裂、非正常延误，或不遵守已达成的程序，都构成诚信的违反。[2] 诚信谈判还要求法律主体表达的意愿和真实意愿相符，其行为要追求的法律事实与其展现的状态相符。[3] 任何真实意愿与表达的意愿不符的行为，都不可认定为是遵守了诚信原则。

二、诚信原则在海上共同开发争端解决中的应用

(一)争端主体负有诚信谈判的义务

海上共同开发争端主体，不论是主权国家还是私法主体，都负有诚信谈判的义务。要做到诚信谈判，除了善意真实地表达自己的

---

① 参见 UN Assembly Resolution 53/101(1998) "Principles and guidelines for international negotiations", 1(c) States have the duty to fulfill in good faith their obligations under international law; 2(a) Negotiations should be conducted in good faith. Available at: http://www.un.org/en/ga/search/view_doc.asp? symbol = A/RES/53/101。

② 参见曾令良:《论诚信在国际法中的地位和作用》，载《现代法学》2014年第4期，第150~151页。

③ 参见 Michel Virally, Review Essay: Good Faith in Public International Law, The American Journal of International Law, Vol. 77, 1983, p. 131。

观点和意见外，还必须尊重对方主体的合法权利，综合考虑多方面因素。在英国与冰岛渔业管辖案中，国际法院在说明诚信谈判问题时认为，英国和冰岛有义务进行富有诚意的谈判，而且谈判双方均要考虑对方的合法权利。[①] 在海上共同开发争端中，争端主体也要尊重对方合法的权利主张，以获得公平的解决结果。尤其是对于共同开发当事国之间的争端，谈判还必须建立在主权平等的基础上，大国更要考虑共同开发的全局利益，真诚和客观地看待对方的意见，不得以其优势地位欺压弱小一方或采取不正当手段使自己处于优势地位。

(二)国际司法机构可以援引诚信原则作为判定案件的法律依据

诚信原则不仅是海上共同开发争端解决应遵循的原则，也是海上共同开发争端解决所适用的国际法原则之一。国际法院及国际仲裁法庭可以援引这一原则作为法律适用的依据。在《澳大利亚与东帝汶特定海上安排条约》谈判期间，澳大利亚在东帝汶会议室的墙壁内安装窃听设备，对东帝汶实施窃听行为。[②] 东帝汶发现澳大利

---

① 参见 J. F. O'Connor, Good Faith in International Law, Dartmouth, 1991, p. 95。

② 2004 年，澳大利亚政府通过一项援助计划，任命昆士兰的一个建筑公司 J. J. McDonald&Sons 修建东帝汶总理办公室，并在办公大楼楼顶建一个军情室(situation room)，以便在暴乱或更危险的情形下保证总理的安全，并为总理提供一个指挥安保部队的条件。东帝汶时任总理 Mari Alkatiri 当时正处于不安之中。一年之前，他的住处被一群愤怒的抗议者纵火，因而他认为这项修建计划是极为必要的。澳大利亚秘密情报局 ASIS 正是抓住了这个时机。ASIS局长和副局长组建了一个技术队，在东帝汶会议室的墙壁内安装窃听设备，非法窃听总理 Mari Alkatiri 及东帝汶谈判团队其他成员有关《澳大利亚与东帝汶特定海上安排条约》的谈判信息。除了窃听行为外，有证据证明，东帝汶谈判组的一位高层人员，在《澳大利亚与东帝汶特定海上安排条约》谈判期间受到 ASIS 的贿赂和敲诈，致使其在会谈中极力游说总理 Mari Alkatiri 接受澳大利亚的安排。参见黄文博：《东帝汶诉澳大利亚仲裁案及其对中国的启示》，载《武大国际法评论》2017 年第 5 期，第 75 页。

亚的窃听行为后，认为澳大利亚违反了国际法上的诚信原则，并于
2013 年 4 月 23 日，基于《帝汶海条约》第 23 条附件 B(b) 的规定，①
向国际常设仲裁法院提起仲裁，请求仲裁法院认定《澳大利亚与东

---

① 《东帝汶政府与澳大利亚政府间帝汶海条约》第 23 条附件 B 争端解决
程序规定：(a) 根据第 23 条 b 款提交争端至仲裁庭，该仲裁庭由三名仲裁员
按照以下方式组成：i. 澳大利亚和东帝汶各任命一名仲裁员；ii. 由澳大利亚
和东帝汶任命的两名仲裁员，在第二名任命后的 60 天内，通过协商一致选举
第三名仲裁员，该仲裁员应为与澳大利亚和东帝汶均建立了外交关系的第三
国的国民或永久性居民；iii. 在选出第三名仲裁员后的 60 天内，澳大利亚和
东帝汶应该批准选择该仲裁员作为仲裁庭主席。(b) 一国通过外交途径将提起
仲裁程序通知另一缔约国，仲裁程序即被启动。这种通知应当包含一项声明，
简要阐述主张的依据，寻求救济的性质以及任命的仲裁员的名字。在接到通
知后的 60 天内，被申请方应当通知申请方，其任命的仲裁员的名字。(c) 如
果在本附件 a 条 ii 款和 iii 款以及 b 款的期限内，无法作出所需的任命或批准，
澳大利亚或东帝汶应该请求国际法院院长进行必要的任命。如果国际法院的
院长是澳大利亚或东帝汶的国民或永久性居民，或者由于其他原因无法进行
任命，则请求国际法院的副院长进行任命。如果国际法院的副院长也是由于
这些原因无法进行任命，则请求国际法院其余法官中，既不是澳大利亚也不
是东帝汶的公民或永久性居民，而且资历最老的法官，进行任命。(d) 若依本
附件所任命的仲裁员辞职或无法履行职能，应按照最初仲裁员的任命方式任
命继任仲裁员。继任仲裁员与最初仲裁员享有相同的权力和义务。(e) 仲裁庭
由仲裁庭主席确定开庭的时间和地点，其后由仲裁庭决定在何时何处开庭。
(f) 仲裁庭根据澳大利亚和东帝汶之间的协定，审理其权限范围内的所有问
题，自行决定仲裁程序。(g) 在仲裁庭作出裁决之前的任何阶段，仲裁庭可以
向澳大利亚和东帝汶建议友好解决争端。仲裁庭应考虑到条约的条款和相关
国际法，根据多数票作出裁决。(h) 澳大利亚和东帝汶自行承担各自任命的仲
裁员，准备和提交案件而产生的费用。仲裁庭主席以及仲裁活动产生的费用，
由澳大利亚和东帝汶均摊。(i) 仲裁庭应该对澳大利亚和东帝汶公平进行审理
机会。在澳大利亚或东帝汶缺席的情况下，仲裁庭也会作出裁决。任何案件，
自仲裁主体开庭之日起 6 个月内，仲裁庭应该作出裁决。任何裁决应该以书
面的形式作出，并且要说明法律依据。签名的裁决副本，应被送达给澳大利
亚和东帝汶政府。(j) 裁决对于澳大利亚和东帝汶是终局且有拘束力的。参见
杨泽伟主编：《海上共同开发协定汇编》(下)，社会科学文献出版社 2016 年
版，第 511~512 页。

帝汶特定海上安排条约》无效。① 对于这一主张，仲裁庭自然要依据诚信原则的内涵来判定东帝汶的主张是否成立。在该案中，澳大利亚与东帝汶在《澳大利亚与东帝汶特定海上安排条约》的谈判过程中，通过窃听手段恶意(bad faith)获取对方的信息，以获取谈判优势，不仅未在实质上善意地、真诚地对待对方的陈述和观点，还通过非法程序使得谈判双方处于地位不对等的状态，显然有悖于诚信谈判的要求。而且，诚信原则还要求法律主体表达的意愿和真实意愿相符，其行为要追求的法律事实与其展现的状态相符。② 澳大利亚的情报人员表面上是援助东帝汶办公室的修建，实际上是为了刺探东帝汶关于《澳大利亚与东帝汶特定海上安排条约》的立场和底线，这种表里不一的行为，严重背离了诚信原则，澳大利亚理应承担由此带来的法律后果。③ 因此，对于此类案件，国际司法机构可以援引诚信原则作为判定的依据。

(三)争端主体须善意履行争端解决协议

达成解决方案后，争端主体务必要真诚善意地履行。国际司法裁判由于其本身的法律强制性，争端主体必须善意地执行，这一点在许多共同开发协定中都予以明确。例如，《尼日利亚与圣多美普林西比共同开发条约》第 49 条规定，双方当事国应善意地执行仲裁法庭的所有裁决，包括临时措施在内的任何指令。而对于经谈判达成的争端解决方案，由于其不具有法律强制性，争端主体是否履行取决于其主观意愿。对于共同开发当事国之间的争端，经谈判达成的协议，从性质上来说属于条约或具有条约属性，应当予以遵守。不履行协议或恶意拖延履行，无益于争端的解决，更无益于双方进一步的友好合作。对于私法主体之间的争端，经谈判达成的协

---

① 参见 Arbitration under the Timor Sea Treaty (Timor-Leste v. Australia)，PCA Case No. 2013-16。

② Michel Virally，Review Essay：Good Faith in Public International Law，The American Journal of International Law，Vol. 77，No. 1，1983，p.131.

③ 黄文博：《东帝汶诉澳大利亚仲裁案及其对中国的启示》，载《武大国际法评论》2017 年第 5 期，第 80 页。

议，从性质上来说属于合同，同样具有法律约束力而应予以履行。总之，只要是在平等自愿基础上的真实意思表示，就应当遵守诚信原则而予以执行，推进争端的根本解决。

（四）诚信原则是共同开发争端解决的重要保障

争端产生后，争端主体会选择合适的方法来解决争端。对于选择通过谈判与协商的外交方法来解决争端的，其中还包含了一方对另一方的信任与合理预期。既然能够进行共同开发合作，说明争端主体事先已经具备平等协商的诚意与条件，一旦争端产生，争端主体便能基于已有的互信而快速有效地解决争端。因此，诚信原则不仅体现在谈判与协议执行上，更是争端解决的内在动力和保障。

第四节　可持续发展原则

一、可持续发展原则概述

20 世纪 70 年代，环境破坏，自然资源耗竭和社会贫困等一系列问题，使得国际社会逐渐意识到人类行为对环境的破坏性，于是可持续发展从国际社会和国际法中浮出水面。[1] 可持续发展成为一项全球性的哲学理念，源于挪威前首相布伦特兰夫人领导的世界环境与发展委员会（World Commission on Environment and Development）中的一篇报告，即《我们共同的未来》（Our Common Future）（即《布伦特兰报告》）。该报告指出"可持续发展是既满足当代人的需要，又不对后代人满足其需要的能力构成危害的发展"[2]。此后，该原则被包括《里约环境与发展宣言》和《21 世纪议

---

[1]　参见 Christina Voigt, Sustainable Development as a Principle of International Law: Resolving Conflicts between Climate Measures and WTO Law, 2009, p. 13。

[2]　参见 Rajendra Ramlogan, Sustainable Development: Towards a Judicial Interpretation, Martinus Nijhoff Publishers, 2011, p. 38。

程》在内的一系列国际文件所确认。1992 年的《里约环境与发展宣言》确认了与可持续发展相关的 27 项原则，"标志着可持续发展全球战略的形成"①。尽管对于可持续发展原则的确切含义和范围没有统一认识，但是从目前国际环境条约和有关国际文件来看，这一原则至少包括四个方面的内容："一是代际公平，即在满足当代人需要的同时不得妨碍和损害后代人的需要；二是代内公平，即本代内所有人，不管其国籍、种族、性别、经济发展水平和文化等方面的差异，都享有平等利用自然资源和享受良好和清洁环境的权利；三是要以可持续发展的方式开发和利用自然资源；四是环境保护与经济和其他方面的发展应相互协调，相互兼顾。"②

布朗利认为，可持续发展涵盖贸易、投资与社会问题，应当被看成一个法律概念的集合。③ 可持续发展将不计环境后果地开采自然资源，转变为一个全球性机构，国家政治、教育、宗教、文化机构，以及私人团体都坚持的发展理念，已成为联合国及其机构，尤其是经济组织，例如世界银行、亚洲发展银行、国际货币基金组织、世界贸易组织等，都遵守的文化理念。④

可持续发展原则也被频繁运用到国际司法实践中，尤其是在国际环境争端方面最为典型。⑤ 此处仅以世界贸易组织(WTO)争端解决为例，说明可持续发展原则在贸易争端解决方面也具有重要意

---

① 秦天宝：《生物多样性国际法原理》，中国政法大学出版社 2014 年版，第 62 页。

② 金瑞林主编：《环境法学》，北京大学出版社 2016 年版，第 331 页。

③ 参见 Ian Brownlie, Principles of Public International Law, Clarendon Press Oxford, 2012, p. 358。

④ 参见 Ben Boer, The Globalisation of Environmental Law: The Role of the United Nations, Melbourne University Law Review, Vol. 20, 1995, p. 111。

⑤ 如欧共体诉美国禁止金枪鱼进口案，美国虾和虾制品案海龟案、欧盟与智利箭鱼案等。参见刘丹：《可持续发展原则与国际海洋环境争端解决实例研究》，2008 全国博士生学术论坛(国际法)论文集—国际经济法、国际环境法分册，第 520~522 页。

义。可持续发展原则本身就是 WTO 法律的组成部分。① 《建立世界贸易组织协定》的序言规定，各成员应扩大货物与服务的生产和贸易，为持续发展之目的扩大对世界资源的最佳利用。② 此外，WTO 已意识到自由贸易的扩大对环境和发展的影响以及贸易在可持续发展中的作用，因此规定了许多例外，允许各成员方在贸易中对不利于最优配置资源和保护环境的行为，可以援引例外措施。例如，《1994 年关贸总协定》（GATT1994）第 20 条一般例外规定："本协定的规定不得解释为阻止缔约国采用或实施以下措施，但对情况相同的各国，实施的措施不得构成武断的或不合理的差别待遇，或构成对国际贸易的变相限制：……（b）为保障人民、动植物的生命或健康所必需的措施；……（g）为有效保护本国可能用竭的自然资源，可以与国内限制生产与消费的措施相配合实施有关措施。"这两项被称为"环境条款"或"绿色条款"。

1998 年美国禁止虾及虾制品进口案与可持续发展原则最为相关。③ 1973 年，美国通过《濒危物种法》，将在美国领域的海龟列入保护对象。1989 年，美国修正了该法，增加 609 条款，禁止在捕虾时没有安装防止误捕海龟设施的国家的虾类产品进口，并于 1995 年 12 月将该措施适用于所有国家。1996 年 10 月，澳大利亚、马来西亚、巴基斯坦、泰国认为美国限制虾和虾类制品进口的措施违反了 WTO 规则，并提出磋商要求。美国认为其为保护人民、动植物的生命或健康所必需的措施，或与保护本国可能用竭的自然资

---

① 参见 Christina Voigt, Sustainable Development as a Principle of International Law: Resolving Conflicts between Climate Measures and WTO Law, 2009, p. 317。

② 参见 The preamble of the Agreement Establishing the World Trade Organization, "expanding the production of and trade in goods and services, while allowing for the optimal use of the world's resources in accordance with the objective of sustainable development, seeking both to protect and preserve the environment"。

③ 参见 Nico Schrijver, The Evolution of Sustainable Development in International Law: Inception, Meaning and Status, Martinus Nijhoff Publishers, 2008, p. 146。

源相关的措施，属于第 20 条(g)款规定的例外措施。专家组认为，美国禁止虾和虾类进口的措施违反了 GATT1994 第 11 条第 1 款，① 不符合第 20 条(g)款授权可以采取的例外措施。1998 年 7 月 13 日，美国对专家组适用法律和法理解释问题提起上诉。上诉机构面临的一项挑战是对于第 20 条(g)款中"可用竭的自然资源"的认定问题。许多国家，如巴基斯坦和泰国，认为"可用竭的自然资源"指的是矿产资源而非生物资源或可再生资源。上诉机构认为，"可用竭的自然资源"这一说法是在五十年前提出的，有必要基于当下国际社会对环境保护的关切而重新解释。因此，上诉机构认为，国际社会已然认识到保护生物自然资源的重要性，WTO 成员方也将可持续发展作为目标之一，促进资源的最佳利用，协定序言也反映了成员国的这一意愿。可持续发展已成为一项普遍接受的综合性的经济与社会发展和环境保护的原则，具有重要的法律地位。因而上诉机构推翻了专家组作出的不符合第 20 条(g)款的认定，从可持续发展的角度，认为第 20 条(g)款指的不仅是可用竭的矿产资源的保护，也指可用竭的生物或非生物自然资源的保护。② 上诉机构的报告说明了可持续发展原则在 WTO 决议中的重要性，同时也表明上诉机构愿意将"可用竭的自然资源"做扩大解释，即包括生物和非生物资源，意味着可持续发展原则将会在 WTO 的附属协议的解释中被郑重对待。③ 该案不仅为 WTO 争端解决机构运用可持续

---

① 第十一条为数量限制的一般取消，第 1 款规定：任何缔约国除征收税捐或其他费用以外，不得设立或维持配额、进出口许可证或其他措施以限制或禁止其他缔约国领土的产品的输入，或向其他缔约国领土输出或销售出口产品。

② 参见 United States-Import Prohibition of Certain Shrimp and Shrimp Products-AB-1998-4-Report of the Appellate Body，WT/DS58/AB/R，1998，p. 48，para. 129，para. 130. Available at：https：//docs. wto. org/dol2fe/Pages/SS/directdoc. aspx? filename = Q：/WT/DS/58ABR. pdf&Open = True，last visited on 23 Aug. 2021。

③ 参见 Rajendra Ramlogan，Sustainable Development：Towards a Judicial Interpretation，Martinus Nijhoff Publishers，2011，pp. 56-57。

发展原则解决争端提供了先例，也证明了环境因素与经济发展之间关系的平衡。①

二、可持续发展原则也应成为海上共同开发争端解决遵循的原则

(一)可持续发展是一项重要的国际法原则

可持续发展的概念表明，人类已认识到一种更为理性和科学的世界观与发展观，并由此对现代国际法产生了深刻影响。② 其一，可持续发展体现了国际法的价值取向。国际法的价值是全人类价值需求的法律化，直接明确地反映全人类的价值追求。③ 可持续发展作为一种新型发展观，它带给人类的观念冲击不仅限于环境与发展问题所考虑的领域，而是作为一个新型的世界观，将人类对自身和自然的认识引入一个新的境界。④ 其二，可持续发展的概念发展了国际法的公平原则。可持续发展要求关注人类整体的利益，突出强调曾经被忽略的人类未来世代。⑤ 它要求当代人对后代人承担使发展得以持续的责任，这就使得国际法所关注的公平不再局限于国家与国家这种平行关系之间，而且还延伸到现代人与后代人这种纵向关系之间，同时关注代内和代际公平。其三，可持续发展的概念拓展了国际环境法的研究。国际环境法开始研究"跨代环境公平"，

---

① 参见 Markus W. Gehring, Marie-Claire Cordonier Segger (eds.), Sustainable Development in World Trade Law, Kluwer Law International, 2005, p. 266。

② 参见石磊:《可持续发展与现代国际法》，载《武汉大学学报(社会科学版)》2002 年第 4 期，第 462 页。

③ 参见高岚君:《国际法的价值论》，武汉大学出版社 2006 年版，第 18 页。

④ 参见高岚君:《国际法的价值论》，武汉大学出版社 2006 年版，第 32~34 页。

⑤ 参见高岚君:《国际法的价值论》，武汉大学出版社 2006 年版，第 146 页

并且开始关心建立国际生态新秩序等问题。① 因此，可持续发展原则在国际法中的地位越来越重要。

(二)海上共同开发遵循了可持续发展原则

各项共同开发活动也应遵循可持续发展原则。共同开发本身体现的就是人与自然之间的关系。人类在运用技术向海洋索取资源和财富的同时，也要对海洋予以适当和有效的保护，这种保护就是维护海洋生态环境的平衡；这体现了共同开发主体人与自然相统一的和谐的世界观，良好的海洋环境又能惠及子孙后代。而且坚持可持续发展原则还能丰富和提升共同开发的内涵。坚持可持续发展意味着，各共同开发活动要符合基本的规范和作业要求，不对海洋环境造成破坏，在海洋环境保护方面加强合作。更要求各共同开发主体始终树立和坚持高远的价值理念，将经济开发活动与人类生存环境的建设与维护紧密结合。这就对共同开发主体，尤其是共同开发当事国与国际石油公司，提出了更高的要求。实践中，共同开发主体已经不同程度地意识到可持续发展的重要性，并在相关的共同开发法律文件中有所体现。

1. 共同开发坚持可持续发展原则中的整体性原则，注重海洋环境的保护。1992 年《里约环境与发展宣言》的原则四即整体性原则(integration principle)明确规定，为了达到持续发展，环境保护应成为发展进程中的一个组成部分，不能同发展进程孤立开看待。② 整体性原则要求在经济活动中充分考虑其环境影响。③ 共同开发也坚持整体性原则，在经济开发的同时注重环境保护，并在众多共同开发协定中将环境保护条款纳入其中。例如，1988 年《大不

---

① 参见石磊：《可持续发展与现代国际法》，载《武汉大学学报(社会科学版)》2002 年第 4 期，第 462~463 页。

② Principle 4 states："In order to achieve sustainable development, environmental protection shall constitute an integral part of the development process and cannot be considered in isolation from it."

③ 参见 Malgosia Fitzmaurice, Milena Szuniewicz, Exploitation of Natural Resources in the 21st Century, Kluwer Law International, 2003, p. 115。

列颠及北爱尔兰联合王国政府与挪威王国政府关于修改 1976 年 5 月 10 日有关开发弗里格气田并向联合王国输送天然气协定的协定》(Agreement between the Government of the United Kingdom of Great Britain and Northern Ireland and the Government of the Kingdom of Norway relating to the Amendment of the Agreement of 10 May 1976 relating to the Exploitation of the Frigg Field Reservoir and the Transmission of Gas therefrom to the United Kingdom)(以下简称《英国与挪威 1988 年协定》)第 21 条第 7 款规定，在双方政府进行管道放弃有关的协商时，除了要考虑技术因素外，还要考虑拟议措施对海洋环境的影响。第 23 条规定，英国和挪威政府应共同或分别地，尽一切努力，确保弗里格气田的开发，或者开发中任何设备和管道的运行，不会引起海洋污染。《马来西亚与泰国联合管理局石油作业准则》(Malaysia-Thailand Joint Authority Standards of Petroleum Operations)(以下简称《马来西亚与泰国石油作业准则》)第 5 条要求承包人在作业中采取必要预防措施，以防止石油泄漏和有毒物质溢入海洋。

2. 共同开发兼顾对海洋资源的养护和合理利用。近年来，由于人类活动对海洋环境造成的威胁逐渐增加，促成了海洋环境法的演进，即在海洋领域的人类活动，同样适用可持续发展的概念或目标，尤其适用于生物和非生物资源的保护和管理。[1] 众多共同开发协定，都包含海洋资源的养护和合理利用条款。例如，《牙买加与哥伦比亚划界条约》第 3 条第 2 款第 5 项规定了两国可在联合区开展养护海洋生物资源的活动。[2] 又如，《尼日利亚与圣多美普林西比共同开发条约》第 34 条第 4 款规定，对于海洋生物资源的开发，

---

① 参见 David Freestone, Richard Barnes, David M. Ong, The Law of the Sea: Progress and Prospects, Oxford University Press, 2009, p. 93。

② 参见杨泽伟主编：《海上共同开发协定汇编(上)》，社会科学文献出版社 2016 年版，第 322 页。

双方当事国和委员会应当考虑海洋环境保护的原则。①《澳大利亚与印尼帝汶海条约》第 10 条也对海洋环境保护做了详细规定。②

(三)海上共同开发争端的解决也应遵守可持续发展原则

海上共同开发遵循了可持续发展原则,在经济开发中充分考虑其对环境的影响,并注重海洋资源的养护和合理利用。而争端的解决作为共同开发的一个阶段,也必然地要遵守这一原则。特别是当发生油气泄漏给海洋环境造成严重污染时,争端主体应坚持可持续发展原则,从人类命运共同体的大局出发,尽最大可能解决争端,以尽快明确争端主体的责任与义务,尽早地采取补救措施。同时,争端产生后,对有关条款的解释与适用方面,争端解决机构也可以效仿 WTO 争端解决机构的做法,从可持续发展的角度,作出合理和有信服力的解释。因海洋油气开发引发的海洋环境争端,相关主体依据海洋环境保护方面的国际公约,尽可能避免损失和污染的扩

---

① 第 34 条第 4 款第 1 项规定,双方当事国和委员会应考虑本条约第 3 条设立的原则,即考虑到对海洋环境的保护,并借鉴公认的良好油田和渔业开发实践,进行高效开发。第 34 条第 4 款第 3 项规定,对于海洋生物资源,双方当事国和委员会还应考虑对有关期间区域内的最大捕获量的规定。参见杨泽伟主编:《海上共同开发协定汇编(下)》,社会科学文献出版社 2016 年版,第 383~384 页。

② 第 10 条规定:(1)澳大利亚和东帝汶应当合作保护共同石油开发区的海洋环境,以防止石油活动所产生的污染和其他环境损害,并将其降至最低。特别要努力保护海洋动物,包括海洋哺乳动物、海鸟、鱼类和珊瑚。澳大利亚和东帝汶应当就保护共同石油开发区海洋环境免受石油活动不利影响的最好方式进行协商。(2)如果共同石油开发区内产生的海洋污染溢出该区,澳大利亚和东帝汶之间应当进行合作以防止、减轻和消除污染。(3)指定当局应该发布保护共同石油开发区海洋环境的法规,并应当制订防止共同石油开发区内石油活动污染的应急计划。(4)因共同石油开发区中的石油活动而产生的海洋环境污染所造成的损失和费用,有限责任公司或实体应依据以下规定承担责任:i. 合同、执照或者许可证,以及当局根据条约颁布的其他文件;ii. 对赔偿请求具有管辖权的国家(澳大利亚或东帝汶)的法律。参见杨泽伟主编:《海上共同开发协定汇编(下)》,社会科学文献出版社 2016 年版,第 505~506 页。

大，是践行可持续发展原则的重要实践。

本 章 小 结

和平解决国际争端原则、国际合作原则和诚信原则为海上共同开发争端的解决提供了宏观的指导方向，是共同开发争端解决应遵守的基本原则，适用于共同开发活动中产生的所有争端。其中，和平解决国际争端原则尤其适用于共同开发当事国之间产生的政治争端或划界争端。国际合作原则是海上共同开发争端解决应遵循的重要原则，它是共同开发的精髓。任何共同开发主体、任何共同开发活动都体现着国际合作，在争端解决中更是需要争端双方的配合与协调，才能有效地解决争端。诚信原则是一般国际法原则，它不仅是海上共同开发争端解决应遵循的原则，还在具体的争端解决实践中作为法律适用的依据之一，为责任的判定起到了重要作用。可持续发展原则是海上共同开发争端解决应遵循的前瞻性原则，是从可持续发展原则具有的重要意义的角度，对共同开发争端的解决应遵循的原则所做的合理推断。只有始终树立和坚持人与自然和谐统一的价值观，坚持人类命运共同体理念，人类才能长久地生存和发展。不顾海洋环境而肆意向海洋索取，最终只会殃及子孙后代，危及人类的共同利益。而且世界已经日益成为不可分割的整体，个别地区肆意进行经济开发而造成生态环境的破坏，都会对整个海洋生态系统造成重大影响。因此，从人类命运共同体的角度而言，可持续发展原则应当作为共同开发争端解决遵循的原则之一。

这四个原则是对海上共同开发争端解决机制的有益补充，将争端的解决限制在国际法的框架内。当然，海上共同开发争端涉及多个领域和多个主体，部分争端的解决也要遵守其独有的原则，例如在英国与挪威共同开发弗里格天然气案中，两国在《大不列颠及北爱尔兰联合王国政府与挪威王国政府间关于跨界石油合作的框架协定》(Framework Agreement between the Government of the United Kingdom of Great Britain and Northern Ireland and the Government of the Kingdom of Norway concerning Cross-Boundary Petroleum

Cooperation)中明确约定，对于与关税相关的争端，应遵守附件 C 当中的关税设定原则(tariff setting principles)予以解决,① 但这并不妨碍这四个原则的普遍适用。本章是从国际法的角度重点指出共同开发争端解决应遵守的主要原则，并不意味着共同开发争端解决应遵守的原则仅限于这四个，也并不影响从其他角度对共同开发争端解决应遵守的原则进行研究和总结。

---

① 《大不列颠及北爱尔兰联合王国政府与挪威王国政府间关于跨界石油合作的框架协定》第五章第 5 条规定了争端解决，第 5 条第 2 款规定对于关税争端，调解委员会应当考虑附件 B 中海上关税的原则和附件 C 中关税确定原则。参见杨泽伟主编：《海上共同开发协定续编》，武汉大学出版社 2018 年版，第 70~71 页。

第三章　海上共同开发争端解决的一般方法及其特点

海上共同开发争端的解决方法不仅根植于现有的国际争端解决框架，而且独具特色。海上共同开发争端解决方法既包括传统的国际公法领域的争端解决方法，如谈判和国际法院的诉讼，也包括以国际仲裁为代表的国际投资领域的争端解决方法，还包括国际民商事领域解决争端的方法，如调解、仲裁和诉讼，还包括广泛适用于工业产业的专家裁决的方法，以及共同开发独有的通过联合管理机构来解决争端的方法。这些方法在解决争端、促进合作等方面发挥着重要作用，是海上共同开发争端解决机制最重要的组成部分之一。

第一节　海上共同开发争端解决的一般方法

经过梳理和总结现有的海上共同开发案例，海上共同开发争端解决适用的方法主要有协商或谈判、仲裁、联合管理机构解决、专家裁决、法院诉讼和领导人决策。不同性质和种类的争端适用不同的解决方法，在适用中又具有不同的要求和特点。

一、协商或谈判

协商或谈判是指争端发生后，争端主体采用协商或谈判的外交方法来解决争端。协商或谈判的成本最低，也是最经济可行的办法，但它需要双方深度的合作与互信，并保持高度的客观和理性，以避免双方产生负面情绪。[①] 协商与谈判在海上共同开发争端解决

[①] 参见 A. Timothy Martin, Dispute Resolution in the International Energy Sector: An Overview, Journal of World Energy Law and Business, Vol. 4, 2011, p. 5.

实践中运用最为广泛，其具有如下特点：

1. 协商或谈判具有优先性或强制性。在争端发生后，争端主体应优先选择协商或谈判的方法来解决争端，只有在协商或谈判失败后，才可选择其他的争端解决方式。实践中，有的共同开发案在协定中明确规定协商或谈判的优先序列。例如，《日本和韩国共同开发协定》第26条规定："双方有关本条约解释和执行的争端，首先应当通过外交途径解决。任何未能通过本条第1款解决的争端，应该提交仲裁委员会解决。"《几内亚比绍与塞内加尔协定》第9条规定："因本协定或国际管理局的协定而产生的争端，应首先经过直接谈判解决，若在6个月内仍不能解决，则可诉诸仲裁庭或国际法院。"还有的规定争端双方有协商或谈判解决争端的义务，只有在协商或谈判的方法失败后，才可选择其他方法。例如，《美国与墨西哥油气协定》第15条规定："双方需尽最大可能尽早通过协商解决本条约解释和适用产生的争端。各方可提出书面请求，要求进行协商。若提出协商请求后120日内，双方仍未解决的，任意一方可在30日内提交仲裁。"

2. 谈判或协商有期限限制。谈判或协商并非无限制地适用，在时间上有限制。不同的案例在期限设置上都不一致，短则3个月，如《马来西亚政府和泰王国政府关于设立马来西亚—泰国联合管理局及其他事项的1990年协定》(1990 Agreement between the Government of Malaysia and the Government of the Kingdom of Thailand on the Constitution and Other Matters relating to the Establishment of the Malaysia-Thailand Joint Authority)（以下简称《马来西亚与泰国1990年协定》）第21条规定："在本协定条款的解释或适用中产生的任何分歧或争端，应由双方政府通过协商或谈判和平解决。若3个月内仍未解决争端，任何一方政府可将争端提交至马来西亚和泰王国总理，两国首相应共同决定该争端的解决方式。"长则6个月，如上述《几内亚比绍与塞内加尔协定》的规定。一旦谈判或协商的方法失败，应及时选择其他的解决方式，以免争端的延误和扩大，给争端双方造成不必要的损失。

3. 并非所有的争端都应适用谈判或协商。谈判或协商解决争端也有例外，涉及税收法规范围内的争端，则不适用谈判或协商的方法。例如，《塞舌尔共和国政府与毛里求斯共和国政府关于共同管理马斯克林高原地区大陆架的条约》(Treaty concerning the Joint Management of the Continental Shelf in the Mascarene Plateau Region)（以下简称《塞舌尔与毛里求斯马斯克林条约》）第21条规定："除属于条约第6条涉及的税收法规范围内的争端及应依照缔约方协商一致的法规解决的争端外，与条约的解释和适用有关的任何争端都应尽可能通过互相协商友好地解决。"再如《帝汶海条约》第23条规定："除了适用第13(b)的《税收规则》解决的争端外，其余任何有关本条约解释或适用的争端，应尽可能通过协商或谈判解决。"①可见，税收法规范围内的争端，因其有自己的规则，被排除在协商或谈判适用范围之外。

二、仲裁

仲裁具有确定的程序，并能提供一个有法律约束力的裁决，是共同开发实践中较为重要的争端解决方式之一。日本与韩国共同开发东海大陆架案、法国与西班牙共同开发案、英国与挪威共同开发弗里格天然气案、澳大利亚与印尼共同开发案等，都将仲裁作为争端解决的方法。仲裁解决海上共同开发争端具有如下特点：

1. 仲裁在海上共同开发争端解决中的运用较为广泛。仲裁是重要的争端解决方法，其优先性仅次于协商或谈判。多数实践中，当协商或谈判解决争端失败后，仲裁成了最终的争端解决方法。②例如，上述《日本和韩国共同开发协定》规定，外交途径无法解决的争端，直接提交仲裁。这种争端解决模式在共同开发争端解决实践中相当普遍，很多共同开发协定，如《法国与西班牙大陆架公

---

① 杨泽伟主编：《海上共同开发协定汇编（下）》，社会科学文献出版社2016年版，第509页。

② 参见 Kyriaki Noussia, On International Arbitrations for the Settlement of Boundary Maritime Delimitation Disputes and Disputes from Joint Development Agreements for the Exploitation of Offshore Natural Resources, The International Journal of Marine and Coastal Law, Vol. 25, 2010, p. 64。

约》《帝汶海条约》等，都有类似的规定。①

2. 仲裁尤其适用于涉及私法实体的争端。对私法实体而言，仲裁程序成本低、可靠且透明，更易被私法实体所接受。② 例如，联合管理机构与承包商之间的争端、承包商与承包商之间的争端等，更倾向于选择仲裁。这样的例子不胜枚举。例如，2003 年《尼日利亚与圣多美普林西比共同开发管理局石油法规》(Nigeria-Sao Tome and Principe Joint Development Authority Petroleum Regulation 2003)(以下简称《尼日利亚与圣多美普林西比石油法规》) 第 77 条规定："因本法规的任何规定产生的争端，应当依条约规定提交仲裁。与所有许可或租赁有关的，属于管理局与许可证持有者、承租人或承包商之间的争端(包括所有费用、租金或特许权使用费的缴纳产生的争端)，应通过仲裁解决，除非属于仲裁明确排除的事项或管理局享有裁量权的事项。"③还有马来西亚与泰国共同开发案中，《马来西亚与泰国 1990 年协定》《泰国—马来西亚联合管理局第 2533 号法令(1990)》(Thailand—Malaysia Joint Authority Act, B.

---

① 《法国与西班牙大陆架公约》第 5 条规定：(1)因本公约的解释或适用引起的争端，当事国应通过外交途径尽快予以解决。(2)任何争端，若在一方当事国发出其意图启动上款程序的通知后 4 个月内，仍未解决，任意当事方可请求将该争端提交仲裁庭解决。参见杨泽伟主编：《海上共同开发协定汇编(上)》，社会科学文献出版社 2016 年版，第 93 页。《帝汶海条约》第 23 条争端解决规定：(1)除了适用第 13 条 b 款所指的《税收规则》解决的争端外，其他任何有关本条约解释或适用的争端，应尽可能通过协商或谈判解决。(2)未能以本条(1)款所列方式解决的争端，以及与第 6 条 d 款 ii 项相关的未解决的问题，经澳大利亚或东帝汶请求，应该提交至附件 B 中规定的仲裁机构裁决。参见杨泽伟主编：《海上共同开发协定汇编(下)》，社会科学文献出版社 2016 年版，第 509 页。

② 参见 Kyriaki Noussia, On International Arbitrations for the Settlement of Boundary Maritime Delimitation Disputes and Disputes from Joint Development Agreements for the Exploitation of Offshore Natural Resources, The International Journal of Marine and Coastal Law, Vol. 25, 2010, p. 69。

③ 杨泽伟主编：《海上共同开发协定汇编(下)》，社会科学文献出版社 2016 年版，第 456 页。

E. 2533（1990））（以下简称《马来西亚与泰国 2533 号法令》（1990））和《马来西亚和泰国联合管理局第 440 号法令（1991）》（Malaysia—Thailand Joint Authority Act 440）（以下简称《马来西亚与泰国 440 号法令（1991）》）等，都规定了联合管理局与承包商之间因合同产生的任何争端，若不能和平解决，则应该提交仲裁。①

3. 仲裁也有不同的形式。有的案例设置了临时仲裁庭，有的依据争端主体的不同，将仲裁分为临时仲裁庭仲裁和国际仲裁机构仲裁。前一种情形在共同开发争端解决实践中最为常见，不少案例都在相应的共同开发法律文本中详细地规定了仲裁庭的组成与仲裁规则。例如日本和韩国共同开发案中，两国就约定仲裁庭由三位仲裁员组成，双方各任命一位，第三位则由已任命的两位仲裁员协商确定。若双方对第三位的任命无法达成一致意见，则应请求国际法院指定。第三位仲裁员担任仲裁庭主席。② 仲裁庭主席常能起决定

---

① 《马来西亚与泰国 1990 年协定》第 8 条第 2 款第 8 项、《泰国—马来西亚联合管理局第 2533 号法令（1990）》第 17 条第 8 款、《马来西亚和泰国联合管理局第 440 号法令（1991）》第 14 条第 3 款第 8 项均规定：联合管理局和承包商之间因订立产品分成合同产生的任何争端或分歧若不能和平地解决，则应该把该争端提交由 3 名仲裁员组成的仲裁小组仲裁。其中双方各自指派一名仲裁员，双方共同指派第三名仲裁员。若双方在一定的时间内不能就第三名仲裁员的人选达成一致，则应请求联合国国际贸易委员会指派一名仲裁员。仲裁程序应当依据联合国国际贸易委员会规则进行。仲裁地点应为曼谷或吉隆坡或双方一致同意的其他地点。参见杨泽伟主编：《海上共同开发协定汇编（上）》，社会科学文献出版社 2016 年版，第 189 页、第 213 页、第 234 页。

② 《日本和大韩民国关于共同开发邻接两国的大陆架南部的协定》第 26 条规定，双方通过外交途径未能解决的争端，应该提交仲裁委员会解决。仲裁委员会由 3 位仲裁员组成，在一方收到另一方请求将争端提交仲裁照会的 30 天内，双方各任命一位仲裁员。第三位仲裁员由已任命的两名仲裁员在 30 天内协商确定，或者由已任命的两名仲裁员在 30 天内协商同意的第三国指定，但是第三名仲裁员不得为任意一方国民。如果双方任命的两名仲裁员，没有在上述期限内就第三名仲裁员或者第三国达成一致，双方应当请求国际法院主席指定第三名仲裁员，该仲裁员不得为任意一方国民。参见杨泽伟主编：《海上共同开发协定汇编（上）》，社会科学文献出版社 2016 年版，第 58~59 页。

性作用，甚至能影响仲裁双方的实体权益，因而其人选至关重要。① 有的案例还对第三位仲裁员的身份资格作出具体限定。例如，《帝汶海条约》附件 B 规定，第三名仲裁员应为与澳大利亚和东帝汶均建立了外交关系的第三国的国民或永久性居民。② 而对于仲裁规则，多数由仲裁庭确定。

后一种情形的典型代表是尼日利亚与圣多美普林西比共同开发案。《尼日利亚与圣多美普林西比共同开发条约》第 11 部分的第 47 条至第 49 条，将争端分为联合管理局与私营企业之间的争端，联合管理局或委员会工作中产生的争端，和国家间未决争端。不同类型的争端，具有不同的解决办法。对于第一类的涉及私法实体之间的争端，除非双方另有约定，应按照相关开发合同或经营协议中事先规定的条款，提交商业仲裁。除非双方另有约定，仲裁应依据联合国国际贸易委员会的仲裁规则（UNCITRAL）在拉各斯进行，并由拉各斯的国际商业争端解决 AACCL 中心管理。对于第三类国家间未决争端的解决，条约规定，应先将争端提交给国家元首解决。若国家元首在 6 个月内没有解决，除非双方另有约定，则任何一方均可将争端提交仲裁庭。仲裁庭的组成方式与前一种情形无太大差别，但对于仲裁规则，尼日利亚与圣多美普林西比优先适用联合国国际贸易委员会的仲裁规则，此规则未规定的内容，由仲裁庭决定。③

三、联合管理机构解决

即当争端发生后，争端主体应通过联合管理机构来解决

---

① 参见 Thomas Walde，Negotiating for Dispute Settlement in Transnational Mineral Contracts：Current Practice，Trends，and an Evaluation from the Host Country's Perspective，Journal of International Law and Policy，Vol. 7，1977，p. 49。

② 参见杨泽伟主编：《海上共同开发协定汇编（下）》，社会科学文献出版社 2016 年版，第 511 页。

③ 参见杨泽伟主编：《海上共同开发协定汇编（下）》，社会科学文献出版社 2016 年版，第 387~389 页。

争端,① 当联合管理机构解决争端失败后,可选择其他的争端解决方式。相对前两种争端解决方法,联合管理机构解决的方法在实践中适用较少。英国与挪威共同开发弗里格天然气案、尼日利亚与圣多美普林西比共同开发案以及美国与墨西哥共同开发案等均有相应的规定。《弗里格协定》第28条规定:"任何与本协定解释和适用有关的争端,或者依第1(2)和第14条所指的许可证持有人间的协议提交两国政府解决的其他事项,应当通过弗里格气田咨询委员会解决。"②《英国与挪威1988年协定》亦采纳了原《弗里格协定》的此项规定。联合管理机构解决具有如下特点:

1. 联合管理机构必须有明确的授权或明文规定,才可作为解决争端的平台。联合管理机构的职能,一般均在相关法律文本中明确列出,联合管理机构必须依法行使职能,不得超越权限。未经相关主体的授权,或相关法律文本的明确规定,联合管理机构不得干涉争端的解决。在实践中,某些共同开发法律文本还赋予了联合管理机构解决争端的优先性,例如特立尼达和多巴哥与委内瑞拉玻利瓦尔共和国共同开发案中,两国约定对于条约解释或适用产生的任何争端,应当首先通过指导委员会或部长委员会谈判或协商解决。③ 还

---

① 在海上共同开发协定中,联合管理机构常被命名为联合管理局(Joint Authority),或联合委员会(Joint Commission)。随着管理模式的不同,以及相关国家对管理事项和管理权限让渡程度的差异,联合管理机构也呈现不同类型。根据海上共同开发的联合管理机构的特征,它有单一性联合管理机构、咨询式联合管理机构、法人型联合管理机构三种类型,三种模式下管理机构的权限和职能逐渐增加。参见邓妮雅:《海上共同开发管理模式法律问题研究》,武汉大学出版社2019年版,第110页。

② 杨泽伟主编:《海上共同开发协定汇编(上)》,社会科学文献出版社2016年版,第113页。

③ 参见《特立尼达和多巴哥共和国与委内瑞拉玻利瓦尔共和国就联合开发跨越两国边界线油气储藏的框架条约》(Framework Treaty relating to the Unitisation of Hydrocarbon Reservoirs that Extend across the Delimitation Line between the Republic of Trinidad and Tobago and the Bolivarian Republic of Venezuela)第21条第1款。参见杨泽伟主编:《海上共同开发协定续编》,武汉大学出版社2018年版,第433页。

有的共同开发当事国，例如英国与挪威，赋予了联合机构解决与两国政府协商解决同等的地位。①

2. 联合管理机构解决的多为联合管理机构内部的争端。例如，《尼日利亚与圣多美普林西比共同开发条约》第48条规定了联合管理局或委员会工作中产生的争端的解决办法，"本条约的运行引起的任何争端应由董事会解决。董事会不能解决的争端，如果其会继续影响或有可能影响本条约实际的或未来的实施，该争端应提交委员会。委员会应尽一切努力，本着折中的精神，在不损害双方当事国地位的前提下，解决争端"。还有的在共同开发协定中，专门规定联合管理机构具有解决其内部争端的职能。例如，《澳大利亚与印尼帝汶缺口条约》第6条第1款第15项规定，部长理事会具有解决联合管理机构内部争端的职能。②

3. 联合管理机构具有浓厚的政治色彩。联合管理机构一般情况下由双方政府各派代表组成，各代表所需费用由各自政府负担。如此一来，联合管理机构的运作完全依赖于政府当局，难以成为一个独立自治的公正机构，③ 其解决争端的效果难以保证。例如，《美国与墨西哥油气协定》第14条和第17条规定，各方应指派联合委员会代表、副代表各一名。联合委员会有权审查执行机构提交的，有关本协定解释和适用的争端或其他事项。若联合委员会在60日内未解决执行机构提交的本条约解释和适用中产生的争端，

---

① 《英国与挪威1988年协定》第28条第1款规定，任何与本协定解释和适用有关的争端，或者依许可证持有人之间的协议提交两国政府解决的其他事项，应当通过弗里格咨询委员会解决，或者由两国政府协商解决。参见杨泽伟主编：《海上共同开发协定汇编（上）》，社会科学文献出版社2016年版，第150页。

② 参见杨泽伟主编：《海上共同开发协定汇编（上）》，社会科学文献出版社2016年版，第277页。

③ 参见 J. Guillermo Garcia Sanchez, Richard J. McLaughlin, The 2012 Agreement on the Exploitation of Transboundary Hydrocarbon Resources in the Gulf of Mexico: Confirmation of the Rule or Emergence of a New Practice? Houston Journal of International Law, Vol. 37, 2015, p. 761。

任何一方可将争议提交仲裁。联合委员会应在确定其议事程序后180 日内，建立仲裁机制。若联合委员会在该期限届满后仍未解决争端，该争端将被退回双方。① 这样规定的原因之一，是当事国要在其主权范围内维持对资源开发的政治控制，因而不会将争端完全交给联合管理机构来处理，联合管理机构在争端解决过程中可能不会起到实质作用。此外，国际石油公司能对当事国施加政治压力，进而影响联合管理机构的决策，难保联合管理机构的中立与公允。

四、专家裁决

即对某些特定的技术类争端，由专家运用专业知识和经验，对争端进行快速决断的争端解决方法。② 专家裁决具有法律约束力，争端双方应当遵守。有许多国际机构，如 ICC International Center for Expertise，提供专家名单和管理服务。③ 虽然专家裁决的对象是某类技术争端，但并非意味着这是不重要的，许多技术类争端涉及重大的实体经济利益，快速准确的专家裁决，同样能推动开发活动的进行。④ 此类争端解决方法以东帝汶与澳大利亚共同开发案和美国与墨西哥共同开发案、英国与挪威共同开发弗里格天然气案等为代表。《澳大利亚政府和东帝汶民主共和国政府关于 Sunrise 和 Troubadour 油田统一开发的协定》（Agreement Between the Government of Australia and the Government of the Democratic Republic of Timor-Leste Relating to the Unitisation of the Sunrise Troubador Fields）（以下简称《Sunrise 和 Troubadour 开发协定》）第 26 条第 3 款

---

① 参见杨泽伟主编：《海上共同开发协定汇编（下）》，社会科学文献出版社 2016 年版，第 624~626 页。

② 参见黄振中、赵秋雁、谭柏平、廖诗评：《国际能源法律制度研究》，法律出版社 2012 年版，第 270 页。

③ 参见 https：//iccwbo. org/dispute-resolution-services/experts/，last visited on 8 Sept. 2017。

④ 参见 Thomas Walde, Negotiating for Dispute Settlement in Transnational Mineral Contracts：Current Practice, Trends, and an Evaluation from the Host Country's Perspective, Journal of International Law and Policy, Vol. 7, 1977, p. 58。

规定，"因重新决定分配比例提案而引起的争端，或者有关气体和液体产量的测量产生的争端，澳大利亚和东帝汶应该任命一名专家，解决该争端"①。《美国与墨西哥油气协定》亦有类似规定，该协定第14条第6款规定："与产量分配有关的争议，以及与产量分配重新确定有关的争议，各方可将该争议提交专家裁决。若联合委员会未解决与跨界储藏有关的争议，以及与未解决边界线两侧潜在的跨界储藏的油井相关的数据有关的争议，各方可将该争议提交专家裁决。"②

专家裁决具有如下特点：

1. 专家裁决是终局的且具有法律约束力。《Sunrise 和 Troubadour 开发协定》第26条第3款规定："专家的裁决对于两国政府以及 Sunrise 区域合营公司，均为终局的和有约束力的，除非存在诈骗或明显的错误。"③《美国与墨西哥油气协定》第16条第9款规定："专家裁决是终局的，对双方都具有约束力。"④但不同于仲裁，专家裁定的法律约束力来源于共同开发当事国双方的合意，⑤ 而非如仲裁一般基于法定。而且专家裁决的执行没有法律后盾作为保障，其执行源于双方在合同中的约定，以及当事方对专家的专业知识和经验的信服，即使出现一方不履行专家裁决的情况时，另一方往往只能向法院起诉其不履行合同义务。⑥

---

① 杨泽伟主编：《海上共同开发协定汇编（下）》，社会科学文献出版社2016年版，第545页。

② 杨泽伟主编：《海上共同开发协定汇编（下）》，社会科学文献出版社2016年版，第624页。

③ 杨泽伟主编：《海上共同开发协定汇编（下）》，社会科学文献出版社2016年版，第545页。

④ 杨泽伟主编：《海上共同开发协定汇编（下）》，社会科学文献出版社2016年版，第626页。

⑤ 参见 A. Timothy Martin, Dispute Resolution in the International Energy Sector: An Overview, Journal of World Energy Law and Business, Vol. 4, 2011, p. 7.

⑥ 参见黄振中、赵秋雁、谭柏平、廖诗评：《国际能源法律制度研究》，法律出版社2012年版，第273页。

2. 由双方当事人约定适用的程序规则。专家裁决并非任意进行，而是由当事人约定适用的程序。若当事人没有约定的，专家可以自行决定适用的程序。除了第 26 条的规定外，《Sunrise 和 Troubadour 开发协定》还专门以附件的形式详细地规定了专家裁决的程序，包括对专家的任命、专家费用的负担、专家的权限范围、专家的保密义务等。① 不同于仲裁程序，专家裁决程序中，当事方不必出庭，也不必提交相应的证据材料，专家仅依据其自己的专业来做出判断。并且专家裁决程序具有较强的独立性，法院在专家裁决程序中基本不起作用，而仲裁程序在某些方面，例如证人到庭、证据保全等，还需要法院的配合与支持。②

3. 专家裁决具有保密性。专家裁决是一种私下的争端解决方法，一般不需要借助公权力，由双方根据约定进行。因此，裁决的保密性是比较突出的。对于共同开发，很多合同条款和细节都是商业机密。在发生争议的时候，选择专家裁决可以很好地保护当事方的商业秘密，而且在某些情况下还可以保护当事方的商业声誉。③ 例如《Sunrise 和 Troubadour 开发协定》附件 5《专家裁定程序》第 13 条明确规定："两国政府应该要求专家和专家任命的独立承包商对向专家提供的任何信息予以保密。"④

4. 专家裁决具有公正性。专家裁决不应偏向于维护某一方争端主体的利益，而是在事实基础上作出客观公正的决定。实践中，有的在共同开发法律文本中还对专家裁决专门附加了相应的利益冲突承诺文件，例如在《大不列颠及北爱尔兰联合王国政府与挪威王国政府间关于跨界石油合作的框架协定》(Framework Agreement

---

① 参见杨泽伟主编：《海上共同开发协定汇编(下)》，社会科学文献出版社 2016 年版，第 548~550 页。

② 参见 Anthony Connerty, Dispute Resolution in the Oil and Gas Industries, Journal of Energy and Natural Resources Law, Vol. 20, 2002, p. 157.

③ 参见黄振中、赵秋雁、谭柏平、廖诗评：《国际能源法律制度研究》，法律出版社 2012 年版，第 275 页。

④ 杨泽伟主编：《海上共同开发协定汇编(下)》，社会科学文献出版社 2016 年版，第 550 页。

between the Government of the United Kingdom of Great Britain and Northern Ireland and the Government of the Kingdom of Norway concerning Cross-Boundary Petroleum Cooperation）附件 D 中附加了《利益冲突的承诺书范本》，要求专家应在此承诺，在他处理相关争端期间，他不会为英国政府、挪威政府工作，也不会为属于英国或挪威大陆架上的油气田许可证持有人工作，[1] 应当履行其相应的职责。

五、法院诉讼

"诉讼是一种非常严肃和严格的解决争端的方法"，[2] 它包括国内诉讼和国际法院诉讼两种。对于国家与国际石油公司之间的争端，以及纯属于私法实体之间的涉外民商事争端，可选择一国国内法院诉讼的方式进行。实践中也有极少部分共同开发案选择将国际法院诉讼作为争端解决的方法之一。例如，1965 年沙特阿拉伯与科威特共同开发案中，《沙特阿拉伯王国—科威特国划分中立区的协定》(Agreement between the Kingdom of Saudi Arabia and the State of Kuwait on the Partition of the Neutral Zone)（以下简称《沙特与科威特中立区协定》）第 22 条规定，若通过友好方式无法解决争端，"应将争端提交国际法院。缔约国双方应当就此接受国际法院的强制管辖。如果一缔约国反对另一缔约国采取的某一行动，反对的一方可请求国际法院采取临时措施，以中止对方当事国采取的行动，或者允许对方当事国的行动继续，直至国际法院作出最终决定。如果任

---

① 《利益冲突的承诺书范本》(1)［专家姓名］特在此保证，在他处理相关争端期间（自某日起），他不会为英国政府、挪威政府工作，也不会为属于英国或者挪威大陆架上的［某］油气田或其他油气田的许可证持有人工作，假如这样的工作会影响他职能的履行，或者这样的工作与他解决前述问题的职责相冲突。特别是，他保证，在作出决定后 2 年内，他将不会从事任何与［某］油田相关的工作，也不会为［某］油田的许可证持有人工作。参见杨泽伟主编：《海上共同开发协定续编》，武汉大学出版社 2018 年版，第 77 页。

② 王国华：《海洋法规与国际石油合作》，石油工业出版社 2016 年版，第 143 页。

一缔约国不遵守对其不利的判决，另一缔约国将免除本协定所规定的义务"①。再如，1993 年《几内亚比绍与塞内加尔协定》第 9 条规定："因本协定或国际管理局的协定而产生的争端，应首先经过直接谈判解决，若在 6 个月内仍不能解决，可以诉诸仲裁或国际法院。"②

采用国际法院诉讼的方式解决争端具有如下特点：

1. 外交方法仍优先于国际法院诉讼。沙特阿拉伯与科威特、几内亚比绍与塞内加尔均选择先以外交方法解决争端，在外交方法失败后，才选择将争端提交仲裁或诉诸国际法院。这一点与外交方法优先于仲裁是一致的。

2. 若争端当事方不遵守对其不利判决，其法律后果是另一争端方将免除共同开发协定所规定的义务。这样一来，共同开发协定将无法继续履行，极大地影响共同开发进程的推进。

六、领导人决策

领导人决策，即争端的解决由共同开发当事国领导人决定。这一方法在实践中也极为少见，马来西亚与泰国共同开发案是典型代表。《马来西亚与泰国 1990 年协定》在第 21 条争端解决部分规定："因本协定的解释或适用产生的争端，应由双方政府通过协商或谈判和平解决。若 3 个月内仍未解决的，任一方政府可将争端提交至马来西亚首相和泰国总理，两国元首应共同决定争端的解决方式。"③这一争端解决方法具有如下特点：

1. 仍将协商或谈判作为争端解决的首选方式。只有当协商或谈判不能解决时，才由领导人决策。而且协商或谈判的期限比较短，只有 3 个月。

---

① 杨泽伟主编：《海上共同开发协定汇编（上）》，社会科学文献出版社 2016 年版，第 31 页。

② 杨泽伟主编：《海上共同开发协定汇编（上）》，社会科学文献出版社 2016 年版，第 330 页。

③ 杨泽伟主编：《海上共同开发协定汇编（上）》，社会科学文献出版社 2016 年版，第 194 页。

2. 只有与联合管理局行使权力和职能有关的争端，才可由领导人决定。《马来西亚与泰国1990年协定》的内容是要建立马泰联合管理局，因而只有涉及对联合管理局行使权力和职能有关，如产品分成合同、财务与审计、关税等条款的解释与适用产生的争端，才可由领导人决定其解决方式。这一点是比较好理解的。一方面，因为联合管理局是由马来西亚和泰国政府共同建立的，由两国领导人共同决定争端的解决方式，体现了双方的平等地位，更说明马来西亚与泰国具有良好的互利合作的外交关系；另一方面，争端涉及的内容，尤其是财务与关税等，都具有主权因素，涉及双方的重大利益，因而由双方领导人决定体现出双方对相关权益的重视和维护。

3. 两国领导人共同决定争端的解决方式，从根本上而言，仍属于协商或谈判的范围。只是在争端提交给两国领导人之前，是在争端主体之间进行，而提交给领导人之后，是在两国领导人之间进行，提升了协商或谈判的层级。

第二节　海上共同开发争端解决方法适用的特点

一、协商或谈判是最基本的海上共同开发争端解决方法

协商或谈判是最古老的和平解决争端方法，[1] 也是运用得最广泛的预防和解决争端的方法。海上共同开发争端解决也不例外，几乎所有的共同开发案都在相关的法律文本中规定应通过协商或谈判来解决争端，有的还设置了协商或谈判的优先性。协商或谈判在共同开发争端解决领域受到青睐是基于其多方面的优势。

其一，协商或谈判在程序上最为灵活，争端主体可以自由地选择谈判的方式、地点及内容。

---

① 参见 Mary Ellen O'Connell, International Dispute Resolution: Cases and Materials, Carolina Academic Press, 2012, p. 3。

其二，在协商或谈判过程中，争端主体可以最大限度地控制争端的过程和结果。各争端主体一般都倾向于在解决争端过程中使自己的主导权最大化，特别是在争端涉及极为重大的国家利益时，比如共同开发当事国因海域划界产生的争端，这一点表现得尤为明显。因为通过协商或谈判解决有关争端的整个过程完全是由争端主体自己决定，不会由第三方强加，所以自主性是最强的。

其三，协商或谈判一般能够最大限度地保证争端解决的可接受性和稳定性。因为任何通过协商或谈判达成的解决方案，一般被认为是争端主体自由协商的结果，争端主体更愿意接受和执行。

其四，协商或谈判解决的争端最有可能促进争端主体长期友好的合作。协商或谈判的结果往往没有绝对的输赢，因为双方都会从中有所收获。协商或谈判结果体现的是妥协和共赢。对双方来说，都是有所失的同时有所得，不会是一方独享利益而另一方独担损失的结果。① 因此，协商或谈判能成为共同开发争端解决的最基本的方法。

二、仲裁是海上共同开发争端解决的重要方法

随着国际争端的解决日益呈现出司法化倾向，仲裁也备受推崇。海上共同开发争端的解决，也迎合了国际仲裁发展的浪潮，仲裁是重要的争端解决方法。对于国家之间的争端，有的共同开发案例也有运用仲裁解决争端的重要实践。东帝汶诉澳大利亚国际仲裁案就是首个有关海上共同开发的国家之间争端的案件，它对于总结海上共同开发国家间争端的特点，具有重要意义。东帝汶诉澳大利亚国际仲裁案说明了海上共同开发国家间争端的政治性、法律性与复杂性。其政治性在于，本案的起因充斥着政治阴谋，澳大利亚想通过对东帝汶的窃听来获取谈判优势，却不料留下把柄，给了东帝汶提起仲裁的理由；其法律性在于，本案的解决有赖于澳大利亚和东帝汶对国际法的理解和运用；其复杂性在于，国家之间的海上共

---

① 参见潘俊武：《解析国际争端解决机制及其发展前景》，载《法律科学》2009 年第 4 期，第 115 页。

同开发争端总是与划界紧密相关，东帝汶提起仲裁的根本目的是要寻求与澳大利亚达成划界协议，维护自己的海洋权益。

对于涉及非国家实体之间的争端，很多共同开发协定也规定在争端出现后直接仲裁，甚至将仲裁作为唯一的争端解决方法。即便是在设置了协商或谈判优先的情况下，谈判也可能因以对抗性的模式进行而宣告失败，① 此时仲裁作为最后的争端解决方法，可见仲裁在共同开发争端解决中的重要性。仲裁之所以是重要的海上共同开发争端解决方法，主要有以下原因：

其一，仲裁本身具有一定优势，可以弥补以协商或谈判为代表的外交方法的不足。即便协商或谈判是共同开发争端解决最基本的方法，但不得不承认这种方法本身存在一定弊端。例如，在争端主体地位不对等的情况下，强势一方往往能压制对方从而轻易地取得谈判优势，达成不公平合理的结果。即便达成了解决结果，也可能得不到执行。而仲裁庭的客观中立性和法律框架的优越性，② 即由诸如《承认及执行外国仲裁裁决公约》这样的条约保障裁决可在国际范围内执行，弥补了协商或谈判的不足。

其二，仲裁的有效性已被其广泛的国际实践所证实。特别是在国际投资领域，仲裁的专业性和有效性都已被国际社会所认可。而且国际投资争端的解决，例如国家与私人投资者之间争端的解决，呈现出司法化倾向，只是仲裁机构和仲裁规则略有不同。有的是由专门的国际仲裁机构并适用其仲裁规则仲裁，有的是建立特设的仲裁庭并制定特定的仲裁规则。总之，仲裁是解决这类争端最重要的方法。共同开发本质上而言属于经济开发，争端也涉及油气产业的投资，因而免不了要适用国际投资争端的解决方法。有的共同开发协定专门规定，例如前述尼日利亚与圣多美普林西比共同开发案将

---

① 参见 Loretta W. Moore, David E. Pierce, A Structural Model for Arbitrating Disputes under the Oil and Gas Lease, Vol. 37, 1997, p. 411。

② 参见[美]克里斯多佛·R. 德拉奥萨、理查德·W. 奈马克主编，陈福勇、丁建勇译：《国际仲裁科学探索》，中国政法大学出版社 2007 年版，第 40~41 页。

争端提交特定的仲裁机构，依据特定的商业仲裁规则，如 UNCITRAL 规则进行仲裁。

其三，国际社会对仲裁的认知和运用仲裁解决问题的能力增强，促进了仲裁在油气争端解决中的应用。即便是在法治化程度相对落后的非洲地区，如尼日利亚，也能迎合仲裁发展的国际潮流，在争端的解决中多次适用，并能保证仲裁的独立性，不被国内法院所干扰，体现了其国内司法的进步。在尼日利亚发生的油气争端案例可以说明这个问题。

挪威国家石油公司（Statoil Nigeria Limited，以下简称"Statoil"）和美国德士古石油公司（Texaco Nigeria Outer Shelf Limited，以下简称"Texaco"）诉尼日利亚国家石油公司（Nigerian National Petroleum Corporation，以下简称"NNPC"）仲裁案中，三方是基于第 217 号石油勘探许可（Oil Prospecting Licence No. 217）项下的产品分成合同（production sharing contract）的当事方。2011 年，三方由于对产品分成合同的解释和适用而产生争端，于是 Statoil 和 Texaco 基于产品分成合同的仲裁条款，对 NNPC 提起仲裁。2011 年 11 月 23 日，NNPC 向仲裁庭提出先决反对，认为争端为税收争端，属于不可裁决的事项，应根据尼日利亚法律提交税务上诉法庭（Tax Appeal Tribunal）或联邦高等法院（Federal High Court）解决，进而否定了仲裁庭的管辖权。此外，2012 年 7 月 10 日，NNPC 认为，继续仲裁程序将会对其造成损失，因而基于联邦高等法院的一项判决中提到的税收问题不应提交仲裁，[①] 向联邦高等法院申请一项临时禁令（interim injunction order），要求暂时中止仲裁程序。2012 年 10 月 4 日，NNPC 获得了联邦高等法院要求仲裁庭中止仲裁的临时禁令。Statoil 和 Texaco 对此表示强烈不满，向上诉法院上诉，它们认为 NNPC 封锁了相关事实材料，且不具备单方面申请临时禁令的先决条件，基于《仲裁和调解法案》（Arbitration and Conciliation Act，以

---

① 参见 Federal High Court's judgment（2）in Federal Inland Revenue Service v. Nigerian National Petroleum Corporation，in which the court ruled that tax matters could not be referred to arbitration。

下简称"ACA")第34节的规定，①认为联邦高等法院不具有介入仲裁程序的司法权力。上诉法庭最后认为，ACA的立法宗旨是要保护仲裁机制，阻止仲裁程序受到外界干扰，其目的是要建立稳定的仲裁程序，并将其作为诉讼程序的替代而非诉讼程序的延伸。因而联邦高等法院批准并发布临时禁令是违法的。②仲裁庭的管辖权是基于当事主体的明确授意，而联邦高等法院错误地行使了裁量权。③

　　在油气争端解决中，这种情况并不鲜见。④尼日利亚之前常存在着法院干扰仲裁的情形，但上述案例反映了尼日利亚本国司法的进步，以及仲裁在国内应用的广泛性和受重视程度。在尼日利亚这种司法较为落后的国家，都能如此地尊重仲裁程序的独立性和完整性，那么在其他司法体系更完备、仲裁文化更浓厚的国家，对仲裁的认可度会更高。

三、仲裁与协商或谈判可相互衔接

　　仲裁与协商或谈判相互衔接，是指将仲裁与协商或谈判按照一

---

　　①　参见 Section 34 of the Arbitration and Conciliation Act provides that "a court shall not intervene in any matter governed by this Decree except where so provided in this Decree"。

　　②　参见 Nduka Ikeyi, Jirinwayo Jude Odinkonigbo, Statoil v. Nnpc：A Question of Absence of Jurisdiction or Exercise of Discretion Not to Exercise Jurisdiction, Journal of International Arbitration, Vol. 33, 2016, pp. 218-219。

　　③　参见 Dorothy Udeme Ufot, Lagos Court of Appeal Lifts Anti-Arbitration Injunction in Groundbreaking Decision, available at：http://email. internationallawoffice. com/Newsletters/Arbitration-ADR/Nigeria/Dorothy-Ufot-Co/Lagos-Court-of-Appeal-lifts-anti-arbitration-injunction-in-groundbreaking-decision, last visited on 6 Sept. 2017。

　　④　还有类似的案例，如 Nigerian Agip Exploration Limited 与 Oando Oil Ltd 诉 NNPC 案。Nigerian Agip Exploration Limited(以下简称"AGIP")与 Oando Oil Ltd(以下简称"Oando")对 NNPC 提起仲裁，而 NNPC 同样请求联邦高等法院作出中止仲裁的禁令，以搁置仲裁程序。联邦高等法院支持了 NNPC 的请求。于是 AGIP 向上诉法院提出上诉，上诉法院也否定了联邦法院的做法。

定的方式进行结合,从而形成一种新型的复合争端解决机制。它主要有两种形式,即先协商或谈判而后仲裁,以及在仲裁中协商或谈判。前者在实践中广泛存在,许多共同开发案都规定了协商或谈判的优先适用性,只有在协商或谈判的方法失败后,才选择仲裁的方式来解决争端。后者主要是指在仲裁程序进行过程中,争端主体仍可在自愿的基础上,就争端涉及的事项进行协商或谈判,以促进争端的解决。澳大利亚与东帝汶共同开发案就运用了这一争端解决模式。《帝汶海条约》附件 B(g)规定:"在仲裁庭作出裁决之前的任何阶段,仲裁庭可以向澳大利亚和东帝汶建议友好解决争端。"①

在《澳大利亚与东帝汶特定海上安排条约》谈判期间,澳大利亚在东帝汶会议室的墙壁内安装窃听设备,对东帝汶实施窃听行为。东帝汶发现澳大利亚的窃听行为后,认为澳大利亚违反了国际法上的诚信原则,并于 2013 年 4 月 23 日,基于《帝汶海条约》第 23 条附件 B(b)的规定,向国际常设仲裁法院提起仲裁,请求仲裁法院认定《澳大利亚与东帝汶特定海上安排条约》无效。② 2013 年 12 月 5 日,仲裁庭与东帝汶、澳大利亚在海牙和平宫召开了程序会议,并相继制定了一号程序法令(Procedural Order No. 1)、二号程序法令(Procedural Order No. 2)、三号程序法令(Procedural Order No. 3)。2014 年 9 月 1 日,东帝汶与澳大利亚共同请求仲裁庭中止将于 2014 年 9 月 27 日开始的庭审程序,双方将通过谈判友好地解决争端,并声明中止将不影响此后双方重启庭审程序。2014 年 9 月 3 日,仲裁庭制定了四号程序法令(Procedural Order No. 4),决定中止 2014 年 9 月 27 日至 2014 年 10 月 2 日期间的庭审程序,此项中止不影响双方日后重启庭审程序。双方应就有关程序的处置告知仲裁庭。2015 年 7 月 30 日,东帝汶致函仲裁庭,说明东帝汶与澳大利亚通过谈判解决争端的努力失败,并于 2015 年 12 月 21 日

---

① 杨泽伟主编:《海上共同开发协定汇编》,社会科学文献出版社 2016 年版,第 512 页。

② Arbitration under the Timor Sea Treaty (Timor-Leste v. Australia), PCA Case No. 2013-16.

告知仲裁庭,东帝汶决定重启仲裁程序。2016 年 2 月 11 日,东帝汶再次致函仲裁庭,表明了东帝汶与澳大利亚双方有关机构正在就庭审的时间和程序(包括对 Witness K 的审核)进行协商。此后东帝汶与澳大利亚就重启庭审的有关安排进行了多次洽谈。东帝汶于 2017 年 1 月 20 日致函仲裁庭,请求终止仲裁程序。2017 年 1 月 23 日,澳大利亚致函仲裁庭,表明其同意东帝汶的做法。2017 年 3 月 20 日,仲裁庭裁决终止仲裁程序。①

从上述案件进展可知,在解决与澳大利亚的海上共同开发争端问题上,东帝汶的做法非常灵活,在提起国际仲裁的同时并未放弃协商或谈判的方法,二者有效衔接。若谈判能成功地解决与澳大利亚的争端,则能大大地缩短解决争端的时间,避免国际司法资源的浪费。若谈判未能成功地解决争端,继续进行仲裁程序对争端双方也不会产生负面影响。这一做法具有很大优势,值得推广和借鉴。

其一,仲裁和协商或谈判相衔接,充分尊重了争端主体的意愿,能更好地解决争端。共同开发需要各参与主体之间保持长期友好的合作关系,及时合理地解决争端,避免和挽回争端造成的损失,这对于各主体都尤为重要。仲裁和协商或谈判相衔接,以自愿原则为基础,使争端主体掌握程序上的主动性,行使争端解决的自主权利。在这种模式下,争端主体可基于自己实际利益的考量选择更有利的解决方式,即使在协商或谈判失败时,亦能迅速地恢复仲裁程序,在合理期限内促成争端的解决。而且仲裁的结果,以及协商或谈判的结果,都是由争端主体自主选择的,更有利于结果的自愿执行。

其二,仲裁和协商或谈判相衔接,能优势互补。仲裁一般具有严格的法律规则和程序,具有一定的对抗性。而协商或谈判自主、灵活,能为争端的解决提供一个更为宽松的环境。二者相衔接,能降低仲裁的对抗性,增强争端主体的处分权与自主权,更好地弥补各自的不足,最大化地发挥仲裁的专业性与终局性,以及协商的灵活性与经济性,满足争端主体的利益需求,促进争端主体长期利益

---

①　参见 Arbitration under the Timor Sea Treaty, Termination Order, pp. 1-3。

的维护和友好合作。[①]

四、以调解为代表的第三方介入的方法不受重视

解决国际争端的外交方法有多种，如谈判(negotiation)、调查(enquiry)、调解(mediation)或和解(conciliation)，其中调解与和解常交替使用。共同开发争端主体在选择外交方法时，更偏向于谈判。而在协商或谈判的方法失败后，仲裁常被作为最终的解决办法，忽视了以调解为代表的第三方介入的方法。

共同开发争端解决中，第三方介入的方式解决争端的情况有两种，即通过国际组织来解决和进行调解。前者如沙特阿拉伯与科威特共同开发案中，双方约定，因《沙特与科威特中立区协定》的解释或适用，或权利义务而产生争端时，可以寻求阿拉伯联盟的帮助。[②] 对于调解，不同的案例有不同的方式和重视程度，有的直接将调解作为协商及仲裁程序的替代。例如，《美国与墨西哥油气协定》在争端解决部分专门规定了协商和调解，双方可将条约解释和适用中产生的任何争端提交中立的第三方进行不具有约束力的调解，以作为协商及仲裁程序的补充或替代。[③] 而有的只是要求双方对调解结果给予合理尊重。例如，《冰岛与扬马延大陆架协定》第9条规定，若一国认为第5条和第6条所规定的安全措施和环境保护有关规定不能对区域内的勘探和生产活动提供足够的保护，双方应协商。若双方未达成一致，相关问题应提交至由三人组成的调解委员会。委员会的建议应尽早提交双方政府。建议对两国不具有约束

---

① 参见栗克元、韩斯睿、王春：《海事纠纷解决机制研究》，海洋出版社2015年版，第15~17页。

② 《沙特与科威特中立区协定》第22条规定：一旦因本协定的解释或适用，或者权利义务而产生争端，缔约国双方应当寻求友好方式解决争端，其中包括寻求阿拉伯联盟的帮助。参见杨泽伟主编：《海上共同开发协定汇编(上)》，社会科学文献出版社2016年版，第31页。

③ 参见杨泽伟主编：《海上共同开发协定汇编(下)》，社会科学文献出版社2016年版，第625页。

力，但双方政府应对建议予以合理尊重。① 相较于协商或谈判，以及仲裁，以调解为代表的第三方介入的方法很少作为争端解决的方法。

而已有的实践表明，调解同样也是重要的争端解决方法之一。例如，在澳大利亚与东帝汶共同开发案中，由于东帝汶与澳大利亚未划定海洋边界，巨日升气田一直是两国划界的一个症结所在。东帝汶不满《澳大利亚与东帝汶特定海上安排条约》对东帝汶与澳大利亚各获得巨日升（Greater Sunrise）气田收益的 50% 的规定，想通过一系列手段来突破这一法律框架的束缚，寻求与澳大利亚达成划界，以获取更多的气田收入。东帝汶不仅提起了国际仲裁，还于 2016 年 4 月 11 日依据《联合国海洋法公约》附件五的规定，就两国海域划界问题向澳大利亚提起了强制调解程序。② 最终在调解委员会的不懈努力下，东帝汶与澳大利亚于 2018 年 3 月 6 日签署了《澳大利亚和东帝汶在帝汶海建立海上边界的条约》（Treaty between the Democratic Republic of Timor-Leste and Australia Establishing their Maritime Boundaries in the Timor Sea），结束了两国的海域划界争端，开创了通过调解机制解决争端的先河。③ 这项新的条约不仅包括了对两国专属经济区和大陆架划界的内容，还明确了巨日升气田的法律地位，并对其开发建立了特殊机制。东帝汶将依据开发方案的不同，将获取巨日升气田收益的 70% 或 80%。④ 从法律效果来

---

① 参见杨泽伟主编：《海上共同开发协定汇编（上）》，社会科学文献出版社 2016 年版，第 265 页。

② 参见 Conciliation between the Democratic Republic of Timor-Leste and the Commonwealth of Australia, available at：http：//www.pcacases.com/web/view/132, last visited on 1 Mar. 2018。

③ 参见 http：//world.people.com.cn/n1/2018/0307/c1002-29853561.html, last visited on 18 Mar. 2018。

④ 如果巨日升油气是由东帝汶管道输送，则东帝汶可以获得巨日升气田上游收入的 70%。如果是由澳大利亚管道输送，则东帝汶可以获得巨日升气田上游收入的 80%。参见 Press Release Conciliation between the Democratic Republic of Timor-Leste and the Commonwealth of Australia, 06-03-2018, available at：http：//www.pcacases.com/web/sendAttach/2303, last visited on 27 Aug. 2021。

看，东帝汶充分运用协商或谈判、仲裁与调解程序的做法，不仅向世界显示了其运用国际法律武器维护自身权益的智慧与决心，树立了国际司法机构公平公正的良好形象，增强了弱小国家通过法律途径解决国际争端的信心，而且也说明除了协商或谈判、仲裁，调解同样具有有效性和实用性。调解的方法应当受到重视。

五、法院诉讼的作用较为有限

同样是司法方法，绝大多数共同开发案例都支持和依赖仲裁，而国际法院在共同开发争端解决问题上的作用较为有限。特别是国际争端的范围和牵涉主体更加广泛，非国家实体越来越多地参与国际事务，① 以及复杂的法律外事项的增加，使得单一的国际法院诉讼的方式解决争端的作用较为有限。② 一方面，国际法院主要是服务于主权国家，它不涉及非国家实体，而在共同开发中，这些非国家实体，例如国际石油公司，恰恰是争端的重要参与者，或利害关系人。在国家与国家之间的争端中，国际石油公司常间接地牵涉其中。特别是对于一些发展中国家，常需要国际石油公司的资助来补偿因争端而产生的花费，并提供相应的数据和法律支持，因而国际石油公司对于争端是很熟悉的，③ 并能在一定程度上左右争端的解决。但这些以国际石油公司为代表的非国家实体，常因不具有诉讼主体资格，或国际法院对非国家实体不具有管辖权，而被排除在司法程序之外。④

---

① 参见 Francisco Orrego Vicuna, International Dispute Settlement in an Evolving Global Society：Constitutionalization, Accessibility, Privatization, Cambridge University Press, 2006, p. 98。

② 参见 Anna Spain, Integration Matters：Rethinking the Architecture of International Dispute Resolution, University of Pennsylvania Journal of International Law, Vol. 32, 2010, pp. 4-5。

③ 参见 A. Timothy Martin, Dispute Resolution in the International Energy Sector：An Overview, Journal of World Energy Law and Business, Vol. 4, 2011, p. 3。

④ 参见 Patricia Birnie, Alan Boyle, Catherine Redgwell, International Law and the Environment, Oxford University Press, 2009, pp. 252-253。

另一方面，即使国际法院对处理其他类型的争端具有有效性，但不适用于贸易、投资和经济关系等领域的争端，而这些争端恰好是国际社会中最普遍存在的争端种类。对共同开发争端而言，除了共同开发当事国之间因划界产生的争端而可能被诉诸国际法院外，其他种类的争端当事方都更倾向选择谈判及仲裁的方式来解决。在实践中，也极少出现提交给国际法院的共同开发争端案件。可见，国际法院对于共同开发争端解决的适用率是很低的。

国内法院在处理涉外油气争端时，也不受欢迎。主要原因是国际石油公司或外国投资者有许多顾虑：其一，由于争端一方的国际石油公司或外国投资者居住地在外国，其财产都在居住地，而当地的法院诉讼，使用的是国际石油公司或外国投资者并不熟悉的当地语言和当地的法律体系，因而国际石油公司或外国投资者常担心其权益得不到保障。其二，国际石油公司或外国投资者无法掌控诉讼进程，导致耗时长，诉讼成本增加。其三，国际石油公司或外国投资者也无法掌控法官的人选，而担心法官不具备相应的专业知识，无法对有关事项作出正确判断。其四，所有的诉讼程序和判决都是公开的，会对国际石油公司或外国投资者的名声带来负面影响。而且石油争端多会涉及石油公司不愿公开的敏感信息，而法院诉讼的公开性不利于石油公司信息的保护。① 其五，诉讼判决可以上诉，因而诉讼程序结束并非意味着争端彻底解决。任何一方上诉，都会导致诉讼程序的再次启动，对国际石油公司或外国投资者而言，诉讼成本将成倍增加。其六，国际石油公司对当地的司法系统缺乏信任与信心，司法判决也难以得到执行。② 因而，诉讼，无论是国际法院的诉讼，还是国内法院的诉讼，都不是普遍适用的共同开发争

---

① 参见 Fu Chenyuan, China's Prospective Strategy in Employing Investor-State Dispute Resolution Mechanism for the Best Interest of Its Outward Oil Investment, Peking University Transnational Law Review, Vol. 2, 2014, p. 302。

② 参见 Ifeany I. Onwuazombe, Human Rights Abuse and Violations in Nigeria: A Case Study of the Oil-Producing Communities in the Niger Delta Region, Annual Survey of International and Comparative Law, Vol. 22, 2017, p. 118。

端解决的方法。①

第三节　影响海上共同开发争端解决
方法选择的因素

海上共同开发争端因其主体不同，可以分为不同种类。不同种类的争端，其解决方法也不尽相同。这一点在对共同开发争端进行分类时已有提及。除了共同开发争端本身的类型和性质以外，影响海上共同开发争端解决方法选择的因素有如下几种。

一、各国的文化传统

在亚洲，外交方法是解决国际争端的首选，这与亚洲国家的文化和传统密切相关。亚洲国家，尤其是中国、韩国和日本，受儒家思想影响深远。儒家思想反对通过严苛的法律或刑罚来维持良好的社会秩序，而认为善良正直的道德才是教化人们的根本。统治者自身具备良好的道德品质，会自然地使得命令被遵从而不需要法律。而且儒家思想还强调以让步和妥协的方式来避免冲突。② 这一文化传统直接影响了各国对争端解决方法的不同立场。至今，这些亚洲国家仍然坚持以妥协和折中的办法，注重发展和稳定双方关系；③坚持以传统的"合意性的"（consensual）而非"对抗性的"（confrontational）方式解决国际争端。它们认为前者更容易获得融洽（harmonious）的结果，而后者具有法律性（legalistic）和正式性

---

①　参见 Mohammad Alramahi, Dispute Resolution in Oil and Gas Contracts, available at：https：//papers. ssrn. com/sol3/papers. cfm？ abstract _ id = 2159702, last visited on 13 Sept. 2017。

②　参见 S. J. Mitchell, Dispute Settlement in China, A. S. I. L. S. International Law Journal, Vol. 4, 1980, p. 72。

③　参见 Amanda Stallard, Joining the Culture Club：Examining Cultural Context When Implementing International Dispute Resolution, Ohio State Journal on Dispute Resolution, Vol. 17, 2002, p. 476。

(formalistic)，会对双方关系造成负面影响。①

这些亚洲国家解决问题具有几个特征：一是非正式性，二是非对抗性，三是协调一致解决问题，四是行为的非单边性。具体到争端解决过程中，则显示出和解及在和解基础上的调解是争端解决的首选方式，② 而对国际法院诉讼等法律方法作出了诸多保留。

即使是使用同一种争端解决方法，不同的法律文化也会导致不一样的行为与结果。以谈判为例，不同文化背景和传统的谈判双方，会有不同的认知和设定。研究表明，两个互不了解的不同文化传统的谈判双方，在信息交流方面会存在障碍，而导致谈判破裂。③ 此外，不同的政治体系和价值结构，也影响着谈判双方。当然，如今的国际社会，国家之间的合作交流不断加深，相互之间的认识和互信也在加深，国际外交礼仪或惯例也慢慢形成并固定下来，使不同文化背景的争端主体逐渐趋向协调统一。

二、管理模式

共同开发当事国基于当事国和开发区独特的历史背景和现实条件，选择了不同的管理模式，主要有共同经营模式、代理制模式、双方政府共同管理模式和超国家管理模式。其中，在超国家管理模式和双方政府共同管理模式下，共同开发当事国建立了合理而高效的联合管理机构，作为共同开发区日常经营、管理、协调或提供咨询的机构。联合管理机构又分为法人型联合管理机构和咨询型联合管理机构。法人型联合管理机构，具有独立的法律人格，代表两国全权负责共同开发区的一切的或主要活动，具有重要的政府决策职

---

① 参见 A F M Maniruzzaman, The Problems and Challenges Facing Settlement of International Energy Disputes in Asia: The Way Forward, International Energy Law and Taxation Review, 2003, p. 194。

② 参见杜承秀：《涉东盟经贸纠纷调解及其机制建构研究》，中国检察出版社 2016 年版，第 31 页。

③ 参见 I. William Zartman, Maureen R. Berman, The Practical Negotiator, New Haven and London Yale University Press, 1982, pp. 226-227。

能及行政监管职能。① 例如，《马来西亚与泰国 1990 年协定》的序言和第 1 条规定，双方达成一致建立马来西亚泰国联合管理局（the Joint Authority)，联合管理局应当具备法律人格和相应的能力。② 又如《澳大利亚与印尼帝汶缺口条约》第 7 条第 2 款规定："联合当局具有法律人格，这对于其行使权力和履行职能是必要的。尤其是联合当局必须有缔约，接受和处置动产和不动产，以及提起诉讼和应诉的能力。"③

咨询型联合管理机构，只具有一般的监管职能，不具有颁发许可证或执行的权力，其作用基本为协商和咨询，旨在解决当事国开发合作期间可能产生的矛盾和争端，并且通过定期会晤及临时会议的形式及时解决问题，避免不断产生的开发争议，是一种很有益的

---

① 参见萧建国：《国际海洋边界石油的共同开发》，海洋出版社 2006 年版，第 127 页。

② 1980 年，泰国和马来西亚依据《1979 年马来西亚泰国谅解备忘录》建立了联合管理委员会，由该委员会协商马来西亚泰国共同开发协议的实施问题，同时设立法律、技术、财税、海关以及负责起草产品分成合同的分支机构。直到 1994 年联合管理局正式成立，原来联合管理委员会的职责由联合管理局继承。因此，1994 年之前马泰共同开发区事务的管理职责由联合管理委员会履行，1994 年后由联合管理局履行。联合管理局由 2 名主席和 12 名成员构成，他们分别由两国地位相称、数量相等的人员构成。联合管理局的所有成员对于其在管理联合管理局事务中行为或过失所造成的损失和损害，不必承担任何个人责任，除非该损失和损害是其不法行为、重大过失或失职引起的。联合管理局成员的薪资和其他津贴由联合管理局决定并经双方政府批准决定。联合管理局对共同开发区的石油开采活动进行行政管理和日常经营管理。根据《1979 年马来西亚泰国谅解备忘录》，联合管理局应代表双方享有和承担勘探及开发重叠区域内，海床和底土非生物自然资源事宜所有的权利和义务，以及共同开发区域内开发、控制和管理的所有权利和义务。而《马来西亚与泰国 1990 年协定》对联合管理局的职权进行了限制，它只代表双方行使与共同开发区内勘探和开发海床及底土非生物自然资源所必须的、有关的或附带的权利。参见何海榕：《泰国湾海上共同开发法律问题研究》，武汉大学出版社 2020 年版，第 145～147 页。

③ 参见杨泽伟主编：《海上共同开发协定汇编（上）》，社会科学文献出版社 2016 年版，第 278 页。

协调机制,① 如日本和韩国共同开发案中建立的联合委员会(Joint Commission)、英国和挪威共同开发案中建立的弗里格气田咨询委员会(Frigg Field Consultative Commission)等。《日本和韩国共同开发协定》第 25 条规定了联合委员会的职能, 其中之一即为"向双方建议特许权持有人无法解决的争端解决方案"②。

　　还有的共同开发案, 建立双层联合管理机构, 如澳大利亚和印度尼西亚建立的"部长理事会(the Ministerial Council)"和"联合当局(the Joint Authority)"、尼日利亚和圣多美普林西比建立的"联合部长委员会(the Joint Ministerial Council)"和"联合管理局(the Joint Authority)"。第一层次为管理决策机构, 负责宏观事项, 具有争端解决职能。第二层次为经营监督机构, 从属于第一层次的决策机构, 直接负责具体的经营管理。例如,《澳大利亚与印尼帝汶缺口条约》第 6 条规定了部长理事会的职能, 其中之一即为"通过协商, 解决联合当局内部的争端"③, 明确赋予了第一层次的部长理事会解决争端的职能。《尼日利亚与圣多美普林西比共同开发条约》中也建立了联合部长委员会和联合管理局, 其中第 8 条第 2 款第 12 项明确规定了联合部长委员会的职能和权力之一, 是"通过协商解决联合管理局内的争端"④。

---

　　① 咨询型联合管理机构的职权有三个特点:第一, 联合管理机构是常设性的, 一般可以定期召开会议, 有秘书处等行政机关;第二, 其职权多为提供政策建议、协商等的权力;第三, 开发区内重大事项的权力仍由国家保留行使。参见邓妮雅:《海上共同开发管理模式法律问题研究》, 武汉大学出版社 2019 年版, 第 112 页。

　　② 日韩联合委员会是典型的咨询型联合管理机构。在《日本和韩国共同开发协定》中, 特许权的授予、作业者的选择、法律适用、征税等决定性的问题都由日韩双方协商一致。日韩委员会虽然有一部分权力, 但都是较为一般化的权力, 其提出的建议等也未明确规定拘束力问题。参见邓妮雅:《海上共同开发管理模式法律问题研究》, 武汉大学出版社 2019 年版, 第 112~113 页。

　　③ 杨泽伟主编:《海上共同开发协定汇编(上)》, 社会科学文献出版社 2016 年版, 第 277 页。

　　④ 杨泽伟主编:《海上共同开发协定汇编(下)》, 社会科学文献出版社 2016 年版, 第 373 页。

可见，只有在超国家管理模式和双方政府共同管理模式下，联合管理机构才有可能被赋予争端解决的职能，才能作为争端解决的方法和平台之一。而在其他管理模式下，由于不存在联合管理机构，在争端产生后，只能通过除联合管理机构之外的方法和途径来解决争端。因此，不同的管理模式，争端的解决可选择的方法的范围是不同的。

三、共同开发的对象

在共同开发实践中，有些案例选择对不同的开发对象适用不同的争端解决方法，① 比如对矿产资源的开发而产生的争端，与对渔业资源的开发而产生的争端，解决方法和程序有所不同。例如，在几内亚比绍与塞内加尔共同开发案中，《几内亚比绍共和国与塞内加尔共和国关于通过 1993 年 10 月 14 日协定设立的管理和合作局的组织和运作的协定的议定书》（Protocol to the Agreement between the Republic of Guinea-Bissau and the Republic of Senegal concerning the Organization and Operation of the Management and Cooperation Agency Established by the Agreement of 14 October 1993）（以下简称《几内亚比绍与塞内加尔议定书》）第 25 条第 4 款规定，对于企业达成的所有渔业协定和渔业合同中应包含特殊条款，该条款应对与该协定和合同解释与适用产生的争端的解决设定专门的方法和程序。② 而对于非生物资源开发而产生的争端，《几内亚比绍与塞内加尔协定》第 9 条规定，应通过直接谈判解决，若在 6 个月内仍不能解决，可以提交仲裁或提交给国际法院。可见，几内亚比绍与塞内加尔对两类争端做了区分，并要求渔业争端应适用特殊程序和方法。③ 这一方面是由于渔业资源本身具有的流动性和可变性，能对

① 参见 Vasco Becker Weinberg, Joint Development of Hydrocarbon Deposits in the Law of the Sea, Springer, 2014, p. 139。

② 参见杨泽伟主编：《海上共同开发协定汇编（上）》，社会科学文献出版社 2016 年版，第 345 页。

③ 参见 Vasco Becker Weinberg, Joint Development of Hydrocarbon Deposits in the Law of the Sea, Springer, 2014, p. 139。

当事国的渔业经济产生重要影响，因此对于渔业争端的解决也应依据渔业资源的特点而做出相应的安排。另一方面，渔业资源不像油气资源那样会对国家能源安全和经济发展产生决定性作用，因此对渔业争端的解决与对油气争端的解决也可以适用不同的方法和程序。可见，在实践中因不同的开发对象而产生的争端，也会导致不同解决方法的适用。

本 章 小 结

争端的解决方法是海上共同开发争端解决机制的重要组成部分。海上共同开发争端的解决方法主要有协商或谈判、仲裁、联合管理机构解决、专家裁决、法院诉讼和领导人决策六种，每种方法都有其具体的适用条件，在争端解决中具有重要作用。由于共同开发当事国文化传统、共同开发管理模式和共同开发对象等方面存在差异性，对争端解决方法的选择也有所不同。总体而言，在这些方法中，协商或谈判是最基本的争端解决方法，仲裁是重要的争端解决方法，二者在共同开发争端解决方法中的适用最为广泛；而且实践中，二者还可以进行有效衔接，有效地促进了争端的解决。此外，联合管理机构解决争端是共同开发争端解决方法所特有的，它不仅直观地反映了共同开发的管理模式和争端的类型，还体现了共同开发当事国之间的合作程度。

在共同开发争端解决实践中，东帝汶诉澳大利亚国际仲裁案具有重要的示范作用。该案不仅从事实上证明灵活运用多种方法有助于争端的解决，也展示出诚信原则在该案实体审判中的应用，有助于对诚信原则法律意义的进一步阐释。虽然东帝汶的做法具有借鉴意义，但这并不代表该案能够在世界范围内的普遍适用，因为每一个共同开发案例都具有特殊性，并且现有的方法在促进共同开发争端解决的同时，也存在一定的局限性。例如，通过第三方调解解决争端的方法未受重视，法院诉讼也未能发挥其最大功效。这些局限性的产生主要有以下几方面原因：其一，各争端解决方法本身就存在缺陷，不是每一个方法都能获得良好的争端解决效果。其二，各共同开发当事国的法律环境、争端主体的法律意识和运用法律方法解决争端的能力，都参差不齐，因而各案之间争端解决的效果差异很大。其三，国际石油公司在争端中的作用未明确。以国际石油公司为代表的利害关系主体对争端的解决起着重要作用，甚至能决定争端的解决结果。而这些公司可能基于自己的优势地位谋取不正当利益，影响了争端的解决。因此，争端解决的效果具有个体差异性。

　　在评价共同开发争端解决方法时，既要高度肯定它们对争端解决的促进作用，也要客观地认识到它们的不足，才能为争端解决方法的完善提出有价值的建议和方案，这也是理论研究的意义所在。

第四章　海上共同开发争端解决
可适用的法律

海上共同开发争端解决适用的法律，既包括实体法，也包括程序法。至于到底适用一国的国内法，还是适用相关的国际法规则，则取决于争端各当事方的约定，以及争端自身的性质和类型。海上共同开发争端解决可适用的法律主要分为三种情形。第一种情形是对于权利义务关系简单明了，而且相关的共同开发法律文本中有明确规定的争端，可直接适用该共同开发法律文本的规定。例如产品分成合同的一方因违约而被对方提起仲裁的，仲裁庭则可依据产品分成合同的具体规定，来裁定违约方的责任。第二种情形是当事人在共同开发法律文本中约定了争端解决所适用的法律。当事人既可约定适用一方当事国的国内法，也可选择适用第三国的法律，还可选择适用相关的国际法。在这种情形下，可直接依据当事人的约定来适用相关的法律。第三种是在争端主体未约定可适用的法律的情形下，可以授权争端解决机构，如仲裁庭，来决定争端解决适用的法律。在这种情形下，争端解决既可能适用一国的国内法，也可能适用相关的国际法。

第一节　海上共同开发争端解决适用的
共同开发法律文本

一、适用海上共同开发协定

海上共同开发协定是开展共同开发活动最直接的法律依据，也是第一顺位的共同开发争端解决所适用的法律规则。它包括程序法规则和实体法规则。程序法规则主要有仲裁程序和专家裁决程序两类。有的在共同开发协定正文中规定，如《法国与西班牙大陆架公约》第 5 条；有的则以附件的形式规定，例如《帝汶海条约》附件 B 的《争端解决程序》。此外，共同开发协定还规定了共同开发当事国双方的实体权利和义务，为争端的解决提供了法律适用的依据。例如《Sunrise 和 Troubadour 开发协定》第 4 条明确规定："《帝汶海条约》适用于共同石油开发区内的石油活动，以及根据本协定分配比例归于共同石油开发区的石油活动。"①对于当事国之间的权利义务，共同开发协定的规定主要包括以下几类：

第一类为不影响划界条款。对争议海域的共同开发，不影响划界条款给共同开发当事国吃了一颗定心丸。实践中，对于不影响划界条款的处理也不尽相同，但多数是在共同开发协定的开头就事先声明，例如《澳大利亚与印尼帝汶缺口条约》②《尼日利亚与圣多美普林西比共同开发条约》③《帝汶海条约》④《圭亚那和巴巴多斯合作

---

① 杨泽伟主编：《海上共同开发协定汇编（下）》，社会科学文献出版社 2016 年版，第 539 页。

② 《澳大利亚与印尼帝汶缺口条约》第 2 条第 3 款即为不影响划界条款：本条约内的任何内容以及条约生效后的任何行为，不得被解释为有损任一缔约国对于合作区永久性大陆架划界的立场，条约中的任何内容不得认为会影响缔约国对于合作区所主张的主权权利。参见杨泽伟主编：《海上共同开发协定汇编（上）》，社会科学文献出版社 2016 年版，第 275 页。

③ 《尼日利亚与圣多美普林西比共同开发条约》第 4 条为不影响划界条款：不得将本条约的内容解释为任一方当事国放弃对部分或整个区域的权利或主张，也不能将其解释为承认另一方当事国对部分或整个区域的任何权利或主张的立场。本条约及其实施引起的任何行为或活动，以及依据本条约在此区域实施的任何法律，都不得构成主张、支持或否认任一当事国对部分或整个区域权利或主张所持的立场的根据。参见杨泽伟主编：《海上共同开发协定汇编（下）》，社会科学文献出版社 2016 年版，第 371 页。

④ 《帝汶海条约》第 2 条第 2 款为不影响划界条款：本条约的内容以及条约生效期间所采取的行动，不应对澳大利亚和东帝汶有关大陆架划界的立场或主张，或各自海床权利造成损害或影响。参见杨泽伟主编：《海上共同开发协定汇编（下）》，社会科学文献出版社 2016 年版，第 501 页。

条约》等。① 也有少数案例在共同开发协定的末尾做补充说明，例如《日本和韩国共同开发协定》虽然不影响划界条款没有具体地规定共同开发当事国的权利义务，但它是共同开发得以进行的前提。② 共同开发当事国通过不影响划界条款来巩固政治互信，将这种政治互信转变为对双方具有法律约束力的规则，对共同开发的实现无疑具有基础性作用。因此，若共同开发一方当事国日后将共同开发区域划界作为对自己有利的依据，那么对方当事国则可以援引不影响划界条款来维护自己的权益。

　　第二类为资源分配比例。对于侵害双方资源分配比例有关的争端，可以直接适用协定的此项规定。实践中，不同的共同开发案例由于共同开发当事国对划界安排，能源需求，以及开发模式等方面均存在不同，对分配比例的处理也不尽相同。有的按资源开发对象的不同来分配收益，例如《几内亚比绍与塞内加尔协定》第 2 条规定，对共同开发区内的渔业资源，几内亚比绍和塞内加尔各占50%；对其他资源，塞内加尔享有85%的份额，而几内亚比绍则仅享有15%。有的当事国放弃主权要求，以此换得经济利益，例如《巴林—沙特阿拉伯边界协定》(Bahrain-Saudi Arabia Boundary Agreement)中，巴林和沙特阿拉伯就约定，共同开发区的主权归属于沙特阿拉伯，该区的石油开采以沙特阿拉伯王国国王选择的方式进行，沙特阿拉伯将上述石油开采中所获的一半净收入归于巴林政

①　《圭亚那和巴巴多斯合作条约》第 1 条第 2 款为不影响划界条款：本条约以及其所建立的合作区，不影响双方根据广泛接受的国际法原则和公约，对双方各自海域进行最终划界。参见杨泽伟主编：《海上共同开发协定汇编（下）》，社会科学文献出版社 2016 年版，第 595 页。

②　《日本和韩国共同开发协定》一共有 31 条，不影响划界条款为第 28条：本协定的任何条款都不应视为，对共同开发区任何部分或全部区域上主权权利的确定，也不应影响任何一方在大陆架划界的相关立场。参见杨泽伟主编：《海上共同开发协定汇编（上）》，社会科学文献出版社 2016 年版，第59 页。

府。① 还有的直接笼统地规定双方享有同等份额，例如《荷兰王国与德意志联邦共和国签署的〈关于在埃姆斯河口合作安排的条约〉（〈埃玛斯—多拉德条约〉）之补充规定》（Supplementary Agreement to the Treaty Concerning Agreements for Cooperation in the Ems Estuary（Ems-Dollard Treaty））（以下简称《荷兰与德国补充协定》）第五条规定："德国的特许经营者与荷兰的特许经营者，对开采出的石油和天然气，及在开采过程中发现的其他物质，享有同等的份额。"②

第三类为共同开发具体管理和运作相关的规定，如联合管理机构的设置、开发合同的一般制度、承包商的权利和义务、管辖权分配、税收等。有的共同开发案例中，当事国双方对这些内容约定得较为具体，为相关争端的解决提供了直接的法律适用依据。例如《澳大利亚与印尼帝汶缺口条约》中对于 A 区、B 区和 C 区的勘探和开发，联合部长理事会和联合当局的设立、职能，刑事管辖权分配，税法的适用，以及争端的解决等都做了较为具体的规定。此外，《几内亚比绍与塞内加尔议定书》《尼日利亚与圣多美普林西比共同开发条约》《帝汶海条约》《美国与墨西哥油气协定》《塞舌尔与毛里求斯马斯克林条约》等共同开发协定，也对这些内容作出了相应规定。

第四类为其他规定，包括雇佣和培训、安全与卫生、作业标准、搜索与营救、海洋环境保护等。若共同开发协定对这些方面做了具体规定的，在相关争端产生时，也应直接适用该规定。相较于第三类规定，这类规定更侧重于保护共同开发私法主体的权利义务，很多共同开发协定也都有所涉及。

二、适用共同开发合同

共同开发合同是资源国政府与石油公司之间，为开展石油开发

---

① 参见杨泽伟主编：《海上共同开发协定汇编（上）》，社会科学文献出版社 2016 年版，第 5 页。

② 杨泽伟主编：《海上共同开发协定汇编（上）》，社会科学文献出版社 2016 年版，第 11 页。

合作而订立的合同，主要有租让制（concession）、① 产品分成合同（product sharing contract）、服务合同（service contracts）和联合经营合同（joint venture）等几大类。② 不同的共同开发管理模式下，开发合同的主体会有不同。例如，采用联合管理机构管理模式的，则共同开发合同的主体为联合管理机构与承包商，如《尼日利亚与圣多美普林西比共同开发条约》第 1 条直接将开发合同界定为"联合管理局和承包商间订立的，涉及开发活动的所有协议"。③

共同开发当事国由于不同的经济或政治体制，以及开发区资源分布的具体情况不同，而采取不同的合同形式。共同开发合同一般包括资源的所有权归属、矿区使用费、勘探风险和费用的承担、财政安排、利润分配等规定双方实体权益的内容，是开展共同开发活动最具体的法律依据。这些开发合同不仅规定了争端解决的途径，同时也是争端解决适用的法律依据之一。例如，《尼日利亚与圣多美普林西比共同开发条约》第 47 条就规定，联合管理局与承包商之间，或承包商与承包商之间，就某个开发合同或运营协议的解释和适用产生争端，除非双方另有约定，应按开发合同或经营协议中事先规定的条款，提交商业仲裁。④《日本和韩国共同开发协定》第五条也规定，双方的特许权持有人应当签订一项经营协议，以实施共同开发区内自然资源的共同勘探和开发活动。经营协定尤其应当

---

① 有的学者对这种合同形式有不同的称谓，例如董世杰在《争议海域既有石油合同的法律问题研究》一书中将其称为特许协议（Concession Agreement）。特许协议最大的特点在于赋予石油公司对其开发的石油享有当然的所有权。参见董世杰：《争议海域既有石油合同的法律问题研究》，武汉大学出版社 2019 年版，第 18~19 页。

② 参见萧建国：《国际海洋边界石油的共同开发》，海洋出版社 2006 年版，第 129 页。

③ 参见杨泽伟主编：《海上共同开发协定汇编（下）》，社会科学文献出版社 2016 年版，第 368 页。

④ 参见杨泽伟主编：《海上共同开发协定汇编（下）》，社会科学文献出版社 2016 年版，第 387 页。

包括的内容中，就有争端解决条款。① 《几内亚比绍与塞内加尔议定书》还规定，对于企业达成的所有条约和渔业协定与合同，都应包括对其解释或适用的争端解决程序的特别条款。②

三、适用专门的海上共同开发法规

为了更好地推进共同开发活动，共同开发当事国及联合机构也会制定专门的法规，来规范相应的开发活动。实践中，专门的海上共同开发法规主要有税收法规、自然资源法规、环境保护法规、检查与安全相关的程序法规等。

1. 税收法规。对于与税收相关的争端，直接适用专门的税收法规。由于税收具有国家主权属性，涉及一国的财政收入，因而许多国家在缔结共同开发协定时，要求另行制订税收法规，来规制与税收有关的事项。例如，东帝汶与澳大利亚《帝汶海条约》附加了专门的税收法规，即《税收规则》；尼日利亚和圣多美普林西比也要求联合管理局在共同开发协定生效后 3 个月内，制定一套税收制度。③ 因此，对于与税收有关的争端，应适用特定的争端解决条款。例如，《帝汶海条约》第 13 条规定，《税收规则》有自己特有的争端解决机制，而不适用条约规定的一般的争端解决机制。因税收问题产生的争端，直接适用条约附件的《税收规则》。④ 《澳大利亚

---

① 参见杨泽伟主编：《海上共同开发协定汇编（上）》，社会科学文献出版社 2016 年版，第 51 页。

② 参见杨泽伟主编：《海上共同开发协定汇编（上）》，社会科学文献出版社 2016 年版，第 345 页。

③ 《尼日利亚与圣多美普林西比共同开发条约》第 21 条规定，在本条约生效后 3 个月内，联合管理局应制定一套符合本条约的管理和税收制度，并由委员会批准，该制度适用于开发区内石油勘探和开采活动。在本条约生效后 6 个月内，管理和税收制度草案由委员会合理修改后采纳。经采纳后，该制度适用于开发区内的石油活动，并由管理局执行。一经采纳，联合管理局就应立即颁布监管和税收制度。参见杨泽伟主编：《海上共同开发协定汇编（下）》，社会科学文献出版社 2016 年版，第 379 页。

④ 参见杨泽伟主编：《海上共同开发协定汇编（下）》，社会科学文献出版社 2016 年版，第 506 页。

与印尼帝汶缺口条约》第 29 条也有类似规则。不过在实践中，也有共同开发当事国约定直接适用当事国既有的税收法规。例如《马来西亚与泰国 1990 年协定》第 17 条对于税收问题规定："依据马来西亚和泰王国既有的税收立法，对共同开发区的收入征收税款。"①

2. 自然资源法规。很多共同开发协定都规定，共同开发当事国应就共同开发区内的自然资源的开发达成专项协议。实践中，有的案例是笼统地制定自然资源法规，没有区分生物资源与非生物资源。例如，《塞舌尔与毛里求斯马斯克林条约》第 8 条规定，塞舌尔与毛里求斯应就共同管理区内自然资源的开发、开采、收获、保存及出口达成协议。在该协议达成之前，联合委员会在必要时应采取临时安排来规范这些活动。② 第 4 条第 3 项第 1 款也规定："联合委员会应为共同开发区内石油与其他自然资源活动制定政策法规并监督指定当局的工作。"③有的案例尤其注重石油资源开发，而专门制定与石油开采有关的法规。例如，在马来西亚与泰国共同开发案中，泰国颁布的《马来西亚与泰国 2533 号法令》和马来西亚颁布的《马来西亚与泰国 440 号法令》，还有尼日利亚与圣多美普林西比共同开发案中，联合部长委员会批准的《尼日利亚与圣多美普林西比石油法规》等。还有的就开发区内的非石油资源制定专门的规则与制度。例如尼日利亚与圣多美普林西比还在协定中约定，就区域计划中的非石油资源开发活动订立相关规则和制度。④ 这些具体的法律法规都是为了更好地执行共同开发协定而制定并颁布的。因

---

① 参见杨泽伟主编：《海上共同开发协定汇编（上）》，社会科学文献出版社 2016 年版，第 193 页。

② 参见杨泽伟主编：《海上共同开发协定汇编（下）》，社会科学文献出版社 2016 年版，第 656 页。

③ 杨泽伟主编：《海上共同开发协定汇编（下）》，社会科学文献出版社 2016 年版，第 654 页。

④ 参见《尼日利亚与圣多美普林西比共同开发条约》第 32 条至 34 条的规定。参见杨泽伟主编：《海上共同开发协定汇编（下）》，社会科学文献出版社 2016 年版，第 383 页。

此，对于因违反具体的开发规则而产生的争端，可以适用此类法规。

3. 环境保护法规。实践中，有些共同开发当事国在海洋环境保护和污染防治方面也制定了相应的法规。例如《帝汶海条约》第10条第3款规定："指定当局应该发布保护共同石油开发区海洋环境的法规，并应当制订防止共同石油开发区内石油活动污染的应急计划。"①《几内亚比绍与塞内加尔议定书》第23条第2款规定："管理局应当制定法规来保护区域内的海洋环境。管理局应确定一项应急方案或管理方案，以抵御因区域内的资源探查、勘探和开发活动而引发的污染和退化。"②

4. 检查与安全相关的程序法规。实践中，共同开发当事国为了更好地进行设备检查，确保共同开发区的安全，会在共同开发中约定，双方应依据可适用的本国法律和共同开发协定另行制订相应的程序性法规。例如《美国与墨西哥油气协定》③《塞舌尔与毛里求斯马斯克林条约》④《圭亚那和巴巴多斯合作

---

① 杨泽伟主编：《海上共同开发协定汇编（下）》，社会科学文献出版社2016年版，第505~506页。

② 杨泽伟主编：《海上共同开发协定汇编（上）》，社会科学文献出版社2016年版，第344页。

③ 《美国与墨西哥油气协定》第6章第18条规定：1. 根据可适用的本国法律，各方依据本协定制定和达成一致的程序，有权检查本协定规定的联合区域的有关设施。2. 为使各方检查员更好地维护各方在安全、环境以及财税方面的利益，执行机构应依照本国法律，制定有关以下事项的详细程序：（a）各方检查员之间的协商；（b）及时获知相关检查活动信息；（c）在联合检查制度下有权进入联合区域进行检查活动，包括进入所朋友位置的计量系统。参见杨泽伟主编：《海上共同开发协定汇编（下）》，社会科学文献出版社2016年版，第626~627页。

④ 《塞舌尔与毛里求斯马斯克林条约》第6部分第15条规定：（a）指定当局应为在共同管理区设施与构筑物上工作的工人制定符合国际公认的标准与最佳实践的职业健康与安全标准和程序，缔约国在需要时应适用。参见杨泽伟主编：《海上共同开发协定汇编（下）》，社会科学文献出版社2016年版，第658页。

条约》等。①

除此之外，实践中还有些共同开发当事国赋予了联合机构更广泛的立法权，以约束开发活动。例如《尼日利亚与圣多美普林西比石油法规》第75条，②《帝汶海条约》附件C等。③ 联合机构制定的这些有针对性的规则或指令进一步规范了共同开发活动，不仅为争端的解决提供了直接的法律适用依据，也能在一定程度上预防和避免争端的产生。

第二节　海上共同开发争端解决适用的国内法

一、根据当事人自主选择而适用一国的国内法

海上共同开发争端的解决，尊重当事人的意思自治。在法律适用上，首先要按照当事人的约定而自主选择适用的法律。共同开发法律文本中，当事人可以自主协商来确定可适用的一国国内法，既

---

①　《圭亚那和巴巴多斯合作条约》第7条规定：1. 诚信行事的双方应建立活动进行的程序，以维护合作区的治安。2. 在本条约生效之日起3个月内，双方应就与合作区内活动相关的安全协定，善意开始谈判，协定可以包括以下内容：(1)自然资源规定的执行；(2)恐怖主义；(3)防止非法贩卖麻醉物品；(4)贩卖枪支、弹药、爆炸物和其他相关物品；(5)走私；(6)海盗；(7)贩卖人口；(8)海上治安和搜索营救。参见杨泽伟主编：《海上共同开发协定汇编(下)》，社会科学文献出版社2016年版，第597页。

②　《尼日利亚与圣多美普林西比石油法规》第75条规定，根据委员会的批准，管理局可对如下事项制订指导方针：(a)规定基于本法规之目的需要规范的任何事项；(b)依本法确定与许可和租赁朋友关的一般事项及活动；(c)根据本法规和其他法规规定，规范设施的建造、保持和运营；(d)规范石油的储存；(e)授予或对公职人员施加本法规规定之外的权力和责任等。参见杨泽伟主编：《海上共同开发协定汇编(下)》，社会科学文献出版社2016年版，第455~456页。

③　《帝汶海条约》附件C第一条规定，指定当局的权力和职能应包括依据本条约以及根据本条约而制定或生效的任何文件，包括联合委员会发布的命令，对石油活动进行日常管理和规范。参见杨泽伟主编：《海上共同开发协定汇编(下)》，社会科学文献出版社2016年版，第512页。

可以选择适用一方当事国或第三国的国内法，还可以约定在某种情形下直接适用一方当事国的法律，也可以适用双方当事国共有的法律原则。

（一）选择适用一方当事国或第三国的国内法

选择适用一方当事国或第三国国内法的情形，在共同开发协定中可以找到例证。例如，《日本和韩国共同开发协定》第 21 条第 1 款和第 2 款规定："如果任何一方的国民或居民，遭受共同开发区内因自然资源勘探或开采所引起的损害时，该国国民或者其他人可以在以下法院提起损害赔偿：（a）损害发生地法院，（b）该国国民或其他居住地的法院，或（c）发生损害事故的区块内，作为经营者的特许权持有人授予国的法院。接受损害赔偿诉讼一方的法院，应当适用该方的法律和法规。"①从该规定可知，一方国民或居民因共同开发活动遭受损害而提起的损害赔偿诉讼，若损害发生地位于对方当事国，或该国民居住地在对方当事国或他国，或授予特许权许可的国家为对方当事国，则接受诉讼的法院可能是该国民本国法院，也可能是对方当事国的法院，还可能是第三国的法院，并可相应适用该国民本国的法律，或对方当事国的法律，或其他第三国的法律。

（二）直接规定适用一方当事国的法律

直接规定应适用一方当事国的法律，排除了第三国法律的适用。至于具体适用哪一当事国的法律，实践中有不同的做法。

有的根据争端的主体和内容确定适用一方当事国法律。例如，《澳大利亚与印尼帝汶缺口条约》第 24 条规定，雇主和雇员之间的争端或以寻求缔约国内可用的调解和仲裁机制解决。对于劳动合同或集体协议，应该规定其适用哪一缔约国的法律，同时规定适用的

---

① 杨泽伟主编：《海上共同开发协定汇编（上）》，社会科学文献出版社 2016 年版，第 55 页。

争端解决机制。根据缔约国法律，任何裁决一经作出即具有强制性。① 《塞舌尔与毛里求斯马斯克林条约》第 12 条规定，承包商可依据提出要求的一方的法律，对共同管理区内自然资源活动造成的海洋污染所带来的损失和费用承担责任。②

有的根据石油活动所在地来确定适用一方当事国法律。例如《Sunrise 和 Troubadour 开发协定》第 4 条第 2 款规定："澳大利亚的法律适用于根据分配比例归于澳大利亚的石油活动。"③其附件 2 还对安全、职业健康和环境保护问题应适用的法律及其修正案做了明确的列举。

有的根据联合管理机构的建议来确定适用一方当事国法律。例如《尼日利亚与圣多美普林西比共同开发条约》第 9 条第 6 款第 14 项规定了联合管理局的职能之一，就是"就促进共同开发区内的资源开发所必须的法律适用以及法律修正，向双方当事国提出建议"。④ 该条约第 39 条还规定，在本条约没有规定开发区内适用何种私法的情况下，"联合管理局应当向委员会建议立即适用一方当事国的私法"。⑤

有的根据开发对象的不同来确定适用一方当事的法律。例如《几内亚比绍与塞内加尔议定书》第四部分在法律适用和争端解决部分，对不同开发对象的法律适用做了明确规定，对于矿产和石油

---

① 参见杨泽伟主编：《海上共同开发协定汇编(上)》，社会科学文献出版社 2016 年版，第 284 页。

② 《塞舌尔与毛里求斯马斯克林条约》第 12 条第 6 款规定：缔约方应对共同管理区内自然资源活动造成的海洋污染所带来的损失和费用承担责任，依据：(ⅰ)它们的合同、特许、许可或其他类型的依据条约授予的权利；(ⅱ)提出要求的缔约一方的法律。参见杨泽伟主编：《海上共同开发协定汇编(下)》，社会科学文献出版社 2016 年版，第 658 页。

③ 杨泽伟主编：《海上共同开发协定汇编(下)》，社会科学文献出版社 2016 年版，第 539 页。

④ 杨泽伟主编：《海上共同开发协定汇编(下)》，社会科学文献出版社 2016 年版，第 374 页。

⑤ 杨泽伟主编：《海上共同开发协定汇编(下)》，社会科学文献出版社 2016 年版，第 385 页。

资源探查、勘探和开发活动，矿层与油层进行的监督和科学研究，应当适用塞内加尔的法律。对于渔业资源的探查、勘探和开发活动，以及渔业监管和渔业科学研究，应当适用几内亚比绍的法律。① 《圭亚那和巴巴多斯合作条约》第5条第4款规定，对生物资源的开发，任何一方有权通过对任何人适用其相关的国内法，以执行《共同渔业学科协定》的内容。每一方如此行事时，应以书面形式通知另一方。②

还有的依据管道所属国来确定所适用的法律。《弗里格协定》第13条规定："挪威的管道应当由依据挪威法律成立，且住所位于挪威的法律实体所有。在民事和刑事诉讼、法庭选择和执行问题上，挪威王国管道的所有人应当受挪威法律和管辖权的约束。"③

(三)适用双方当事国国内共有的法律原则

油气开发中，争端主体基于对各自司法主权和利益的维护而尽可能地避免适用另一方的法律，④ 因而为了公平起见，争端的解决也可能适用双方当事国国内法律制度中共有的法律原则。例如，伊朗国家石油公司(National Iranian Oil Company)20世纪60年代所签订的许可协议，以及1986年英国和法国签订的英法海峡隧道协议(Anglo-French Channel Tunnel Agreement)等都选择了适用双方共有的法律原则。⑤ 隧道协议规定，合同受英国和法国共有的法律原则

---

① 参见杨泽伟主编：《海上共同开发协定汇编(上)》，社会科学文献出版社2016年版，第344页。

② 参见杨泽伟主编：《海上共同开发协定汇编(下)》，社会科学文献出版社2016年版，第596页。

③ 杨泽伟主编：《海上共同开发协定汇编(上)》，社会科学文献出版社2016年版，第109页。

④ 参见 Hazel Fox, Paul McDade, Derek Rankin Reid (eds.), Joint Development of Offshore Oil and Gas, British Institute of International and Comparative Law, 1989, p. 291。

⑤ 参见 Hazel Fox, Paul McDade, Derek Rankin Reid (eds.), Joint Development of Offshore Oil and Gas, British Institute of International and Comparative Law, 1989, p. 292。

约束，在没有这种原则时，则适用国内和国际法院所适用的国际贸易法的一般原则加以调整。①

二、在当事人未选择时的法律适用

尽管当事人可以协议选择争端解决应适用的法律，但在共同开发实践中，当事人并未积极地行使此项权利，共同开发协定和合同中常常缺少争端解决所适用的法律条款。若争端是提交国际民商事仲裁，则适用的法律主要有两种确定方法：一是根据仲裁地所属国的冲突规则确定合同适用的准据法，二是授权仲裁庭决定合同应适用的法律。

(一)根据仲裁地所属国的冲突规则确定合同的准据法

采用这一类做法的国家，其中的大多数国家的冲突法规定，当事人未选择的，合同适用与合同具有最密切联系的国家的法律，如英国、中国等。至于如何确定与合同具有最密切联系的法律，不同的国家，以及在不同的案件中，其做法各有不同。一般是根据个案的具体情况，在合同缔结地法或合同履行地法、当事人国籍国法或住所地法中去选定。

(二)授权仲裁庭决定合同应适用的法律

第二类做法是授权仲裁庭来决定争端解决适用的法律。很多仲裁规则都有类似规定。例如，《美国仲裁协会国际仲裁规则》第29条第1款规定，仲裁庭应适用当事人指定的应适用于争端的一个或几个实体法，各方当事人未有此项指定时，仲裁庭应适用他认为适当的一个或几个法律。奥地利、挪威等国的法律也规定，合同当事人未合意选择法律适用的，可由仲裁院完全自由地对认为最合适的法律冲突规则进行选择。1965年《关于解决各国和其他国家的国民之间投资争端公约》第42条第1款也规定，仲裁庭在当事人无选择

---

① 参见曾加、魏欣：《中日东海油气资源共同开发中的争端解决》，载《山东科技大学学报(社会科学版)》2012年第4期，第40页。

法律的协议时，应适用作为争端当事国的缔约国的法律（包括其关于冲突法的规则）。这一规定表明，在东道国与外国投资者之间的争端中，当事人若没有选择法律，仲裁庭可适用作为争端一方当事人的东道国的法律。

此外，当事人未选择法律适用时，还可能导致适用相关的国际法规则。例如，根据 1965 年《关于解决各国和其他国家的国民之间投资争端公约》第 42 条第 1 款还规定，在没有对法律适用作出约定的情况下，仲裁法庭还可适用国际法规则。这里的国际法规则，应理解为包括国际条约、国际惯例、① 一般法律原则、司法判例及学说。②

第三节　海上共同开发争端解决适用的国际公约

在未明确约定争端可适用的法律的情况下，若共同开发当事国均加入了相关的国际公约，在争端解决中还可适用相关的国际公约。海上共同开发争端的解决可能会适用到的国际公约较为广泛，据现有的实践来看，主要有如下几类：第一类为综合性的《联合国海洋法公约》，第二类为能源类国际公约，第三类为环境保护类公约，第四类为人权类国际公约。

一、《联合国海洋法公约》

《联合国海洋法公约》作为海洋法领域最权威的法律文件，是各缔约国开展海洋事务合作所依据的根本性和纲领性文件。《联合国海洋法公约》为海上共同开发提供了根本的国际法律依据，所有的共同开发活动都不得脱离公约的束缚，一切共同开发活动都得限

---

①　这里的国际惯例包括国际商业惯例和国际通行的作业规则，例如《帝汶海条约》第 17 条规定，进入共同开发区的船舶，且依据两国法律不在澳大利亚或东帝汶以外区域作业的船只，应适用相关的国际安全和作业准则。

②　参见刘颖、邓瑞平：《国际经济法》，中信出版社 2003 年版，第 710页。

制在公约规定的法律框架内。公约赋予了沿海国在专属经济区和大陆架勘探和开发自然资源的权利，并要求海岸相向或相邻国家间，在达成最终划界前，应基于谅解和合作精神，尽一切努力作出实际性的临时安排，不危害或阻碍最后协议的达成。这一规定为共同开发提供了坚实的国际法依据。

此外，公约第十五部分还规定了争端解决机制，既有一般性安排，也规定了特定的争端解决条款，① 为共同开发争端的解决提供了依据和指导。公约规定，各缔约国有用和平方法解决国际争端的义务，这是共同开发争端解决应遵守的基本原则。公约还规定，各缔约国可以自由选择争端解决的方法，以解决有关本公约的解释或适用的争端。这些方法包括附件五规定的调解程序、按照附件六设立的国际海洋法法庭、国际法院、按照附件七组成的仲裁法庭、按照附件八组成的特别仲裁法庭。② 海上共同开发争端的解决不得违背公约规定的和平解决国际争端的义务。争端主体在解决争端时，应依据公约的规定选择合适的方法和程序。

在东帝汶诉澳大利亚国际仲裁案中，东帝汶就援引《联合国海洋法公约》第 74 条、83 条的规定，认为《澳大利亚与东帝汶特定海上安排条约》第 4 条第 7 款规定的"在本条约存续期间，双方不应承担就永久海域划界进行谈判的义务"违反了《联合国海洋法公约》中关于达成一项实际性临时安排的规定，认为这项规定会妨害东帝汶与澳大利亚最后界线的划定，因而主张《澳大利亚与东帝汶特定海上安排条约》无效。对于这一问题，双方各执己见。《澳大利亚与东帝汶特定海上安排条约》第 4 条第 7 款只是规定双方没有进行永久划界谈判的义务，此处用的是"义务"（obligation）一词，即双方仍然可以自由地进行永久海域划界谈判，只是没有法律强制性。

---

① 参见 Robin Churchill, Trends in Dispute Settlement in the Law of the Sea: Towards the Increasing Availability of Compulsory Means, in Duncan French, Matthew Saul and Nigel D. White（eds.），International Law and Dispute Settlement: New Problems and Techniques, Hart Publishing, 2010, p. 144。

② 参见 United Nations Convention on the Law of the Sea, Article 279, 284, 287, Annex V, Annex VI、Annex VII、Annex VIII。

对于东帝汶而言，虽然《澳大利亚与东帝汶特定海上安排条约》并未剥夺东帝汶启动划界谈判的自由，但这种自由完全依赖澳大利亚的同意和配合，澳大利亚不受与东帝汶进行永久划界谈判义务的约束，这无益于双方的最终划界，因而《澳大利亚与东帝汶特定海上安排条约》还是与《联合国海洋法公约》的精神和宗旨不符。① 在该案中，东帝汶以《联合国海洋法公约》为依据，不仅采取公约要求的和平解决国际争端的方法，并援引《联合国海洋法公约》中的具体规定，说明《联合国海洋法公约》可以作为共同开发争端解决法律适用的依据。

除了《联合国海洋法公约》以外，在海洋领域还可能适用其他公约。例如在圭亚那和巴巴多斯共同开发案中，双方就约定任何时候在对生物资源行使管辖权时应遵守广泛接受的国际法原则和公约，其中包括《执行 1982 年 12 月 10 日〈联合国海洋法公约〉有关养护和管理跨界鱼类种群和高度洄游鱼类种群的规定的协定》。②

二、《能源宪章条约》

相较于《欧洲能源宪章》（European Energy Charter）和《国际能源宪章》（International Energy Charter），③ 国际能源领域最重要的条约要属《能源宪章条约》（Energy Charter Treaty，ECT）。1998 年生效的《能源宪章条约》是一个覆盖范围最广的包括投资保护和争端解决

---

① 黄文博：《东帝汶诉澳大利亚仲裁案及其对中国的启示》，载《武大国际法评论》2017 年第 5 期，第 79 页。

② 参见《圭亚那和巴巴多斯合作条约》第 5 条第 1 款。

③ 《欧洲能源宪章》是一个基于市场经济、相互协作及非歧视性原则下推行国际能源合作的政治宣言。参见杨晓峰：《能源宪章最新动向：洞察与借鉴》，载《情报杂志》2021 年第 4 期，第 60 页。《国际能源宪章》是 2015 年 5 月在海牙达成的一项新的政治宣言，比《能源宪章条约》具有更大的弹性空间，缺乏法律强制性。参见 Ernesto Bonafe, Natasha A. Georgiou, The New International Energy Charter and the Rule of Law in the Global Energy Architecture, European Energy Law Report, Vol. 11, 2017, p. 97。

问题的多边条约,① 也是唯一一个有效地促进政府间在能源领域合作的多边条约,② 在国际能源合作中具有里程碑意义。③《能源宪章条约》包括贸易、投资保护、能源过境与效能,以及环境保护和争端解决等内容。④《能源宪章条约》第五部分规定了争端解决机制,其中投资仲裁条款是《能源宪章条约》对国际争端解决的一大贡献。⑤ 条约第五部分将争端分为缔约方与投资者之间的争端和缔约方之间争端两大类。投资者若需要依据《能源宪章条约》寻求法律保护,它就可以依据宪章规定的一系列仲裁条款提起仲裁程序。⑥

　　《能源宪章条约》为促进投资者与缔约国之间的长期合作提供了法律框架。⑦ 该条约第 26 条规定了缔约国与投资者之间争端的解决,它要求争端双方应尽可能以和平方式解决,若不能以和平方式解决,那么投资者单方面有多种选择。他可以将争端提交给争端涉及的缔约方法庭或行政仲裁机构,或根据任何可用的、先前同意的争端解

　　① 参见 Andrei Konoplyanik, Thomas Walde, Energy Charter Treaty and Its Role in International Energy, Journal of Energy and Natural Resources Law, Vol. 24, 2006, p. 526。

　　② 参见 Graham Coop, Energy Dispute Resolution: Investment Protection, Transit and the Energy Charter Treaty, Juris Net, 2011, p. 332。

　　③ 参见 Ernesto Bonafe, Natasha A. Georgiou, The New International Energy Charter and the Rule of Law in the Global Energy Architecture, European Energy Law Report, Vol. 11, 2017, p. 97。

　　④ 参见 Valentina Vadi, Energy Security V. Public Health? Nuclear Energy in International Investment Law and Arbitration, Georgetown Journal of International Law, Vol. 47, 2016, p. 1084。

　　⑤ 参见 Graham Coop, Energy Dispute Resolution: Investment Protection, Transit and the Energy Charter Treaty, Juris Net, 2011, p. xvi。

　　⑥ 参见 Wendy Simon-Pearson, One Belt, One Road, One Treaty: China's Energy Security and the Energy Charter Treaty, George Washington Journal of Energy and Environmental Law, Vol. 9, 2018, p. 115。

　　⑦ 参见 Wendy Simon-Pearson, One Belt, One Road, One Treaty: China's Energy Security and the Energy Charter Treaty, George Washington Journal of Energy and Environmental Law, Vol. 9, 2018, p. 116。

决程序, 还可以将争端提交给仲裁机构进行解决。① 如果投资者选择将争端提交仲裁, 那么他可选择的仲裁机构和程序为: (1)解决投资争端国际中心 (International Center for Settlement of Investment Disputes, ICSID)及其仲裁规则; (2)按联合国国际贸易法委员会 (United Nations Commission on International Trade Law, UNCITRAL)仲裁规则而建立的单独仲裁机构或非正式仲裁法庭; (3)斯德哥尔摩商会(The Stockholm Chamber of Commerce, SCC)下属的仲裁机构及其仲裁程序。② 从这些规定可以看出, 宪章为投资者寻求救济提供了多种选择, 有益于投资环境的稳定。③ 而且允许投资者单方面提交仲裁, 而不需要任何现实存在的仲裁协议,④ 有效地排除了投资者母国的干预, 促进了投资争端解决的"非政治化"。⑤

条约第 27 条规定了缔约国之间争端的解决。不同于前述缔约国与投资者之间的争端, 缔约国之间的争端解决方法的选择范围相对狭窄。缔约国应当通过外交途径解决争端, 当外交途径解决争端失败后, 缔约国可将争端提交给一个特设的仲裁机构,⑥ 仲裁机构应适用联合国国际贸易法委员会的仲裁规则(Arbitration Rules of UNCITRAL)。仲裁机构应根据《能源宪章条约》和国际法中可应用的法规和原则来作出决定。仲裁决定都应该是最终的并对争端所涉

---

① 参见 Energy Charter Treaty, Article 26 (2)(a)(b)(c)。

② 参见 Energy Charter Treaty, Article 26 (4)(a)(b)(c)。

③ 参见 Iuliana Gabriela Iacob, Ramona Elisabeta Cirlig, The Energy Charter Treaty and Settlement of Disputes-Current Challenges, Juridical Tribune, Vol. 6, 2016, p. 74。

④ 参见 Thomas W. Waelde, International Investment under the 1994 Energy Charter Treaty: Legal Negotiating and Policy Implication for International Investors with Western and Commonwealth of Independent States/Eastern European Countries, Journal of World Trade, Vol. 29, 1995, p. 58. 转引自黄进主编:《中国能源安全若干法律与政策问题研究》, 经济科学出版社 2013 年版, 第 175 页。

⑤ 参见白中红:《〈能源宪章条约〉争端解决机制研究》, 武汉大学出版社 2012 年版, 第 66 页。

⑥ 参见 Kamal Gadiyev, Arbitration of Energy-Related Disputes under the Energy Charter Treaty, Global Jurist, Vol. 8, 2008, pp. 2-3。

及的缔约方具有约束力。[1] 这样的规定给缔约国提供了一个中立的争端解决途径,避免使一方受到另一方缔约国国内司法系统的偏见。[2]

三、国际海洋环境保护类国际公约

人类的工业活动会对环境产生潜在危害,油气工业也不例外。相较于向海洋倾倒废弃物,建筑、安装和移除工业设施,石油污染对海洋,沿岸国家的近海及其底土都会产生更大的危害。[3] 近海石油开发占世界石油生产总量的 30%,天然气生产占世界生产总量的一半。同时,近海油气资源的勘探和开发活动对海洋和陆地环境的污染与破坏也同样存在风险。[4] 深水地平线爆炸(the Deepwater Horizon Explosion)事故和石油泄漏(oil spill)给海洋环境带来严重破坏,并造成大规模的人员伤亡和财产损失。当时轰动全球的 2010 年的墨西哥湾石油泄漏事件,大约 490 万桶原油流入海洋,给海洋生态系统、渔业、健康和旅游业,带来重大损害。[5] 在海洋油气开发领域,也有不少因开发活动而导致海洋环境污染和破坏的案例。例如,马来西亚和泰国的管道工程遭到环保人士和当地居民,尤其是以捕鱼为生的居民,对管道工程给泰国湾海洋环境和生物资源造成的破坏,表示严重抗议。由于管道装置会向空气中释放许多有害物质,如水银、二氧化碳、二氧化氮和二氧化硫等,而水资源也会被

---

① 参见 Energy Charter Treaty, Article 27 (1)(2)(3)(f)(g)(h)。

② 参见 Wendy Simon-Pearson, One Belt, One Road, One Treaty: China's Energy Security and the Energy Charter Treaty, George Washington Journal of Energy and Environmental Law, Vol. 9, 2018, p. 116。

③ 参见 Brenda Barrett and Richard Howells, The Offshore Petroleum Industry and Protection of the Marine Environment, Journal of Environmental Law, Vol. 2, 1990, p. 53。

④ 参见 Cecilia A. Low, Marine Environmental Protection in Joint Development Agreements, Journal of Energy & Natural Resources Law, Vol. 30, 2012, p. 46。

⑤ 参见 Lakshman D. Guruswamy, International Environmental Law in a Nutshell, Thomson/West, 2012, p. 433。

水银和铅等有害物质污染，不可避免地威胁海洋生态环境，因而抗议者对管道工程带来的空气和水污染严重关切。如果马来西亚和泰国不立即采取措施，开发活动将进一步破坏泰国湾的海洋环境。[①]因此，海洋石油的勘探开发，可能产生与海洋环境污染和破坏有关的争端。在处理海洋油污问题上，还可能适用与海洋环境保护相关的国际公约。在2010年的墨西湾石油泄漏事件中，美国不仅遵循了《石油污染法》(Oil Pollution Act)、[②]《清洁水法》(Clean Water Act)等国内法，还依据《国际油污损害民事责任公约》(International Convention on Civil Liability for Oil Pollution Damage)的1984年和1992年议定书：当某一事件在一个或若干个缔约国的领土包括领海中造成油污损害，或已在上述领土包括领海中采取了防止或减轻油污损害的预防措施时，索赔诉讼可在上述一个或若干个缔约国法院发起。还有1994《联合国海洋法公约》和1971年《建立油污损害赔偿国际基金国际公约》(International Convention on the Establishment of an International Fund for Compensation for Oil Pollution Damage)，[③] 都为

① 参见 Clive Schofield, Maritime Claims, Conflicts and Cooperation in the Gulf of Thailand, Ocean Yearbook, Vol. 22, 2008, p. 83。

② 《石油污染法》制定的目的是预防和制止石油泄漏事故的发生，将石油污染的负面影响降至最低，并为石油污染的受害者提供足够有效的补偿机制。参见 Elli Sperdokli, Marine Insurance for Oil Pollution, Tort Trial & Insurance Practice Law Journal, Vol. 49, 2014, p. 632。《石油污染法》于1924年制定，于1990年和2010年进行了两次修订。《石油污染法》是海洋油污污染监管的专门法律。1990年《油污法》替代了《清洁水法》中关于清除和损害费以及溢油应急计划的大部分条款，规定了溢油事件发生后的应急处置、罚款数额，确立了油污损害赔偿基金制度。2010年《油污法》修订案提高了罚款额度。参见曲艳敏、赵锐、殷悦、陶以军、杨璐：《美国海洋油气开发环境保护管理对我国的启示》，载《科技管理研究》2018年第23期，第269页。

③ 《建立油污损害赔偿国际基金国际公约》通过设立油污损害赔偿基金的方式，完善有关国际油污损害的赔偿和补偿制度。该公约于1978年10月16日生效，1992年11月27日被修订并通过了《修正1971年建立油污损害赔偿国际基金国际公约的1992年议定书》，2003年5月16日在伦敦再次被修订并通过了《1992年设立国际油污损害赔偿基金国际公约的2003年议定书》。目前，该公约及其议定书适用于中国香港。参见贾辉：《国际投资环境保护之国家责任研究——以中国海外投资为视角》，中国政法大学博士学位论文2021年版，第214页。

采用诉讼手段解决石油污染事件提供了可靠的程序保障。①

除此之外，还有一些重要的国际公约，《经1978年议定书修订的1973年防止船舶造成污染公约》(International Convention for the Prevention of Pollution from Ships, 1973 as modified by the Protocol of 1978)②、《油类污染防备、响应和合作国际公约》(International Convention on Oil Pollution Preparedness, Response and Cooperation) 等，③ 也可作为海洋油污争端处理的法律依据。在区域性国际公约层面，《关于勘探开发大陆架引起海洋污染的议定书》④《关于保护

---

① 殷建平、任隽妮：《从康菲漏油事件透视我国的海洋环境保护问题》，载《理论导刊》2012年第4期，第92页。

② 该公约不仅适用于船舶油污，也调整海上钻井平台油污。其调整油类、生活污水、船舶垃圾等多种污染源造成的污染，并以减少船舶的操作性和事故性污染为目标，从技术、管理方面规定了防止船舶污染的措施。公约还建立了船旗国的监管责任。参见 Cecilia A. Low, Marine Environmental Protection in Joint Development Agreements, Journal of Energy & Natural Resources Law, Vol. 30, 2012, p. 53。

③ 公约明确将"近海装置"引发的海洋环境污染问题纳入规范范围。"近海装置"指从事天然气或石油的勘探、开发或生产活动或油的装卸的任何固定或浮动的近海装置。公约第三条至第八条分别从油污应急计划、油污报告程序、收到油污报告时的行动、国家和区域的防备和响应系统、油污响应工作的国际合作、研究和开发、技术合作、促进防备和响应方面的双边和多边合作等方面，建立起油污事故应急处理的科学、系统程序。参见高翔：《论国际海洋石油开发环境污染法律救济机制的构建》，载《中国海商法研究》2014年第2期，第33页。

④ 1989年，海湾国家颁布了《关于勘探开发大陆架引起海洋污染的议定书》。该议定书第2条对缔约国规定了两项一般性义务：第一，缔约国必须确保采取一切适当措施，减少和控制海上作业造成的海洋污染，同时考虑到最可能和最经济可行的技术；第二，无论是单独行动还是联合行动，缔约国都必须采取一切适当步骤来处理这种污染问题。参见穆彧：《海洋油气资源共同开发中环境保护法律问题研究》，沈阳工业大学2019年硕士学位论文，第15页。

海洋环境防止污染的科威特区域公约》及议定书、①《应对北海油污合作协议》等,② 也为区域性油污合作与治理起到了示范作用。

四、人权类国际公约

油气资源的开发,还可能存在侵犯人权的现象,因而可能适用到与人权相关的国际条约。虽然国际石油公司是经济发展的重要驱动力量,但它同时也可能带来一系列的环境与人权问题。③ 例如在尼日利亚发生的 Jonah Gbemre V. Shell Petroleum Development Company of Nigeria(以下简称"Gbemre V. Shell")一案就是一个较为典型的案例。

在非洲,尼日尔三角洲是世界上油气储藏最丰富的地区之一。1965 年,Shell PDC 在尼日尔三角洲地区发现了石油,在五十年的时间内,尼日利亚成为世界上最大的石油产油国之一。如今,石油收入已占到尼日利亚外汇收入的 90%,占国内生产总值的 9%。④

---

① 1978 年科威特、伊拉克等八国政府联合制定了旨在保护海湾地区环境的《关于保护海洋环境防止污染的科威特区域公约》及《关于在紧急情况下消除油类及其他有害物质造成污染的区域合作议定书》。公约第 7 条是对勘探开发大陆架和领海海床及底土资源污染的规定。根据该条,各缔约国应采取一切适当措施保护、减轻和防止海湾地区由于勘探开发大陆架、领海海床及底土而产生的污染,包括防止对海洋环境造成损害的事故和处理紧急污染事件。参见穆彧:《海洋油气资源共同开发中环境保护法律问题研究》,沈阳工业大学 2019 年硕士学位论文,第 15 页。

② 《应对北海油污合作协议》是第一个防范突发性海上溢油事故的公约,为全世界的海洋环境保护带来有益启示。它开创了区域合作的先例,为其他区域和国家提供了良好示范。参见贾欣:《西北太平洋区域海洋溢油应急合作机制研究》,上海海洋大学 2016 年硕士学位论文,第 19 页。

③ 参见 Erika George, Shareholder Activism and Stakeholder Engagement Strategies: Promoting Environmental Justice, Human Rights, and Sustainable Development Goals, Wisconsin International Law Journal, Vol. 36, No. 2, 2019, p. 302。

④ 参见 Jame R. May, Tiwajopelo Dayo, Dignity and Environmental Justice in Nigeria: The Case of Gbemre V. Shell, Widener Law Review, Vol. 25, 2019, p. 269。

在油气开发领域，石油和天然气总是相伴而生，发现了石油与就意味着发现了天然气。相较而言，从地层开采石油较为便宜，而且也易于运输。但天然气的开采和运输则更为复杂和昂贵。① 因此，石油公司常常在不具备开采和运输天然气的条件下，就只有将其焚烧。数十年来，尼日尔三角洲地区焚烧天然气，严重危害人类生命健康和生态环境。当地居民主要靠农业和捕鱼为生，而焚烧天然气使庄稼颗粒无收，严重威胁到他们的生计；并且长久的焚烧使当地呈现持续性白昼，给居民的生产和生活带来极大的不便。废气燃烧还直接导致不少当地居民患有各种各样的癌症，死亡率高，使该地区的平均寿命大幅度降低。此外，环境问题还引发了一系列的暴力和军事冲突，内乱频发，当地居民的生产生活受到巨大影响。②

巨大的油气储藏和油气产业的成功，使尼日利亚政府彻底忽视了国际石油公司开发活动所带来的负面影响，这些国际石油公司在日常开发活动中完全没有做过环境影响评价，这导致尼日利亚开始从油气开发获益的同时，环境问题也相伴而生了，而石油泄漏和天然气焚烧是尼日利亚环境问题产生的两大要因。③ Shell PDC 是尼日尔三角洲地区焚烧天然气最多的国际石油公司，当地的部族居民深受其害。早在 1985 年，以 Jonah Gbemre 为代表的当地部族居民就善意地请求 Shell 停止焚烧，而 Shell PDC 无视他们的请求并继续焚烧，于是 Jonah Gbemre 向当地政府部门寻求法律救济，但这些

---

　　① 参见 Jame R. May，Tiwajopelo Dayo，Dignity and Environmental Justice in Nigeria：The Case of Gbemre V. Shell，Widener Law Review，Vol. 25，2019，p. 270。

　　② 参见 Bukola Faturoti，Godswill Agbaitoro，Obinna Onya，Environmental Protection in the Nigerian Oil and Gas Industry and Jonah Gbemre V. Shell PDC Nigeria Limited：Let the Plunder Continue？African Journal of International and Comparative Law，Vol. 27，2019，pp. 226-227。

　　③ 参见 Bukola Faturoti，Godswill Agbaitoro，Obinna Onya，Environmental Protection in the Nigerian Oil and Gas Industry and Jonah Gbemre V. Shell PDC Nigeria Limited：Let the Plunder Continue？African Journal of International and Comparative Law，Vol. 27，2019，pp. 228-229。

努力均告失败。① 最终，Jonah Gbemre 代表当地居民向联邦高等法院（Federal High Court of Nigeria）起诉，认为 Shell PDC 的焚烧行为侵害了人民的基本权利，并依据《尼日利亚联邦共和国宪法》（Constitution of the Federal Republic of Nigeria）、《非洲人权与人民权利宪章》（African Charter on Human and Peoples' Rights）、《环境影响评价法》（Environmental Impact Assessment Act）等，请求法院判决停止 Shell PDC 的焚烧行为。对此，法院支持了原告的此项诉求，判令 Shell PDC 及其他相关国际石油公司停止焚烧行为。② 但遗憾的是，上诉法院（appellate court）否定了初审法院的判决，诉讼并未产生实际效果，③ Shell PDC 及其他国际石油公司仍然继续肆意焚烧。④ 但从法律效果而言，这个案件标志着人们对人权与环境之间的司法联系逐渐关注，越来越多的法院也意识到环境保护与人权保护之间密不可分。⑤ 除了天然气焚烧引发的人权诉讼，因石油污染引发的尼日利亚当地居民与 Shell PDC 之间的争端也愈演愈烈。Shell PDC 雇佣尼日利亚武装力量为其各项设施设备提供安全保护，但这些武装力量逮捕和杀害了多名为当地民众生存而抗争的环境进步人士，严重侵害了当地居民的基本人权与自由，导致受害者在美

① 参见 Jame R. May, Tiwajopelo Dayo, Dignity and Environmental Justice in Nigeria：The Case of Gbemre V. Shell, Widener Law Review, Vol. 25, 2019, p. 272。

② 参见 Eferiekose Ukala, Gas Flaring in Nigeria's Niger Delta：Failed Promises and Reviving Community Voices, Washington and Lee Journal of Energy, Climate and the Environment, Vol. 2, 2010, pp. 107-108。

③ 参见 Ashley Palomaki, Flames Away：Why Corporate Social Responsibility Is Necessary to Stop Excess Natural Gas Flaring in Nigeria, Colorado Natural Resources, Energy & Environmental Law Review, Vol. 24, 2013, P. 520。

④ 参见 Ifeany I. Onwuazombe, Human Rights Abuse and Violations in Nigeria：A Case Study of the Oil-Producing Communities in the Niger Delta Region, Annual Survey of International and Comparative Law, Vol. 22, 2017, p. 134。

⑤ 参见 Jame R. May, Tiwajopelo Dayo, Dignity and Environmental Justice in Nigeria：The Case of Gbemre V. Shell, Widener Law Review, Vol. 25, 2019, p. 281。

国对 Shell PDC 提起诉讼。①

在印度尼西亚，也有类似的案件发生。国际石油巨头埃克森石油公司与印度尼西亚政府签订了独家经营协议，其在印度尼西亚亚齐省经营多年。埃克森石油公司雇佣印度尼西亚军队为其在亚齐的天然气田和设备提供安全保护。为埃克森石油公司提供安全保护的士兵经常袭击亚齐当地的村庄和居民，② 他们被指控要对亚齐居民的谋杀、失踪、误杀、性侵、错误监禁等一系列侵犯人身权利的行为负责。被袭击的幸存者起诉埃克森石油公司，指控埃克森石油公司为那些侵犯他们生命与财产安全的士兵提供武器装备，以维持埃克森石油公司在亚齐的经济利益。在这项诉讼中，这些幸存者陈述了当地居民被受到埃克森石油公司指使的士兵残暴虐待和折磨，请求从埃克森石油公司得到补偿，并对埃克森石油公司作出惩罚性赔偿，以及一项禁止埃克森石油公司今后再次发生此类事件的禁令。③

可见，在油气开发领域，国际石油公司对个人，广泛地侵犯人权的现象时有发生，受害者不仅能援引一国的宪法，还可以援引类似于《非洲人权与人民权利宪章》等区域性国际人权公约作为争端解决的法律依据。因此，国际人权条约，尤其是重要的区域性人权公约，如《欧洲人权公约》(the European Convention on Human Rights)、《美洲人权公约》(the American Convention on Human Rights) 和《非洲人权与人民权利宪章》等，均可以作为共同开发与人权有关的争端解决适用的法律。至于具体可适用哪一个，则需要

① 参见 Erika George, Shareholder Activism and Stakeholder Engagement Strategies：Promoting Environmental Justice, Human Rights, and Sustainable Development Goals, Wisconsin International Law Journal, Vol. 36, 2019, p. 308。

② 参见 Erika George, Shareholder Activism and Stakeholder Engagement Strategies：Promoting Environmental Justice, Human Rights, and Sustainable Development Goals, Wisconsin International Law Journal, Vol. 36, 2019, p. 306。

③ 参见 Erika George, Shareholder Activism and Stakeholder Engagement Strategies：Promoting Environmental Justice, Human Rights, and Sustainable Development Goals, Wisconsin International Law Journal, Vol. 36, 2019, p. 307。

依个案的特殊情况而定。

本 章 小 结

由于现有的海上共同开发协定和开发合同并未对争端解决所适用的法律做出事先约定，而且许多已产生的争端并未公开，无法从中获取与争端解决适用的具体信息，因此对其进行梳理实在是件棘手的工作。但是争端解决所适用的法律是争端解决机制的另一重要组成部分，它与争端解决的方法共同构成了争端解决机制的两大核心。因此，本章是在尽可能多地研读相关资料的基础上，总结出海上共同开发争端解决所适用的法律。

海上共同开发争端解决所适用的最直接的法律依据就是海上共同开发协定、共同开发合同，以及专门的法律规则，例如税收法规、自然资源法规、环境保护法规、检查与安全相关的程序法规等。这些协定、合同及专门法规，具体规定了各主体的权利义务，是共同开发活动进行的必备的法律要素，并能为共同开发争端的解决提供最优先的法律指引。

共同开发主体可以在协定或合同中预先约定争端解决所适用的法律。双方既可约定适用其中一方当事国的国内法，也可约定适用第三国的法律，还可以直接适用双方国内法中共同的法律原则，来解决共同开发争端。若双方没有约定的，可以依仲裁地所属国的冲突法来确定合同适用的准据法，或者是授权仲裁庭来决定争端适用的法律。在这种情形下，争端解决可能会适用一方当事国的国内法或第三国的法律，甚至还可能适用国际法，包括国际条约、国际惯例、一般法律原则等。这种确认争端解决的法律适用的方法，既充分尊重了当事主体的意思自治，又维护了国际司法机构的权威，在国际投资仲裁中被广泛运用。

值得注意的是，在油气争端中，有部分适用国际条约的规定来作为争端解决的法律适用的案例。这些案例适用的国际条约种类较多，争端的内容也大不相同。除了《联合国海洋法公约》外，主要涉及国际能源类、国际人权保护类和国际海洋环境保护类等领域的条约。尤其是近海油气开发活动因不符合作业规则，或管理不到位，经常会引发石油泄漏，给海洋环境和当地居民生命安全甚至基本人权都造成了不利影响，因而国际人权和海洋环境保护方面的国际公约和区域性国际公约，为维护受害者的合法权益，规范和惩罚违反国际条约义务的责任主体，起到了重要的法律依据。

需要说明的是，以上是依据现有的国际民商事领域争端解决机制，来对共同开发争端解决适用的法律进行的梳理，反映了共同开发争端解决的法律适用与国际民商事争端解决法律适用之间的紧密关系，即前者适用的法律包含但又区别于后者适用法律的范围。前者遵循了后者确定国际民商事争端解决法律适用的一般原理和方法，前者适用的法律范围也被包含于国际民商事法律之中。但是前者适用的法律范围又区别于后者，即前者还能适用自己独有的共同开发协定、开发合同和专门的法律规范。

第五章　海上共同开发争端
解决机制的完善

通过前几章的论述，不难发现，海上共同开发争端解决机制在理论与实践中的重视程度不够。但争端解决解决机制是保障共同开发活动顺利进行，维护各主体权益的最后一道屏障，因而对于争端解决机制的完善十分必要。完善的具体措施应该是多方面的，从理论上而言，包括但不限于提高对争端解决机制重要性的认识、加强对争端的预防和管理、扩大和丰富各争端解决方法的运用、增加对争端解决法律适用的一般性约定等。

第一节　海上共同开发争端解决机制的
缺陷及其完善

一、现有的海上共同开发争端解决机制存在诸多缺陷

稳定的法律框架和充足的法律机制保障，是维持政府与投资者、服务提供者之间良性关系的重要因素。尤其是在高风险且资金密集的油气产业，法律保障就更加重要。[①] 但是由于多种原因，共同开发争端解决的法律机制被严重低估和忽视，实践中也暴露出诸多问题。

---

① 参见 Tim Hunter, Thomas Storey, Oil and Politics Apparently Do Mix: The Role of Multinational Resource Corporations in national Sovereignty, Asia Pacific Law Review, Vol. 16, 2008, p. 131。

(一)争端的预防被忽视

事先做好对争端的预防是比较可取的。① 虽然本书一直都在强调争端产生后如何解决，但对争端的预防与争端的解决是同样重要的。从经济层面看，争端预防的目的是要使各项开发活动能按照既定安排顺利向前推进，减少不必要的纠纷和损失，维持各开发主体间利益的平衡；从法律层面看，争端预防的目的是确保和促进共同开发的各项制度能得到遵守，更好地为共同开发主体提供行动指南；从政治层面看，争端预防的目的是要深化各开发主体间的友好合作，在争议海域还能为最终划界打下良好的基础。争端预防措施应当事先体现在法律文本中，与其他机制统筹协调，一体推进。但实践中，争端的预防被严重忽视。在众多共同开发协定中，几乎没有专门针对争端进行预防的法律条款，其他相关的制度设计也并不完善。

(二)海上共同开发协定的争端解决条款未受到重视

相较于海上共同开发协定的其他规定而言，争端解决条款并未受到足够的重视。原因可能是复杂的，其一在于当事国将跨界的共同开发认定为一项经济活动或工业活动，争端出现后再依据相关的产业实践即可解决，因而未认识到争端解决条款的重要性。其二在于当事国认为共同开发协定是顶层设计，只需纳入双方认为最紧要的内容形成框架协定即可，不必将所有内容都规定得那么具体细致。其三在于当事国对共同开发的预期，以及对共同开发推进的决心均有所不同，认为争端解决不必事先郑重对待，可按情势的发展变化再行商定。其四在于共同开发本身是个系统性的活动，其中的各个环节和涉及的利益链条纷繁复杂，在还未开始实质性的开发活动前，暂且无法有效地对后续可能出现的争端作出准确预判，笼统地规定可以为后续的处理留有余地。但即便如此，一个完整有效的

---

① 参见 Anthony Connerty, Manual of International Dispute Resolution, Commonwealth Secretariat, 2006, p. 9。

争端解决机制被事先确定在共同开发协定等法律文本中，不仅可以增强共同开发主体推进共同开发的信心，也能保障其他机制的实施，因而是有必要受到重视的。实践中，争端解决条款未被重视的现象较为普遍，主要表现在以下两个方面。

其一，许多海上共同开发协定的争端解决条款的内容过于单薄。共同开发协定更多侧重于共同开发区的划定、管辖权和利益的分配等问题，这些内容占共同开发协定篇幅的绝大部分，而争端解决条款只有一两条，显得很单薄，实践中这种情况较为普遍；① 有的甚至仅有一句话，如《牙买加与哥伦比亚划界条约》第 7 条、《澳大利亚与东帝汶特定海上安排条约》第 11 条等，均是和平解决争端的原则性表述，而且也没有相应的附件对争端解决条款进行补充，来具体地指导共同开发争端的解决。这样的规定过于简单，缺乏实用性，使争端主体难以获取到有价值的参照。

其二，未将争端解决条款视为海上共同开发协定的主体内容之一。很多共同开发协定将争端解决条款置于"杂项"或"一般规定"中，与协定的生效、终止、期限等事项等同，并未将争端解决作为协定的主体内容之一。例如，《马来西亚与泰国 1990 年协定》第 7 章，将争端解决条款放入"杂项规定"中；《弗里格协定》将争端解决条款归入"一般规定"中；《塞舌尔与毛里求斯马斯克林条约》也将争端解决与条约的有效期归为一类。可见，以马来西亚与泰国、英国与挪威、塞舌尔与毛里求斯等为代表的共同开发当事国都未足够重视争端解决问题。这一做法极易让人忽视争端解决条款的存在，大大减损了争端解决条款的作用和价值。

(三)海上共同开发争端解决方法的运用单一且笼统

海上共同开发争端解决方法单一且笼统，主要表现在如下几个

---

① 如《马来西亚与泰国 1990 年协定》中有关财务和税收问题的规定就有 8 条，并且每条又包含若干款项，占该协定篇幅的 1/3，而有关争端解决的内容只有单薄的 1 条。《澳大利亚与印尼帝汶缺口条约》中规定的内容较为全面，但第七部分的争端解决也仅有 1 条。

方面。

其一，争端解决的方法种类单一。现有的争端解决方法有许多，而海上共同开发争端解决主要依赖协商或谈判，以及仲裁，而其他的争端解决方法，如调解等并未被广泛运用。这将直接导致后续海上共同开发争端解决片面地效仿以前的实践，将着眼点限制在协商或谈判，以及仲裁，缩小了争端主体选择解决方法的范围和种类，不能更好地满足海上共同开发争端解决的现实需要。

其二，对争端解决方法的运用不够灵活。现有的海上共同开发争端解决方法的运用较为僵硬，要么笼统地规定适用方法，要么设置优先序列，而未在争端解决条款中明确可同时或交叉运用两种或两种以上方法，未能意识到混合方法运用的重要性。① 前述东帝汶诉澳大利亚国际仲裁案的实践已经证明，共同开发争端的解决完全可以同时或交叉运用仲裁和谈判两种方法，而且有关的共同开发协定还为这一做法提供了法律依据。例如，《帝汶海条约》第23条附件B(g)明确规定，在仲裁庭作出裁决之前的任何阶段，澳大利亚和东帝汶还可以友好地解决争端。《Sunrise 和 Troubadour 开发协定》附件4争端解决程序也重申了这一做法。但遗憾的是，在其他的共同开发协定中并未见到类似规定。

其三，未将不同类型、不同主体之间争端的解决方法分类。共同开发争端解决条款中，只是笼统地规定，在争端出现后适用协商或谈判，仲裁，专家裁决等，而未对各方法适用的争端类型和争端主体进行分类。现有的实践中，《尼日利亚与圣多美普林西比共同开发条约》是正面代表，它专章规定了争端的解决问题，将争端分为联合管理局与私营企业之间争端的解决，联合管理局或委员会工作中产生的争端的解决，以及国家间未决争端的解决三大类，对每

---

① 参见 Anna Spain, Integration Matters: Rethinking the Architecture of International Dispute Resolution, University of Pennsylvania Journal of International Law, Vol. 32, 2010, p. 6。

一类又规定了较为详细的做法。① 尼日利亚和圣多美普林西比的这一做法是值得借鉴的，但遗憾的是，这一做法并未被后续的其他国家的共同开发协定所效仿。当一项复杂的争端出现后，必须首先厘清争端主体和事项，将争端进行定性和分类，进而选择合适的解决方法。而共同开发争端解决条款直接省略了这一步，将不同争端原本就应该适用的相应的解决方法，交由争端主体来决定，而不是直接依据共同开发协定的规定，拉长了争端解决的周期。

（四）海上共同开发争端解决所适用的法律缺位

完整的争端解决机制包含解决争端的方法和解决争端适用的法律两大核心内容。现有的共同开发争端解决条款只是简单地规定了前者，较少地提及解决争端可适用的法律。这导致在梳理和总结争端解决可适用的法律时，较为困难。共同开发争端解决可适用的法律缺位，一方面是由于争端解决条款本身未受重视，更重要的是因为共同开发争端涉及的问题和主体复杂多样，可适用的法律具有高度不确定性和强烈的主权属性，难以在共同开发争端解决条款中被预先安排，使得争端解决可适用的法律这一问题在设计条款时被回避。争端主体只能在具体的争端解决中选择可适用的法律。虽然争端解决条款不包含可适用的法律情有可原，但从争端解决机制完整性的角度而言，是有缺失的。

（五）对国际石油公司缺乏有效的规制

一方面，对国际石油公司的开发活动缺乏有效的监管。国际石油公司是共同开发活动最重要的执行者与参与者，对国际石油公司加强监管，使得一切活动都符合规范，直接关系到共同开发活动的

---

① 参见《尼日利亚与圣多美普林西比共同开发条约》第十一部分僵局和争端的解决第 47 条至 49 条。第 47 条为联合管理局与私营企业之间争端的解决，第 48 条为联合管理局或委员会工作中产生的争端的解民，第 49 条为国家间未决争端的解决。虽然只有 3 条，但每条都有许多款和项，较为详细地规定了争端解决的原则和具体方法。

推进，符合共同开发当事国和国际石油公司双方的长远利益。但现实中，由于共同开发当事国不具备油气开发的资金、技术等条件，只能依赖国际石油公司，当事国与国际石油公司之间的关系不对等，国际石油公司甚至能影响当事国的内政和外交，以及法律的制定。① 国际石油公司为了获取最大的经济利益，不惜牺牲和破坏当地民众的生存环境。而共同开发当事国为了获得短期的经济收益，也放纵国际石油公司的违法违规行为，加上共同开发当事国在法律和监管制度等方面均不完善，无法对国际石油公司形成有效的约束和管理。例如在尼日利亚开展作业的国际石油公司，因尼日利亚政府追求短期经济利益，而忽视甚至没有能力对国际石油公司进行监管。国际石油公司采用不合格的环境、健康和安全标准，引发一系列安全事故和环境问题。② 因此，加强对国际石油公司各项作业的监管实属必要。

另一方面，对国际石油公司在争端解决中的作用缺乏明确定位。除了争端当事方外，一项争端可能牵涉其他主体，这些非当事主体，尤其是国际石油公司，对争端的发展及解决可能产生重要影响。但是在争端解决条款中，并未提及这些非当事主体。实践表明，国际石油公司可能会对争端产生推波助澜的作用，或者利用自己的优势地位，不惜以牺牲当事国及其国民利益为代价，获取不正当商业利益，为共同开发争端产生乃至恶化埋下了隐患。例如在《澳大利亚与东帝汶特定海上安排条约》谈判期间，澳大利亚在东帝汶会议室的墙壁内安装窃听设备，对东帝汶实施窃听行为。其实除了澳大利亚情报机构之外，澳大利亚石油巨头 Woodside 公司也知晓并参与了对东帝汶的窃听行动。此外，Woodside 公司还通过影响澳大利亚政府对帝汶海争议海域石油资源的外交政策，来确保

---

① 参见 Tim Hunter, Thomas Storey, Oil and Politics Apparently Do Mix: The Role of Multinational Resource Corporations in national Sovereignty, Asia Pacific Law Review, Vol. 16, 2008, p. 112。

② 参见 Ifeany I. Onwuazombe, Human Rights Abuse and Violations in Nigeria: A Case Study of the Oil-Producing Communities in the Niger Delta Region, Annual Survey of International and Comparative Law, Vol. 22, 2017, p. 117。

其在 Greater Sunrise 中的能源利益。① 对于从 Greater Sunrise 勘探和
开发的天然气资源的管道终端应安装在何处的问题,东帝汶主张应
设在帝汶(Timor),而澳大利亚则主张安装在达尔文(Darwin)。
Woodside 提出了一份报告,认为应选择浮动天然气装置(floating
natural gas facility,FLNG)或将管道安装至达尔文。②③ 东帝汶对此
表示强烈不满,Bayu-Udan 油田终端已经设置在澳大利亚,若再将
Greater Sunrise 终端设在澳大利亚,东帝汶将享受不到下游石油加
工产业带来的巨大利益。④ 东帝汶已着手建设其近海石油工业,
Woodside 的提议不仅无益于东帝汶石油工业基础设施的建设,也
无益于拉动东帝汶国内的就业。对此,东帝汶坚决否定这一方案,
并拒绝与澳大利亚外长和能源资源部长就此开展讨论。⑤ Woodside
与东帝汶意见相左,双方无法达成有效的开发计划,给了东帝汶和
澳大利亚终止 CMATS Treaty 的机会。而终止 CMATS Treaty 于东帝
汶无实质意义,东帝汶不满足于仅仅从 Greater Sunrise 油田中获取
的上游的短期利益,而是要将 Greater Sunrise 作为推动其国内石油

---

① 参见 Tim Hunter, Thomas Storey, Oil and Politics Apparently Do Mix:
The Role of Multinational Resource Corporations in national Sovereignty, Asia Pacific
Law Review, Vol. 16, 2008, p. 112。

② 参见 Gillian Triggs, The Timor Sea Treaty and the International Unitisation
Agreement for Greater Sunrise: Practical Solutions in the Timor Sea, Australian Year
Book of International Law, Vol. 23, 2004, p. 168。

③ Woodside 公司经过前期评估,认为东帝汶经济不发达,有经验的工
人较少,基础设施匮乏,没有当地依托,若采用陆地建设 LNG 工厂的方式,
费用较高,因此力主通过 FLNG 方案来开发该项目。但是东帝汶政府认为
FLNG 方案大部分工作量发生在第三国,对于东帝汶的经济和就业贡献有限,
同时东帝汶政府担心 FLNG 船在海上容易成为恐怖分子的攻击目标,因此坚
决反对 FLNG 方案。参见姚震、吕东梅:《西澳大利亚液化天然气项目现状及
前景》,载《国际石油经济》2016 年第 11 期,第 41 页。

④ 参见 Clive Schofield, A "Fair Go" for East Timor? Sharing the Resources
of the Timor Sea, Contemporary Southeast Asia, Vol. 27, 2005, p. 274。

⑤ 《东帝汶时政简讯》,参见中华人民共和国驻东帝汶民主共和国大使
馆经济商务处网站:http://easttimor. mofcom. gov. cn/aarticle/jmxw/201005/
20100506926343. html,最后访问日期 2021 年 9 月 11 日。

工业发展和政治稳定的平台。因此，东帝汶索性彻底地否定 CMATS Treaty，寻求划界谈判，以对 Greater Sunrise 油田获取全部和长远的收益。可见国际石油公司对东帝汶与澳大利亚之间的争端产生了负面影响。

因此，在不影响国际石油公司正当利益的情况下，对国际石油公司的行为进行规范和约束，使其不得对争端产生不利影响，是十分必要的。在适当条件下，国际石油公司还可为争端主体提供沟通与交流的平台，促进争端的解决，但实践中国际石油公司并未发挥这一功能。由于国际石油公司逐利的本质，以及其与当事国之间存在千丝万缕的利益勾连，从经济安全、能源安全和可持续发展的角度，有必要对国际石油公司进行规制。

二、完善海上共同开发争端解决机制

(一) 加强对海上共同开发争端的预防

加强争端的预防就必须建立和完善相关的法律安排或法律机制。具体可从以下几个方面着手：其一是要完善协定或合同条款，为共同开发主体提供准确的指引，以增强开发主体行为的合法性与行为结果的可预测性。这是加强争端预防最基本的措施。虽然实践中许多共同开发协定都是原则性的条款，但后续的合同应当对共同开发协定作详细的补充，与共同开发协定形成配套。其二是要加强风险识别与防范。油气开发本身属于高风险产业，当事国和石油公司都应当具备风险意识，对不同层级的风险制定相应的反应机制，尽可能规避和降低风险。其三是要建立信息共享机制，以增强开发主体间的透明度与信任度。其四是要完善监督机制，以增强开发主体的规则意识。建立信息共享机制和完善监督机制为争端的预防提供了制度支持。这部分内容将在本章第二节详细论述。

(二) 重视海上共同开发协定中的争端解决条款

争端解决条款在海上共同开发协定中起着重要作用，它不仅有

助于平衡外交关系,① 还能为争端的解决提供一个友好、公正的平台和氛围,促进争端的解决。② 为此,应从以下两个方面着手:

一是要明确定位争端解决条款,将其作为海上共同开发协定的主体内容之一,这是完善争端解决机制的前提。共同开发的任何阶段都有可能产生争端,如何避免争端并有效地解决争端,不仅关系到共同开发各主体的重大利益,甚至会影响到共同开发主体力量间的平衡。因此,争端解决条款应同共同开发区的划定、财税安排、管辖权分配等事项一起,共同构成共同开发协定的主体内容,而不应与主体内容分割开来。

具体而言,就是应将争端解决条款从"杂项"或"一般规定"中分离出来,作为独立的内容呈现在共同开发协定中。作为主体内容之一,争端解决条款虽然置于共同开发协定的末端,但这并非表示其不重要。置于末端仅仅表示争端的解决处于某开发事项的一个末尾环节,因此同样要慎重对待。对这一问题做得比较好的是《尼日利亚与圣多美普林西比共同开发条约》,该条约将争端解决作为一个独立的部分,与共同开发区、联合管理局、财政等主体内容并列存在,而非附属于某一部分。还有《美国与墨西哥油气协定》也将争端解决单独作为一章,与杂项条款区别开来。因此,完善争端解决机制可以从这方面仿效这两个共同开发协定的做法,突出争端解决条款的独立性和重要性。

二是要丰富争端解决条款的内容,使争端解决机制有血有肉,立体全面。争端解决条款规定越详细具体,其可适用性越强。这就要求共同开发当事国在设计争端解决条款时,要全面考虑争端解决相关的内容,如争端的种类、争端的预防和管理、争端解决的方法、争端适用的法律、未决争端的处理等,从而为可能出现的情况

---

① 参见 Robert Beckman, Ian Townsend Gault, Clive Schofield（eds.）, Beyond Territorial Disputes in the South China Sea, Edward Elgar, 2013, p. 175。

② 参见 Thomas Walde, Negotiating for Dispute Settlement in Transnational Mineral Contracts: Current Practice, Trends, and an Evaluation from the Host Country's Perspective, Journal of International Law and Policy, Vol. 7, 1977, pp. 42-43。

提供法律指导。

(三)促进海上共同开发争端解决方法的多样化

促进海上共同开发争端解决方法的多样化,可从如下两方面进行。

其一是要增加争端解决方法,如增加以调解为代表的第三方介入的方法。由于调解是常见的替代性争端解决方法之一,在国际民商事领域和国际公法领域经常适用,而共同开发争端也涉及这些类型,因而可将调解作为争端解决的方法之一。这一问题将在本章第三节详细论证。

其二是要对多种争端解决方法进行组合或衔接。基于特殊需要而将不同的方法进行组合或衔接,[1] 可以弥补单一方法的不足,做到优劣互补。例如,调解缺乏法律强制力,而仲裁正好能弥补这一不足;而调解相比于仲裁更自由灵活,二者相配合能起到更好的效果。[2] 在现有的共同开发争端解决实践中,已经存在将谈判、调解与仲裁相结合的先例。例如,在东帝汶与澳大利亚共同开发案中,东帝汶于 2013 年 4 月 23 日向国际常设仲裁法院提起仲裁。在仲裁过程中,东帝汶与澳大利亚又于 2014 年 9 月 1 日共同请求仲裁庭中止庭审程序,双方将通过谈判友好地解决争端。在谈判失败后,东帝汶又于 2015 年 12 月 21 日告知仲裁庭,决定重启仲裁程序。并且在仲裁终止前,于 2016 年 4 月 11 日依据《联合国海洋法公约》附件五的规定向澳大利亚提起了强制调解程序。可见,谈判、调解与仲裁是可以交叉使用的。由于在已有的共同开发协定中,鲜有对调解的规定,因而本章将主要论述调解与仲裁相组合。将调解与仲裁相结合已被许多国家的司法实践所运用,共同开发争端的解决也

---

① 参见 Joseph Shade, The Oil & Gas Lease and ADR: A Marriage Made in Heaven Waiting to Happen, Tulsa Law Journal, Vol. 30, No. 4, 1996, p. 618。

② 参见 Anna Spain, Integration Matters: Rethinking the Architecture of International Dispute Resolution, University of Pennsylvania Journal of International Law, Vol. 32, 2010, pp. 42-43。

可以选择运用这一争端解决模式。这一问题将在本章第四节详细论证。

(四)明确海上共同开发争端解决适用的法律

虽然现有的共同开发争端解决机制都回避了法律适用，可见预先明确争端解决适用的法律并非易事，但从争端解决机制的完整性而言，有必要尽可能克服这一困难。由于可能产生的争端多种多样，不可能非常具体地确定哪一项争端适用哪一国的法律，但可以预先确定法律选择的方法和应遵循的原则，为争端解决的法律适用提供指导。例如，可在争端解决条款中规定，争端产生后，可由争端主体自主约定争端应适用的法律。无法就法律适用达成一致的，若是通过仲裁解决争端的，则由仲裁庭决定争端解决所适用的法律：可以是一方当事国的国内法，也可以是双方当事国共有的法律原则，还可以依据公平原则适用第三国的法律以及相关的国际法规则。

(五)加强对国际石油公司的定位和规制

一方面，要加强对国际石油公司作业的监管，强化国际石油公司的社会责任，使其各项开发活动都符合既定标准或国际惯例，尽可能不对海洋环境与安全产生负面影响。这是对国际石油公司提出的基本要求，国际石油公司应严格贯彻执行。

另一方面，要明确定位国际石油公司在争端解决中的角色与作用。要充分吸取现有的教训，在国际石油合同的争端解决条款中明确定位国际石油公司的角色和作用。在国际石油公司作为非争端方，并且与争端无利害关系的情况下，国际石油公司可以充当第三方调解员的角色而促进争端的解决。由于国际石油公司主导共同开发活动的进行，争端可能造成共同开发活动的迟滞，给国际石油公司带来不利影响，而且国际石油公司对开发活动最为熟悉，可能会了解相关争端的具体情况，因此国际石油公司可以为争端的解决提供信息或创造有利条件。在国际石油公司作为争端当事方的情况下，国际石油公司要通过合理合法的方式解决争端，不得以牺牲资源国的利益为代价，为自己创造不正当利益和优势。而且国际石油公司还要坚持谨慎克制的原则，在争端产生后及时采取补救措施，避免争端的延续和扩大，给自己和对方造成不必要的损失。尤其是因国际石油公司的开发活动造成海洋环境污染的情况下，国际石油公司更要及时采取行动，以免殃及第三国。

国际石油公司对争端解决的角色和作用既可以在国际石油合同中予以明确，也可以在争端出现后，对国际石油公司的作用予以约定。最根本的是，国际石油公司自身要有责任感，要强化大局意识，坚持互利互惠，不得为追求不正当的短期利益而损害他方，甚至影响共同开发活动的推进。

第二节　加强对争端的预防

一、完善协定或合同条款

海上共同开发争端产生的原因之一，就是共同开发协定或国际石油合同条款规定简单模糊，无法为开发主体提供确定的法律指引。因此，要预防争端，首要的便是要进一步完善和丰富协定或合同条款，进一步明确各主体的权利义务，尽可能避免各主体因协定或合同条款的解释与适用产生争端。

二、加强风险识别与防范

(一)准确地识别各种潜在风险

准确地识别风险，是进行风险防范的前提，更是进行争端预防的重要环节。现实中并没有一个适用于一切情形的风险防范的方法，[1] 要具体情况具体分析。在共同开发中，要准确地识别对方当

---

① 参见 Stephanie Stimpson, Jay Todesco, Amy Maginley, Strategies for Risk Management and Corporate Social Responsibility for Oil and Gas Companies in Emerging Markets, Alberta Law Review, Vol. 53, 2015, p. 267。

事国可能存在的各种潜在风险。首先，要广泛地搜集和分析各种信息，包括对方当事国能源开发的法律政策和能源战略目标，以及其有关海洋能源开发的具体实践等，为识别风险提供物质基础。其次，在搜集信息的基础上，客观地评估对方当事国国内环境，包括其政治环境、经济发展水平和文化传统等。最后，在搜集信息和评估对方当事国国内环境的基础上，系统准确地识别与对方当事国进行共同开发可能会面临的潜在风险。可以将风险按类识别，将风险分为政治风险、经济风险、法律风险、技术风险、环境风险和文化风险等；也可以依据海洋能源开发的阶段，提炼出各开发阶段存在的潜在风险，如海洋能源的勘探阶段、开采阶段、销售阶段等各存在哪些风险；还可以按照不同的合同模式，分析出各自不同的风险，如产品分成合同存在哪些风险、联合经营合同又存在哪些风险。最终采取何种方式将风险归类，取决于石油公司材料搜集的情况和评估的方法。

(二)重视"稳定条款"

在对风险进行分析和总结后，如何预防和规避风险成为了关键。国际石油合同中，常有一系列机制来控制和规避风险。[①] 对于国际石油公司，除了要进行科学规范的投资决策、严格按照合同要求的作业标准进行开发活动外，从法律的角度而言，国际石油公司还要重视合同中的"稳定条款"(stabilization clause)。"稳定条款"可以降低石油公司可能面临的政治和法律风险，在国际石油合同中被广泛应用,[②] 尤其普遍存在于发展中国家与外国石油公司之间订立

---

① 参见 A. Timothy Martin, Dispute Resolution in the International Energy Sector: An Overview, Journal of World Energy Law and Business, Vol. 4, 2011, p. 22。

② 参见 J. Nna Emeka, Anchoring Stabilizing Clauses in International Petroleum Contracts, The International Lawyer, Vol. 42, 2008, p. 1317。

的合同中。①

国际石油合同中的稳定条款是指"一国通过合同或立法条款，向外国投资者作出承诺，保证外国合同当事人的合法权益不致因该国法律或政策的改变而受到不利影响。例如，某一石油合同的稳定条款规定：国家保证在协议签署后，任何可适用的法律或法规将不构成对本协议给予公司的保证、权益或权利的任何限制"。② "稳定条款是通过限制资源国的立法和行政权力，将资源国与外国石油公司立约时的法律环境固定下来"，③ 保护和稳定石油投资。④ 在石油领域，"稳定条款"主要被分为两类：传统的冻结条款(traditional freezing clause)和现代的混合型稳定条款(modern hybrid-stabilization clause)。前者是指冻结合同适用的法律、财税安排和其他基本的投资条件。合同只受合同生效时的法律规制，不受任何后续的与合同生效时的法律不符的法律法规影响。⑤ 后者引入了补偿机制(adaptation mechanism)，即资源国必须要维持与外国石油公司之间的利益平衡，⑥ 当资源国的后续立法发生根本变化，增加了外国石

---

① 参见 A. F. M. Maniruzzaman, The Issue of Resource Nationalism: Risk Engineering and Dispute Management in the Oil and Gas Industry, Texas Journal of Oil, Gas and Energy Law, Vol. 5, 2009, 95。

② 参见 Norbert Horn, Adaption and Renegotiation Contracts in International Trade and Finance, Kluwer, 1985, p. 128；转引自秦朗：《国际石油合同风险控制浅析》，载《国际石油经济》2012 年第 12 期，第 53 页。

③ 王贵国：《国际投资法》，北京大学出版社 2008 年版，第 141 页。

④ 参见 Piero Bernardini, Stabilization and Adaption in Oil and Gas Investments, Journal of World Energy Law & Business, Vol. 1, 2008, p. 100。

⑤ 参见 Thomas W. Waelde, George Ndi, Stabilizing International Investment Commitments: International Law Versus Contract Interpretation, Texas International Law Journal, Vol. 31, 1996, p. 260。

⑥ 参见 A. F. M. Maniruzzaman, The Issue of Resource Nationalism: Risk Engineering and Dispute Management in the Oil and Gas Industry, Texas Journal of Oil, Gas and Energy Law, Vol. 5, 2009, p. 96。

油公司的经济负担时，资源国要对外国石油公司进行补偿，[1] 确保资源国的法律不对外国石油公司的经济利润产生实质影响。[2] 而且"稳定条款"还适用于合同的分包商，保护整个项目的产业价值链。[3] 可见，"稳定条款"作为风险控制的工具，能有效地保护外国石油公司的利益，降低外国石油公司与资源国发生争端的可能。

三、建立信息共享机制

建立信息共享机制也是进行争端预防的一个重要方面。除了不得公开的信息，凡是需要两方或多方协作进行的事项，都有必要定期或不定期地公开或共享，使各主体能对共同开发活动有同步和一致的认识，避免因认知而产生争端。因此，有必要建立信息共享机制。

(一)现有的信息共享实践

现有的共同开发协定并未重视信息共享问题，即便是有相关规定，也都是零星的规定，并未形成系统的机制，而且被要求分享的信息种类并不固定。有的是纯技术类的。例如，《日本和韩国共同开发协定》第 22 条规定："各方为了勘探或开发共同开发区内的自然资源，在固定装置上的无线电站设置频率时，应在设置这种频率之前尽早通知对方频率、发射级别、无线功率、站台位置以及其他必要的细节。各方也应将上述事项的后续变化通知对方。双方应当

---

① 参见 Thomas W. Waelde, George Ndi, Stabilizing International Investment Commitments: International Law Versus Contract Interpretation, Texas International Law Journal, Vol. 31, 1996, p. 264。

② 参见秦朗:《国际石油合同风险控制浅析》，载《国际石油经济》2012年第 12 期，第 54 页。

③ 参见 Stephanie Stimpson, Jay Todesco, Amy Maginley, Strategies for Risk Management and Corporate Social Responsibility for Oil and Gas Companies in Emerging Markets, Alberta Law Review, Vol. 53, 2015, p. 280。

在任何一方的要求下，就上述细节的必要调整进行协商。"①有的是生产记录。例如，《弗里格协定》第 22 条第 2 款规定："两国政府应当就对测量系统进行经常性的调试达成一致，并且应当在双方同意的间隔期间，交换弗里格气田的生产记录，以及经核实的输送至陆地的气量记录。"②还有的是与权利的行使相关的信息。例如，《澳大利亚与印尼帝汶缺口条约》第 4 条规定，有关 B 区石油资源的勘探和开发，澳大利亚应当通知印度尼西亚共和国关于权利的授予、更新、放弃、期满和取消，以及澳大利亚授予的开发许可、保留租约和生产许可。同样地，有关 C 区石油资源的勘探和开发，印度尼西亚也要向澳大利亚披露这些信息。③

之所以共同开发协定中未包含专门的信息共享机制，一方面是由于共同开发协定要求当事国和其他相关主体，事先就许多事项进行协商并达成一致意见，因而无须另行设置信息共享机制。另一方面，许多共同开发当事国赋予了联合管理机构公开或披露信息的职能。例如，《几内亚比绍与塞内加尔议定书》第 22 条第 3 款规定："经当事国的请求，管理局应向当事国提供科学与海洋研究相关的数据、样本或结论。"④还有《尼日利亚与圣多美普林西比共同开发条约》也赋予了联合管理局搜集和交换与开发区及其资源相关的数据的权力。⑤ 但是这些并未形成固定的机制，也未赋予相关主体未进行信息公开的责任或义务，无法完全实现信息共享的目的，因而

---

① 杨泽伟主编：《海上共同开发协定汇编（上）》，社会科学文献出版社 2016 年版，第 56 页。

② 杨泽伟主编：《海上共同开发协定汇编（上）》，社会科学文献出版社 2016 年版，第 112 页。

③ 参见杨泽伟主编：《海上共同开发协定汇编（上）》，社会科学文献出版社 2016 年版，第 275 页。

④ 杨泽伟主编：《海上共同开发协定汇编（上）》，社会科学文献出版社 2016 年版，第 344 页。

⑤ 参见 Treaty between the Federal Republic of Nigeria and the Democratic Republic of Sao Tome and Principe on the Joint Development of Petroleum and Other Resources in Respect of Areas of the Exclusive Economic Zone of the Two States, Article 9. 6（p）。

有必要系统地梳理共同开发信息共享的规定，在此基础上建立信息共享机制。

(二)建立信息共享机制的具体方法

要建立信息共享机制，可从如下三个方面着手。其一是要确定需要共享的信息种类和范围。哪些信息是可以共享的，哪些信息是需要保密的，信息应公开到何种程度，都需要由各主体达成一致意见。一般而言，需共享的信息应是能对双方产生影响的信息，而且应事先分门别类，由各主体按要求进行共享。其二是要明确各主体共享的形式。形式并非拘泥于一种，可以多样化。可以由各主体相互之间履行告知义务，也可以由联合管理机构采取公告的形式进行。其三是要赋予各主体提出疑议的权利。若一方对相关信息有疑议的，应举证说明，并由提供信息的一方就此作出解释或回应。这种要求特别适用于由一方主体制作并发布信息的情形，它进一步保证了信息的公开透明，消除了各主体对有关事项的分歧，避免争端的产生。

四、完善监督机制

监督机制是共同开发协定和国际石油合同得以顺利履行的重要保障。若共同开发协定和国际石油合同都能按既定约定得以顺利实现，则各共同开发主体之间的分歧和矛盾将会大大减少，因而完善监督机制是进行争端预防的一个不可忽视的内容。

(一)现有的监督机制

现有的监督机制主要有以下三种，即以英国和挪威共同开发案为代表的国家双向监督型、以马来西亚和越南共同开发案为代表的国有公司监督型和以尼日利亚和圣多美普林西比共同开发案为代表的联合管理机构监督型。这些监督机制的实践在推动共同开发活动的同时，也存在诸多弊端。这主要表现在以下两个方面。

一方面，有关监督权的规定多为概括性规定。例如，《日本和韩国共同开发协定》第 24 条第 1 款规定，"双方应建立并维持日本—大韩民国联合委员会，并作为对执行本协定有关事项进行协商的机构"；① 第 25 条第 1 款规定，"委员会应当履行以下职责：(d)监管经营人的经营活动，以及共同开发区内自然资源勘探和开发设施和其他设备的作业情况"。② 除此之外并无其他有关监督权的规定。还有《塞舌尔与毛里求斯马斯克林条约》，它也仅用一两句话笼统地规定了监督权，③ 对监督的权限、监督权行使的程序及监督权的救济等均没有进一步明确。这种现象在共同开发协定中相当普遍。

另一方面，对监督权的设计不成体系。《马来西亚与泰国谅解备忘录》第 3 条规定，建立马泰联合管理署，代表马来西亚和泰国行使所有权力。按一般理解，此条规定的"所有权力"理应包括监督权。在其后的几个与共同开发有关的法律文本中，也有与监督管理有关的规定且存在重叠。这种类似"总—分"式的监督模式其实是值得推广的，但由于当前的实践更多地侧重"总"的一般规定，没有细致周密地设计"分"的这一部分，使各单独的法案中有关监督权的规定零散、杂乱，不成体系。这些弊端使得监督的效果不尽如人意，腐败和不公现象仍时有发生。④

(二)完善监督机制的具体方法

基于现有监督机制存在的诸多弊端，完善监督机制可集中于监

---

① 杨泽伟主编：《海上共同开发协定汇编(上)》，社会科学文献出版社2016 年版，第 57 页。

② 杨泽伟主编：《海上共同开发协定汇编(上)》，社会科学文献出版社2016 年版，第 58 页。

③ 《塞舌尔与毛里求斯马斯克林条约》第 4 条第 3 款规定：(i)联合委员会由缔约双方任命的数目相同的委员组成。联合委员会应为共同管理区内的石油与其他自然资源活动制定政策法规和监督指定当局的工作。第 4 箱第 4 款规定：(iii)指定当局应对联合委员会负责，并执行共同开发管理区的日常监督和管理工作。参见杨泽伟主编：《海上共同开发协定汇编(下)》，社会科学文献出版社 2016 年版，第 654 页。

④ 参见黄文博：《论海上共同开发监督机制的完善及其在南海的适用》，载《中国海洋大学学报(社会科学版)》2017 年第 5 期，第 54~55 页。

督权的具体规定和监督体系两个大的方面。具体而言，可以从如下几方面着手。

其一，建立专门的监督机构。共同开发当事国可以另行设立专门的监督机构，在采用联合管理机构进行管理的模式中，也可以赋予联合管理机构监督权能。这取决于共同开发当事国的具体情况。监督机构内部应包含决策机构和若干个执行小组，形成"总—分"相结合的监督模式。由决策机构统一领导监督事务，由执行小组负责监督事务的具体执行，如巡查、抽检、询问等。

其二，详细规定监督机构的监督权能。监督机构的监督权能应覆盖至共同开发活动的每一个环节，包括油气资源的勘探、开采、运输、加工等，确保每一环节都符合共同开发协定和相关合同的规定，使监督形成一套完整的体系。要特别强调对于不合规的共同开发活动，监督机构有权责令其改正，避免给相关主体造成损失，尽可能将争端遏制在萌芽状态。

其三，明确监督权的界限。监督应针对的是共同开发经济活动，而非任何与共同开发相关的事项都属于被监督的对象。完全属于一方主体管辖范围内的事项，不对其他主体产生影响的，应不属于监督的范围。

其四，监督机构行使职能依据的标准，除了共同开发协定和合同规定外，还要参照石油行业实践的一般规则和惯例，以此来综合判定一项共同开发活动是否合规。最好是共同开发主体能依据石油行业实践的一般规则和惯例，来约定共同开发活动的作业规则，以消除共同开发协定和合同与石油行业实践之间的冲突。对于确实需要违背石油行业实践的特殊情形，应由相关主体事先在共同开发协定和合同中作出约定，以避免各主体因依据标准的不同而产生争端。

其五，监督机制应与信息共享机制相结合。监督机构需要定期或不定期通报监督事务的执行情况，若相关事项涉及保密要求的，监督机构应不得公开。①

---

① 参见黄文博：《论海上共同开发监督机制的完善及其在南海的适用》，载《中国海洋大学学报（社会科学版）》2017 年第 5 期，第 53~62 页。

完善的监督机构对于争端的预防大有裨益。当然，除这几个方面之外，完善监督机制要考虑的问题还有很多，这都需要共同开发主体之间的进一步协商与沟通。

第三节 增加第三方介入的方法

第三方是指争端当事方之外的，为促进争端当事方解决争端，或在某些情况下经争端方授权而独立解决争端的个人、国家或国际组织，包括政府间国际组织、非政府间国际组织、国际法院、仲裁法庭等。[①] 第三方介入即争端当事方之外的第三方，经特定的授权或经争端当事方的同意，为帮助争端当事方解决争端，或减轻及降低争端的激烈程度，而加入到争端解决过程中来。一般情况下，第三方介入的方法是作为一种补充或附属手段来适用的。尤其是当争端当事方无法自行解决争端，或谈判陷入僵局的时候，希望第三方介入来帮助促进谈判，以解决争端。第三方在管理、减轻或抑制争端方面，起着重要作用。[②] 特别是对于一项复杂争端，第三方的介入是有益的。[③]

第三方介入的方法包括斡旋、调解、调查、和解、仲裁、司法解决，以及全球或区域性国际组织或机构。其中，仲裁和司法解决是解决国际争端的法律方法，在共同开发争端解决中被广泛适用，因而不需要重复强调其重要性和有效性，此处重点论述这两者之外的第三方介入方法。本书暂且将排除了仲裁和司法解决之外的第三方介入方法统称为非法律性第三方介入方法。非法律性第三方介入

[①] 参见 Dean G. Pruitt, Jeffrey Z. Rubin, Social Conflict: Escalation, Stalemate, and Settlement, Random House, 1986, pp. 165-166；转引自杨珍华：《刍议第三方在跨界水争端解决中的实践与作用》，载《河北法学》2016 年第 6 期，第 107~108 页。

[②] 参见 Richard B. Bilder, International Third Party Dispute Settlement, Denver Journal of International Law and Policy, Vol. 17, 1989, p. 475。

[③] 参见 Kun Fan, Arbitration in China: A Legal and Cultural Analysis, Hart Publishing, 2013, p. 137。

方法的适用必须具备一个前提条件，即第三方的介入必须征得争端当事方的同意或授权。只有得到争端当事方的同意，斡旋、调解、调查、和解，以及全球或区域性国际组织或机构的介入，才有其合法性。只有得到争端当事方的授权，第三方才可以明确其介入的权利范围。①

一、调解

调解因其高成功率，且争端主体易于掌控而被广泛运用。② 实践中，调解常用"mediation"或"conciliation"来表示。例如，《美国与墨西哥油气协定》第 15 条中的"调解"用的是"mediation"一词，而《冰岛与扬马延大陆架协定》第 9 条用的是"conciliation"一词。虽然两词代表的意思稍有不同，但实践中两词常常换用。调解与其他争端解决办法，如调查或斡旋，也并不完全相同。调查主要用来为争端主体提供必要的信息，它并非调解的必备要素，但是调解也常作为正式的或非正式的信息收集和传播的渠道。斡旋仅仅是第三方为争端主体提供有利于他们接触和谈判的便利条件，但并不包括提出建议解决的方案或参与讨论，而调解发挥的作用更为积极。③

（一）调解的作用与优势

调解具有很强的功能性。调解人员通过其自身或其代表的组织的资源，通过给争端主体提供观点、知识和建议，来影响、改变、修正或者解决一项争端，鼓励达成协议。④ 长期以来，调解的功用

---

① 参见叶兴平：《试析国际争端解决中的非法律性第三方介入方法》，载《甘肃政法学院学报》1996 年第 3 期，第 41 页。

② 参见 Anna Spain, Integration Matters: Rethinking the Architecture of International Dispute Resolution, University of Pennsylvania Journal of International Law, Vol. 32, 2010, p. 6, footnote 15, 16。

③ 参见 J. Michael Greig, Paul F. Diehl, International Mediation, Polity Press, 2012, p. 19。

④ 参见 J. Michael Greig, Paul F. Diehl, International Mediation, Polity Press, 2012, p. 6。

被低估和忽视。例如，投资者与东道国之间的争端，鲜有采用调解来解决的。但随着调解在美国和英国等普通法系国家作为争端解决方法获得巨大成功后，调解的作用和价值逐渐被认识和提升，利用调解来解决争端的实践也逐渐增多。① 虽然调解自身有许多局限性，如调解缺乏制度支持，没有一套普遍接受的程序规则来规范调解的运用和实践等，② 但不能完全否定调解在解决争端中的功效。与谈判、仲裁和诉讼相比，调解还是具有其自身特点和优势的。

相对于谈判，调解更具有保密性和有效性。调解员可以同时与争端双方进行会谈，也可私下与其中一方进行秘密会谈。争端主体在调解中所作出的陈述、要约及反要约都是保密的。③ 不论是哪种形式，调解人员都会注重倾听和把握争端主体的利益主张及隐藏的需求，并作为双方沟通的桥梁，促进争端的解决。

相比于仲裁和诉讼，调解更能维系当事人之间的友好关系并保全当事人的商业信誉。对于需要继续保持双方之间的合作关系的争端主体而言，调解是一个不错的选择。④ 仲裁由于建立在对是非的界定上，因而争端解决过程中当事人的互相质证和争辩是必需的，当事人为了获得对自己有利的处理结果都尽力指责对方而减轻甚至免除己方的责任，这极有可能在争端当事人之间种下嫌隙的种子，而不利于他们之间关系的维系。相比之下，调解更为灵活，它侧重的是商业情势、目标及机会而不太纠缠于法律的权利、证据等问

---

① 参见 Edna Sussman, Investor-State Dispute Mediation: The Benefits and Obstacles, in Arthur W. Rovine, Contemporary Issues in International Arbitration and Mediation, The Fordham Papers 2009, Martinus Nijhoff Publishers, 2010, p. 324。

② 参见 Anna Spain, Integration Matters: Rethinking the Architecture of International Dispute Resolution, University of Pennsylvania Journal of International Law, Vol. 32, 2010, p. 19。

③ 参见 William Pitts, ADR in the Oil and Gas Context, Annual Institute on Mineral Law, Vol. 46, 1999, p. 163。

④ 参见 Joseph Shade, The Oil & Gas Lease and ADR: A Marriage Made in Heaven Waiting to Happen, Tulsa Law Journal, Vol. 30, No. 4, 1996, p. 622。

题，并且调解还能通过创造良好的氛围促进开诚布公的交流，使双方能充分地表达各自的利益、关切和选择。① 此外，调解中没有胜败之分，避免了仲裁中要认定何方为过错方，而使当事人名誉受损的情形发生，因而能保全当事人的商业信誉。②

(二)调解在海上共同开发争端解决中的适用

调解在海上共同开发争端中的适用，需注意如下几个问题：

1. 调解必须是自愿的。调解的一个主要特征就是争端主体和第三方调解人员的自愿性。③ 调解人员必须愿意投入时间和资源，保持中立，不能掺杂其个人或国家利益以支持其中一方。只有这样，调解人员才能获得争端主体的信任，调解才具有价值。争端主体也需自愿通过调解解决争端，并且有权利拒绝调解员提出的争端解决方案。④

2. 调解人员的范围广泛。作为海上共同开发争端解决的调解人员，可以是个人，可以是共同开发当事国之外的第三国首脑或政府官员代表，可以是对争端主体比较熟悉但又和争端无利害关系的国际石油公司，还可以是具有争端解决职能的联合管理机构，以及相关的国际组织代表。⑤ 无论选择何者，都务必要选择经验丰富的，并且立场中立的人员，以使调解发挥最大功效。因为称职的调解员能在争端当事方之间构筑起对话的桥梁，⑥ 引导和调动争端双

---

① 参见 Loretta W. Moore, David E. Pierce, A Structural Model for Arbitrating Disputes under the Oil and Gas Lease, Vol. 37, 1997, p. 415。

② 参见黄进主编：《国际商事争议解决机制研究》，武汉大学出版社2010年版，第227～228页。

③ 参见 J. Michael Greig, Paul F. Diehl, International Mediation, Polity Press, 2012, p. 2。

④ 参见 Joseph Shade, The Oil & Gas Lease and ADR: A Marriage Made in Heaven Waiting to Happen, Tulsa Law Journal, Vol. 30, No. 4, 1996, p. 615。

⑤ 参见 Sven M. G. Koopmans, Diplomatic Dispute Settlement: The Use of Inter-State Conciliation, T. M. C. Asser Press, 2008, p. 33。

⑥ 参见 Eileen Carroll, Karl Mackie, International Mediation-The Art of Business Diplomacy, Kluwer Law International, 2006, p. 7。

方的积极性，快速准确地把握争端双方的争议点，并能在此基础上提出恰当的建议，以帮助解决争端。

3. 调解可大致分为三个阶段。调解的过程可以大致分为三个阶段，每个阶段的任务和侧重均有不同。这三个阶段分别为：回到谈判桌上、达成一项协议和执行这项协议。争端产生后，争端主体选择以调解作为争端解决方法的，此时调解的第一要务便是要促成争端主体回到谈判桌上。但这并非易事，争端主体常易陷入"谈判困境"（bargainer's dilemma），即要求坐下来谈判会被对方认为是软弱心虚的表现，在主权国家之间争端的场合，还会担心被贴上"卖国贼"的标签。然而，只要争端主体能认识到争端久拖不决对双方均无益，促成谈判便大有希望。尤其是共同开发活动正在进行中，一项未决争端极有可能会影响到其他活动的进行，而且已经投入的设备和资金，若因为争端陷入僵局而未能产生价值，对双方的经济利益都可能造成巨大损失。因此，争端主体基于现实因素的考虑，可能会在调解人员的作用下重回谈判桌。①

在谈判中，能否达成一项解决争端的协议，便成为此阶段调解最为关键的目标。这一目标的实现受一系列因素的影响，包括调解员自身的因素、争端主体的因素和争端本身的特点等。调解员具有良好的声誉和影响力，以及专业素养，更容易使得争端主体达成一项协议。争端主体的配合、争端主体之间的关系，以及争端的复杂程度和性质等，均会对协议的达成造成重要影响。一般而言，争端主体越配合，争端的内容越简单，越容易达成协议。相反，争端牵涉的利益越复杂，争端主体的态度越强硬，不能配合和接受调解人员的建议，则会大大降低达成协议的可能性。

达成协议后，能否切实履行，成为评判调解是否最终成功的根本。理论上而言，调解及由其而达成的协议是基于争端主体的自愿而进行的，因而协议的履行应该不成问题。此时，调解的任务已基本完成，调解人员并无强制争端主体履行协议的义务，协议的履行

---

① 参见 J. Michael Greig, Paul F. Diehl, International Mediation, Polity Press, 2012, p. 107。

完全取决于争端主体的诚信和自愿。对于私法主体之间的争端，如承包商之间的争端，达成调解协议的，还可以由仲裁法庭制作调解书，以赋予其强制执行的效力。这点在许多法律文件中都有所涉及，如中国国际经济贸易仲裁委员会仲裁规则第47条的规定。①

4. 调解员介入争端的方式和程度也大不相同。调解员需要理性地选择介入争端的方式和程度，这取决于争端本身的性质和特点，争端主体的利益和需求，以及调解员自身的能力和资源。一般而言，调解员介入争端主要有三种程度，第一种仅仅是促进谈判（communication-facilitation strategy）。在这种调解模式下，调解员较为被动，仅是交换信息和促进双方对话，对正式的或实质性的程序控制较小。第二种是程序性介入（procedural strategy），即对调解的程序和环境有更多的掌控。此时调解员可以决定会议的程序性事项和信息的分配与发布等。第三种是指导性介入（directive strategy），这是调解介入程度最深的一种。此时调解员的作用最为积极，能对争端的解决产生实质性影响。② 因此，不同的争端，调解介入的方式和程度是不一样的。共同开发争端的调解员，要根据争端本身的特点和争端主体及调解员自身的情况作出针对性的调整。

5. 调解的法律依据和形式是多样的。可在共同开发法律文件中纳入调解条款，如效仿《美国与墨西哥油气协定》，③ 在共同开发

---

① 参见 China International Economic and Trade Arbitration Commission CIETAC Arbitration Rules（Revised and adopted by the China Council for the Promotion of International Trade/China Chamber of International Commerce on November 4, 2014. Effective as of January 1, 2015），Article 47 "Combination of Conciliation with Arbitration"。Available at：http：//cn. cietac. org/index. php? m＝Page&a＝index&id＝106&l＝en, last visited on 13 Sept. 2021。

② 参见 Jacob Bercovitch, Scott Sigmund Gartner, Is There Method in the Madness of Mediation? Some Lessons for Mediators from Quantitative Studies of Mediation, International Interactions, Vol. 32, 2006, pp. 338-339。

③ 《美国与墨西哥油气协定》第15条规定，双方可将本条约解释和适用中产生的任何争端提交中立的第三方进行不具有约束力的调解，以作为仲裁程序的补充和替代。参见杨泽伟主编：《海上共同开发协定汇编（下）》，社会科学文献出版社2016年版，第625页。

协定的争端解决机制中包含调解的内容，或者在相应的国际石油合同中规定可以进行调解。若没有事先对调解进行约定的，可在争端产生后，由争端主体另行约定进行调解。只要是基于争端主体双方的合意，不论是以书面还是以口头形式，调解都得以进行。此外，调解的形式可以是正式的，也可以是非正式的。对于共同开发当事国之间的争端，由于争端政治性强，争端的内容具有敏感性，对调解的地点、调解员的选择、调解程序等规定可能会更为正式和严谨。而对于承包商之间的争端，由于争端涉及的是平等主体之间的经济或技术争端，争端的层次和级别相对较低，因而调解的形式可以更为灵活。

6. 调解还需要加强心理建设。这主要可从以下几方面来实现：其一，调解员要提供能使争端主体进行充分陈述的机会，[①] 这对于争端主体而言尤为重要。争端主体能进行充分陈述，将所有的事实、主张都能传递给调解员，能增强争端主体对调解及其程序正义的认可，提升其对调解结果的期望和满意度。其二，要建立争端主体与调解员之间的信任。争端主体对调解员的信任源自对调解员专业技能和调解员与争端主体之间积极有效的互动，调解员也可通过一系列行为表现其对争端主体的礼貌与尊重。[②]

二、国际组织介入

国际组织解决争端，在国际法文献中有下述几种不同的含义：第一，是指通过国际组织这种第三方介入的形式解决国际组织内外各种国际争端的制度；第二，是指专门以解决国际争端为宗旨的国际组织及其制度，如联合国国际法院、欧洲人权法院、解决外国人与东道国国际投资争端华盛顿中心等国际争端解决机构及其制度；

---

① 参见 Kathy Douglas, Jennifer Hurley, The Potential of Procedural Justice in Mediation: A Study into Mediators Understandings, Bond Law Review, Vol. 29, Issue 1, 2017, p. 76。

② 参见 Kathy Douglas, Jennifer Hurley, The Potential of Procedural Justice in Mediation: A Study into Mediators Understandings, Bond Law Review, Vol. 29, Issue 1, 2017, p. 79。

第三，解决国际组织内争端的制度。① 本书仅讨论国际组织作为第三方介入国际争端的解决。

（一）国际组织具有广泛的协助和解决争端的职能

国际组织，尤其是区域性国际组织，具有广泛的解决争端的职能，体现在如下几个方面。

1. 国际组织可为国际争端的解决，提供信息、资料、援助和建议。国际组织，尤其是非政府组织，具有国家、政府间国际组织难以企及的公益优势、知识优势和机制优势等，能在全球性、综合性和公益性的领域，如环境保护、保护劳工权益等，成为宣传者、信息提供者、合作伙伴、资金提供者等多种角色，可以根据当事方的需要提供相关信息和资料，并利用其大量专家和雄厚的技术实力，为争端双方提供援助和建议，为争端扫清障碍。例如，在1998 年的"海虾—海龟案"中，WTO 争端解决机构就该案的争论之一就是：专家小组和上诉机构能否接受和考虑绿色和平组织、WWF 等非政府间环保组织主动提供的技术、法律及政治意见。最后，上诉机构的报告直接肯定了这些组织提供的信息对于专家小组、上诉机构和当事方的法律意义，从侧面肯定了非政府国际组织在 WTO 争端解决机制中的地位。②

2. 国际组织可促进和协助争端当事方谈判，并进行调解。若争端主体在争端发生后没有进行很好的沟通，易产生隔阂，缺乏谈判意愿，在这种情况下，国际组织能协助和沟通争端当事方，使各方消除误解，缓和矛盾，促进谈判。尤其是区域性国际组织，在促进区域性争端的解决方面具有重要作用。③ 此外，在谈判的过程

---

① 参见戴兴泓：《国际争端解决机制现状与展望》，载《社会科学家》2012 年第 6 期，第 82 页。

② 参见陈叶兰、蔡守秋：《国际环境争端中的环境保护非政府间国际组织》，载《生态经济》2006 年第 5 期，第 270 页。

③ 参见 Jacob Bercovitch, Scott Sigmund Gartner, Is There Method in the Madness of Mediation？Some Lessons for Mediators from Quantitative Studies of Mediation, International Interactions, Vol. 32, 2006, p. 336。

中，争端主体各方对损害的计算、责任的认定等，都需要专业知识、技术和信息，这些都可以求助于相关的国际组织提供。并且国际组织还可直接以第三方介入争端，促成争端方的协调和妥协，推动争端的解决。

3. 国际组织还可监督、协助协议和裁判的执行。以外交方法达成的解决争端的协议，都依赖于双方的自愿履行，这使得这些协议的执行成为一个难题。即使是以仲裁或诉讼方式作出的裁判，虽然具有法律约束力，但因为在国际法上没有专门的强制执行机构和监督机构，这些裁判也可能成为一纸空文。所以，对协议和裁判的监督执行是国际争端解决中的一个关键问题，① 而国际组织正好可以帮助监督或协助协议的执行。例如，对于侵害国际人权的行为，可借助国际组织框架内的机制来敦促、监督国家履行国际人权保护的义务，② 维护受害者权益。

(二)国际组织参与海上共同开发争端的解决

具体到海上共同开发争端的解决，国际组织的介入需要注意如下几个问题。

1. 国际组织的介入需征得争端双方同意。不论国际组织是仅提供专业性信息，还是辅助谈判，或者进行调解，国际组织的介入必需征得争端当事方的同意，或有当事方的明确授权。这是国际组织介入的基本前提。但需要指出的是，"环境保护的义务是对世义务(obligation erga omnes)，国家负有保护海洋环境的普遍的国际义务。"③"当一个国家违反了其对国际社会的法律义务时，则由国际社会或相关的国际组织对其提出诉求，要求加害国或责任人履行相

---

① 参见陈叶兰、蔡守秋：《国际环境争端中的环境保护非政府间国际组织》，载《生态经济》2006年第5期，第270页。

② 参见饶戈平主编：《国际组织与国际法实施机制的发展》，北京大学出版社2013年版，第279页。

③ ［英］莫里齐奥·拉佳齐，池漫郊译：《国际对世义务之概念》，法律出版社2012年版，第206页。

应的国际义务。"①"它是为了整个国际社会的利益要求国家对其主权进行一定程度的限制，并且如果某个国家自身不能完成此种限制时，将由国际社会代为强制执行。"②

在上述提到的马来西亚和泰国管道工程给泰国湾的海洋环境和生物资源造成了严重破坏。尽管当地居民反复请求，马来西亚和泰国政府并未采取有效措施来缓解这一问题。这一方面是由于两国缺乏对泰国湾污染现状的具体信息的掌握，缺少治理的条件。例如，泰国的石油管理局并未就如何减少和处置因受水银、其他重金属和有机化学成分污染的废弃物采取措施，在泰国也没有相应的设备处置这些废弃物，而且相应的海洋环境保护的法律也不健全，因而当地居民严重质疑政府减少或控制污染的能力。更重要的原因是，两国并未就此事进行有效的合作，并不想达成主要侧重管理、减少和避免环境污染的共同约定。马来西亚和泰国的不作为引起了国际组织的关注。一位非政府组织（Chana Rak Tin Group）领导人 Kittpob Suthisawang 对此还发表了观点，认为两国对工业区应适用的与环境保护中的谨慎原则相关的法律法规，并未得到执行。③ 那么在这种情形下，由于当事国不作为，而受害者无法得到有效救济，相应的具有公益性的国际组织可以介入，敦促或协助当事国就此采取措施，以减少对海洋环境的污染和破坏，补偿受害者的损失。

2. 国际组织介入有期限限制。国际组织介入争端需有期限限制，在约定期限内争端仍无法取得进展的，说明国际组织介入的方法不适合此项争端的解决，此时国际组织可以退出，由争端主体另行选择其他的争端解决方法，避免争端久拖不决，不利于共同开发进程的推进。这项限制同谈判具有期限限制是一脉相承的，都是为了尽快地解决争端。

---

① 李玫、王丙辉：《中日韩关于海洋垃圾处理的国际纠纷问题研究》，对外经济贸易大学出版社 2015 年版，第 15 页。

② 李玫、王丙辉：《中日韩关于海洋垃圾处理的国际纠纷问题研究》，对外经济贸易大学出版社 2015 年版，第 16 页。

③ 参见 Clive Schofield, Maritime Claims, Conflicts and Cooperation in the Gulf of Thailand, Ocean Yearbook, Vol. 22, 2008, pp. 110-111。

3. 争端主体要遵守国际组织的程序和规则。国际组织在辅助共同开发争端解决的过程中，有自己的程序和规则，争端主体要予以遵守和尊重，并采取相应的措施协调国际组织的程序规则和共同开发的法律规则，尽可能地减少在行政或程序性事项上耗费的时间和成本。

4. 争端主体可邀请国际组织监督协议的履行。对于经国际组织调解达成了争端解决协议的，争端主体在执行协议的过程中，还可以邀请国际组织进行监督，并就执行的有关情况告知国际组织和对方。

三、对非法律性第三方介入的方法补充说明的几个问题

(一)强调非法律性第三方介入的方法并非意味着否定谈判和仲裁

谈判仍然是最基本的争端解决方法。虽然本书在此处突出非法律性第三方介入方法解决争端的重要性，但必须要强调的是，争端当事方的直接谈判仍然是解决争端最基本的方法，非法律性第三方的介入仅仅只是作为谈判方法的补充和帮助。从根本上而言，第三方的介入仍是为了促进争端双方的对话与谈判，以达成互谅互让。

况且，虽然非法律性第三方介入的方法具有许多优势，但这并非意味着否定仲裁的作用。非法律性第三方介入的方法与仲裁并非相互排斥。相反，二者是可以互相融合的。在仲裁之前运用非法律性第三方介入的方法，不会影响仲裁的有效性。[①]

(二)不应过分夸大第三方介入的有效性

尽管非法律性第三方介入的方法具有有效性，但不能对其期望

[①] 参见 Fu Chenyuan, China's Prospective Strategy in Employing Investor-State Dispute Resolution Mechanism for the Best Interest of Its Outward Oil Investment, Peking University Transnational Law Review, Vol. 2, 2014, p. 297。

过高。非法律性第三方介入的方法，仅仅是能抑制争端的发展，为争端的解决争取时间，避免情势恶化，促进争端的解决。第三方介入并非对所有争端都是灵丹妙药，它只在某些情况下起作用。① 对于争端当事方对一些基本问题无法达成一致认识，或者是双方存在不可调和的分歧时，非法律性第三方的介入也难以发挥效用。② 因此，第三方的介入只是辅助性的、次要的，不应过分夸大其作用和功效。一项争端能否成功解决取决于多方面原因，其中最根本的在于争端当事方的立场和意愿，只要当事各方中任何一方不接受第三方的建议，所有这些努力在原则上便宣告失败。③ 此外，选择和运用非法律性第三方介入的方法时，其适用效果还与第三方的品质与能力相关，如耐心、公正性、专业性、对关键问题的捕捉能力等。因此，要理性客观地评价非法律性第三方介入的适用效果。

(三)选择运用非法律性第三方介入的方法时应综合考虑多方面因素

在选择运用非法律性第三方介入的方法时，还需要考虑很多因素。例如，要对争端当事方的法律文化保持高度敏感性。不同的国家有不同的法律文化，对争端解决方法有不同的态度。以中国为代表的东方国家更倾向于通过非对抗性的方式解决争端，或者将争端限制在争端当事方之间，不愿由第三方介入。此外，对于第三方代表的选任，不同国家有不同的考虑。有的注重第三方的专业性，而有的则认为需具备相关的政治或宗教背景。④ 因此，第三方介入的

① 参见 Jacob Bercovitch, Scott Sigmund Gartner, Is There Method in the Madness of Mediation？Some Lessons for Mediators from Quantitative Studies of Mediation, International Interactions, Vol. 32, 2006, p. 333。

② 参见 Eileen Carroll, Karl Mackie, International Mediation-The Art of Business Diplomacy, Kluwer Law International, 2006, p. 7。

③ 参见叶兴平：《和平解决国际争端》，法律出版社 2008 年版，第 179 页。

④ 参见 Richard B. Bilder, International Third Party Dispute Settlement, Denver Journal of International Law and Policy, Vol. 17, 1989, pp. 497-498。

方法在适用时要综合考虑多方面因素。

第四节　将调解与仲裁进行组合或衔接

一、将调解与仲裁进行组合或衔接的基础

将调解与仲裁进行组合或衔接，是因为调解与仲裁既具共性，又能优势互补，相得益彰。

（一）调解和仲裁具有共性

一是仲裁和调解都只能根据双方当事人的自愿取得管辖权。当事人意思自治原则是仲裁和调解的共同基础。就仲裁而言，没有当事人之间的书面仲裁协议，仲裁机构和仲裁员无权对当事人进行强制仲裁。对于调解而言，当事人的意思始终处于绝对的支配地位，当事人共同的意思表示可以授予调解机构和调解员以管辖权，该管辖权也可以随时因为一方或双方共同的终止调解的意思表示而归于消灭。二是仲裁和调解都由中立的第三方居中处理争端。第三方在仲裁中是仲裁员，在调解中是调解员。仲裁员和调解员都是当事人自愿选择的，他们都处于独立和公正的地位，都为争端主体双方所信任，具有较高的声望和权威，他们的处理方案能使当事人信服和接受。三是仲裁和调解都遵循一定的程序规范，以保障当事人的程序利益和实体利益。仲裁程序规则和调解程序规则可以事先由当事人协商约定。一旦约定了特定的规则，双方之间即建立了以规则内容为标的的契约关系，双方均应诚信遵守。四是仲裁和调解都具有保密、灵活、程序简便、结案较快、费用较低等优点，是深受当事方欢迎的争端解决办法。①

---

① 参见王生长：《仲裁与调解相结合的理论与实务》，法律出版社2001年版，第73～74页。

(二)调解与仲裁能互补

单纯的调解或单纯的仲裁各具劣势。例如，调解具有很大程度的灵活性，能够充分体现争议主体的意愿，但调解结果却不能取得法律上的强制执行力。而仲裁能获得具有终局效力和强制执行力的裁决，但当事人的决定权旁落，裁决并不总能顺遂人意。[①] 因而从这个角度讲，调解和仲裁相结合可以优化争端解决的效果。世界范围内的很多仲裁规则都包含了将调解与仲裁相结合的机制，如《新加坡国际仲裁中心仲裁规则》、瑞典《斯德哥尔摩商会仲裁院仲裁规则》《伦敦国际仲裁院仲裁规则》等。

二、将调解与仲裁相结合的两种模式

将调解与仲裁相结合有两种模式，即先调解后仲裁与在仲裁中调解。

(一)先调解后仲裁

先调解后仲裁(Med-Arb)是将调解和仲裁衔接在一起，是第三方先运用调解的方式，在调解失败后再进行仲裁。先调后裁要求争端当事方在调解失败后必须进行仲裁，以获得明确的、有法律拘束力的裁决结果。[②] 这种搭配在许多领域的国际实践中都有涉及。例如，世界知识产权组织便将先调后裁的方式，作为解决国际知识产权争端的方式之一。[③]

仲裁员和调解员可以是同一人，也可以是不同人。选择由同一

[①] 参见王生长：《仲裁与调解相结合的理论与实务》，法律出版社2001年版，第77页。

[②] 参见 Tiffany M. Lin, Chinese Attitudes Towards Third-Party Dispute Resolution in International law, New York University Journal of International Law and Politics, Vol. 48, 2016, p. 608。

[③] 参见 Tiffany M. Lin, Chinese Attitudes Towards Third-Party Dispute Resolution in International law, New York University Journal of International Law and Politics, Vol. 48, 2016, p. 613。

人进行调解和仲裁的，在调解失败后，争端主体不必再重新选择仲
裁员，而可以直接进行仲裁。而且经过调解程序，争端当事方已就
某些事项达成合意的，那么在仲裁程序中便只需就余下问题进行仲
裁，大大节省了双方的时间成本。此外，经过调解程序，调解员对
案情都很熟悉，了解争端当事方的立场和底线，与争端当事方也建
立了互信，使得仲裁程序更容易达成令双方都满意的结果。① 当
然，选择同一人担任调解员和仲裁员也有些弊端。例如，在调解阶
段，一方当事人可能会向调解员披露保密的或者受特权保护的资料
和信息，如果调解员继续在仲裁阶段担任仲裁员，那么他所掌握的
一方当事人提供的资料将无法给予对方当事人以机会进行解释或反
驳。如果仲裁员受此资料或信息的影响而作出裁判的话，可能违反
自然公正的原则。② 因此，也可以选择不同的人进行调解和仲裁。
至于如何选择，取决于当事人的合意。

(二)在仲裁中调解(Arb-Med)

在仲裁中调解是先启动仲裁程序，在仲裁程序进行过程中，由
仲裁员对案件进行调解，调解不成后再恢复仲裁程序。在仲裁中调
解是由同一人担任仲裁员和调解员。如果是仲裁机构，则管理仲裁
程序的机构和管理调解程序的机构是同一机构。在仲裁中进行调解
是中国国际经济贸易仲裁委员会首创的。③ 在这种模式中，调解和
仲裁具有兼容性。一方面，调解程序和仲裁程序具有兼容性。调解
程序虽然相对独立，但又包含于仲裁程序之中；仲裁程序虽然具有
连续性，但在调解时仲裁程序暂停。另一方面，调解的范围和仲裁
的范围相互之间也具有兼容性。调解的范围可以和仲裁的范围等

---

① 参见 Tiffany M. Lin, Chinese Attitudes Towards Third-Party Dispute
Resolution in International law, New York University Journal of International Law and
Politics, Vol. 48, 2016, p.614.

② 参见王生长:《仲裁与调解相结合的理论与实务》，法律出版社 2001
年版，第 148 页。

③ 参见黄进主编:《国际商事争议解决机制研究》，武汉大学出版社
2010 年版，第 203 页。

同，可以小于仲裁范围而仅调解争端之一部分，也可以超出仲裁范围而触及其他。此外，调解的结果和仲裁结果之间也具有兼容性。调解成功的，仲裁庭可以依据和解协议作出裁决书结案；调解不成时，仲裁庭可以恢复仲裁程序，继续进行仲裁审理，不因调解而妨碍仲裁。[①]

相较于前一种模式，在仲裁中调解具有一定优势。其一，在仲裁中调解省掉了一个单独进行调解的程序，大大节省了争端解决成本。其二，增强了和解协议的可执行性。在先调解后仲裁模式下，仲裁可能作出不利于一方当事人的裁决，而在仲裁中调解模式下，调解根据当事人的自愿达成和解协议，并经仲裁庭作出仲裁裁决，大大增强了和解协议的可执行性。

三、在海上共同开发争端解决中将调解与仲裁相结合应注意的问题

（一）调解并非仲裁程序中的必经程序

调解程序的开始和进行与仲裁程序的开始和进行有所不同。仲裁程序是依据双方当事人之间的仲裁协议而开始的。只要当事人之间达成了仲裁协议，任何一方当事人均可依据仲裁协议的规定提起仲裁程序，无须再征得对方当事人的同意。一旦仲裁程序已经开始，它的继续进行就具有强制性。与之相对照的是，当事人的调解意愿较之仲裁意愿具有随意性。调解程序须经双方当事人的一致同意方可开始，而在调解程序进行过程中的任何时候，任何一方当事人均可拒绝调解或中止调解，调解员不得强制继续进行调解。当事人仲裁意愿的强制性和调解意愿的随意性决定了调解仅能在双方当事人一致同意调解的时候，才能将调解引入仲裁程序。否则，在仲

---

① 参见王生长：《仲裁与调解相结合的理论与实务》，法律出版社 2001 年版，第 81~82 页。

裁程序中就无调解可言。① 因此，调解不是仲裁的必要程序，仲裁程序中调解的存在与否取决于争端双方的意愿。

(二)要预设调解终止的情形以避免久调不决

不论是先调解再仲裁，还是在仲裁程序中进行调解，都要注意避免久调不决，缩短争端解决的周期。争端主体可以预设调解终止的情形。其一，调解成功，争端主体达成和解。这种情形皆大欢喜。其二，一方当事人拒绝继续调解而使调解终止。拒绝调解的原因很多，不同的案件原因也大不相同。但只要当事人拒绝调解，便要尊重其意愿而终止调解程序。其三，调解的期限届满。为调解设置期限是为了敦促争端主体尽早地达成妥协，避免久拖不决。当然，若在期限届满之后，争端主体均同意延长调解期限的，调解得以继续进行。当然，调解终止的情形可能不止这三种，这要争端主体根据案件具体情形达成一致。

(三)查清事实以增强调解成功的可能性

查清事实、分清是非，是调解工作中的一个至关重要的内容。在调解程序开始之前，当事人未能通过直接协商或谈判解决它们之间争端的，一个主要原因就是事实不清或责任不明，② 争端主体未能清楚地认识到自己的优势与不足，因而无法达成妥协。在调解程序中，如果依然未能查清事实、分清是非，调解成功的可能性不大，这等于是做无用功，白白浪费双方的时间和精力。但是，若调解能及时有效地查清事实，使争端主体能认识到自己的不足，便更容易达成妥协，调解更易成功。而且在查清事实的过程中，若需要其他主体，如国际石油公司或联合管理机构派员参加，则这些主体需要积极配合。

---

① 参见王生长：《仲裁与调解相结合的理论与实务》，法律出版社 2001 年版，第 88 页。

② 参见王生长：《仲裁与调解相结合的理论与实务》，法律出版社 2001 年版，第 89 页。

本 章 小 结

　　理论研究既要尊重实践又要服务于实践。本章提出的完善海上共同开发争端解决机制的建议，就是为服务实践所做。现有的争端解决机制存在诸多弊端，比如争端解决条款未受重视、争端解决方法笼统单一等，在一定程度上影响了争端的解决效果。完善争端解决机制必须对症下药，分别对这些弊端提出有针对性的建议，为后续共同开发争端解决机制的建立提供参考。

　　首先要加强对争端的预防和管理，这是为避免争端产生而做的准备性工作。虽然争端的解决并不一定会经过这个环节，但它却是争端解决机制的源头。对争端进行有效的效防和管理，首先要完善协定或合同条款，科学准确地识别和评估各种风险，建立健全信息共享机制和监督机制等。只有做好了预防工作，才能有效地避免或减少争端的产生。

　　其次是要促进争端解决方法的多样化。这可以从两个方面进行：其一，要增加争端解决方法的种类，增加以调解为代表的第三方介入的方法。其二，要将调解和仲裁进行组合或衔接。在共同开发争端解决实践中，已经运用到调解，并将调解与仲裁进行衔接，但仍有必要在争端解决条款中予以明确，以扩大争端主体的选择范围，增加争端解决的可能性。

　　最后，从争端解决机制的完整性角度而言，要纳入争端所适用的法律条款。虽然绝大多数共同开发实践都回避了这一问题，但仍然有必要预先确定法律选择的方法和应遵循的原则，为争端解决的法律适用提供指导，提高争端主体对争端解决的合理预期。

　　需要说明的是，对争端解决机制的完善是无止境的，也并没有统一的模式。本章提出的完善建议是在有限的争端案例的基础上所做的理论分析，后续的研究还需结合更多更丰富的争端解决实践，提炼出更有针对性的对策建议。

第六章　南海共同开发现状综述

　　南海地区存在尖锐的领土与海域划界争端，是世界上最喧闹的地区之一。南海沿岸国基于对利益的追逐，竞相开发海洋资源，使中国能源经济遭受巨大损失，对中国海洋安全造成严重威胁。中国政府为了避免正面冲突，致力于推动与南海沿岸国之间的合作与互信，建议"搁置争议、共同开发"，共同维护南海和平与稳定。虽然南海沿岸国大力单边开发海洋资源，但仍有成功的共同开发实践，并且文莱、菲律宾也释放了与中国进行共同开发的积极信号。中国政府在 2004 年就已经开始和文莱探讨共同开发事宜，并于2013 年 10 月李克强总理访问文莱期间，两国发表了《中华人民共和国和文莱达鲁萨兰国联合声明》，并一致同意加强海上合作，推动共同开发。① 中国海洋石油公司还与文莱国家石油公司签署了建立合营公司的协议，双方约定在不影响双方各自海洋权益立场的前提下，共同进行海上油气资源的开发、勘探和开采。② 此外，菲律宾在南海仲裁案后也试图缓和与中国的关系，寻求与中国合作开发南海油气资源。③ 这些都为中国推进南海共同开发创造了有利条件。

---

　　① 《中国文莱决定加强海上合作推进共同开发》，参见中国新闻网：https：//www.chinanews.com/gn/2013/10-11/5365261.shtml，最后访问日期2021 年 9 月 13 日。

　　② 参见黄文博：《论海上共同开发监督机制的完善及其在南海的适用》，载《中国海洋大学学报（社会科学版）》2017 年第 5 期，第 60 页。

　　③ 《菲媒：菲律宾寻求与中国合作开发南海油气资源》，参见《参考消息》：http：//mil.news.sina.com.cn/dgby/2018-01-17/doc-ifyqrewk1355539.shtml，最后访问日期 2021 年 9 月 13 日。

第一节　南海海洋资源被周边国家大肆掠夺

南海海域拥有丰富的渔业资源、石油天然气资源、新型资源、航道资源等,[①] 其中石油和天然气资源的地质储量有数百亿吨, 被誉为"第二个波斯湾"。[②] 南海海洋生物种类繁多, 数量也很大, 是我国海洋渔业最大的传统热带渔场。加之这南沙海域自古是海上交通要冲, 地处太平洋至印度洋航线的必经之地, 扼马六甲海峡咽喉, 其海洋战略位置之重要以及海洋资源之丰富, 无疑是周边国家与我争夺海洋权益的根本原因。[③]

虽然中国政府在《联合国海洋法公约》框架内提出了着眼于和平解决南海争端的"搁置主权, 共同开发"的主张, 但南海周边国家越南、马来西亚、菲律宾、文莱、印度尼西亚在抓紧抢占南海岛礁及海域的同时,[④] 还开始利用其地理优势, 通过与外国公司合作, 加紧掠夺南海的海洋资源。[⑤]

---

① 参见《概说南海》, 中国南海网: http://www.thesouthchinasea.org.cn/2016-07/25/c_53878.htm, 最后访问日期 2021 年 3 月 12 日。

② 据中国南海网资料显示, 南海海域内含有大量油气储量的地区包括:(1)南沙海槽(原称巴拉望海槽)西北部;(2)文莱—沙巴盆地;(3)在文莱—沙巴盆地西南的 Baram Delta;(4)中康暗沙和沙捞越海岸;(5)东纳土纳盆地;(6)万安滩;(7)黄龙。参见中国南海网: http://www.thesouthchinasea.org.cn/2016-07/25/c_53878.htm, 最后访问日期 2021 年 3 月 12 日。

③ 参见《这片海域被称为"第二个波斯湾"》, 人民日报海外网: http://nanhai.haiwainet.cn/n/2016/0825/c3542184-30256462.html, 最后访问日期 2021 年 3 月 12 日。转引自黄惠康:《中国特色大国外交与国际法》, 法律出版社 2019 年版, 第 196 页。

④ 参见江红义:《国家与海洋权益》, 人民出版社 2015 年版, 第 185 页。

⑤ 参见 Wu Shicun, Hong Nong, The Energy Security of China and Oil and Gas Exploitation in the South China Sea, in Myron H. Nordquist, John Norton Moore, Kuen-chen Fu, Recent Developments in the Law of the Sea and China, Martinus Nijhoff Publishers, 2006, p.149。

一、越南

相较于马来西亚、菲律宾、文莱和印度尼西亚，越南与中国在南海的权益争夺最为激烈。[①] 越南也是南海争端中最大的既得利益者，[②] 其资源掠夺对象主要包括石油与渔业。越南资源掠夺的基本特点是数量多且价值高，政府行为突出以及利用外资。越南曾经是东南亚地区最穷的国家，[③] 但它通过出台一系列法律和政策，大力发展石油工业，以吸引外国石油公司投资的做法逐渐摆脱了贫困。例如越南《石油法》规定，若越南投资者与外国投资者设立合营公司、合作开发油气资源，外国投资者所占股份比例最高可达80%。[④] 目前，越南已经在南海划定了 185 个区块，很大一部分区块属于中国的西沙、南沙海域。凭借这些招标区块，越南与 50 多个外国石油公司签订了石油勘探和开发合同。越南已经成功从原油净进口国变为净出口国。[⑤] 值得注意的是，虽然越南通过与外国石油公司的合作发展工业，改善了国内经济状况，但这一做法也加速了南海资源争端的国际化。

近年来，越南持续加大在南海的单方面开发力度，其中多数区块都在我国主张的"断续线"内。例如 2017 年 7 月，越南与西班牙

---

① 姚冬琴：《南海油气被掠夺调查：中国在南沙没有 1 口油井》，《中国经济周刊》，参见人民日报海外网：http://haiwai.people.com.cn/n/2012/0529/c232573-17086701.html，最后访问日期 2021 年 3 月 12 日。

② 蒙苏、子衿：《中菲南海油气合作新进展，"两桶油"已行动》，参见：http://www.oilsns.com/article/421383，最后访问日期 2021 年 3 月 12 日。

③ 参见 Wu Shicun, Hong Nong, The Energy Security of China and Oil and Gas Exploitation in the South China Sea, in Myron H. Nordquist, John Norton Moore, Kuen-chen Fu, Recent Developments in the Law of the Sea and China, Martinus Nijhoff Publishers, 2006, p. 149。

④ 参见张晟：《越南在南海油气侵权活动的新动向及中国的应对》，载《边界与海洋研究》2020 年第 1 期，第 112 页。

⑤ 姚冬琴：《南海油气被掠夺调查：中国在南沙没有 1 口油井》，《中国经济周刊》，参见人民日报海外网：http://haiwai.people.com.cn/n/2012/0529/c232573-17086701.html，最后访问日期 2021 年 3 月 12 日。

石油公司雷普索尔（Repsol）非法开展油气勘探活动。① 2018 年 7月，越南国家石油公司又与日本第二大石油公司出光兴产株式会社（Idemitsu Kosan Co. Ltd）以及帝国石油公司（Teikoku Oil Co. Ltd）签署合作协议，联合开发南海争议海域油气资源。② 虽然越南单方面开发行为遭到我国外交部门的严正抗议，越南的开发活动被迫中止，但越南并未放弃侵夺中国南海资源的企图。近些年越南在南海问题上的动作不少，中菲南海仲裁案之后越南也随时准备伺机而动，在南海问题上步步为营。③

二、菲律宾

菲律宾石油天然气产业十分落后，④ 菲律宾 95% 的石油都依赖进口，它希望通过开发南海石油资源来降低石油进口比重。1976年，菲律宾与国际石油公司合作，在礼乐滩开发石油，开启了南海资源掠夺的序幕。⑤ 菲律宾把礼乐滩地区作为勘探的主要目标，希望通过油气开发获得石油自给。1976 年 1 月，菲律宾国有石油公司（PNOC）与瑞典萨伦石油公司（Salen）缔结了一项"联合服务合同"，特许该公司为首的三家瑞典公司、美国和七家菲律宾公司组

---

① 参见 Report：Vietnam drilling in contested waters of South China Sea，avalible at：https：//www. offshore-energy. biz/report-vietnam-drilling-in-contested-waters-of-south-china-sea/，last visited on Mar. 12，2021。

② 《南海油气开发让越南与日本抱得更紧了》，参见中国南海研究院网站：http：//www. nanhai. org. cn/review_c/297. html，最后访问日期 2021 年 3 月12 日。

③ 王林：《从越南的海洋经济发展分析其南海主权争议战略》，载《亚太安全与海洋研究》2016 年第 5 期，第 48 页。

④ 周子云：《南海岛屿冲突各方在南海的油气开发现状及动因研究》，暨南大学硕士学位论文，2017 年，第 19 页。

⑤ 参见 Wu Shicun, Hong Nong, The Energy Security of China and Oil and Gas Exploitation in the South China Sea, in Myron H. Nordquist, John Norton Moore, Kuen-chen Fu, Recent Developments in the Law of the Sea and China, Martinus Nijhoff Publishers, 2006, p. 150。

成的"礼乐滩财团"进行勘探作业，涉及面积为 30000 平方千米。[1]
此外，菲律宾也加紧了在巴拉望地区的油气勘探开发活动。为了实
现在巴拉望地区的开发计划，菲律宾不仅争取到世界银行的贷款，
还不断吸引外资，使菲律宾能源自给率大幅度提高，菲律宾在商业
能源消费中对石油过分依赖的状况也已有所改变。[2] 目前，菲律宾
已在南沙海域至少打出 7 口油井，每天从南沙掠夺的石油约为
9000 多桶，年产天然气 10 亿立方英尺。[3]

三、马来西亚

马来西亚是掠夺南沙资源最早、最多的国家，其在南沙海域的
油井数量也是最多的，其在南海的石油日生产量占其日生产总量的
89%，石油出口总值已超过国民生产总值的 20%。不同于越南和菲
律宾，马来西亚反对域外国家干涉南海争端，反对南海争端的国际
化，但这并未影响马来西亚对南海资源的掠夺。[4] 国外学者指出：
"马来西亚石油公司不强调政治争端，主要考虑经济利益，通过以
承包商的身份进行合作开发，通过开采分成为马来西亚创造经济利
益。"这种模式极大地促进了南海石油开采。截至 21 世纪初，马来
西亚已在南海海域打出近百口油气田，年产石油 3000 万吨，天然

---

① 参见郭渊：《东南亚国家对南海石油资源的开发及其影响——以菲、
马、印尼、文莱为考察中心》，载《近现代国际关系史研究》第四辑，第 118
页。

② 蒋细定：《菲律宾的能源开发战略初探》，载《南洋问题》1983 年第 2
期，第 33 页。转引自郭渊：《东南亚国家对南海石油资源的开发及其影
响——以菲、马、印尼、文莱为考察中心》，载《近现代国际关系史研究》第
四辑，第 125 页。

③ 参见吴士存：《纵论南沙争端》，海南出版社 2005 年版，第 151 页；
李国选：《中国和平发展进程中的海洋权益》，中国民主法制出版社 2016 年
版，第 190 页。

④ 参见 Wu Shicun, Hong Nong, The Energy Security of China and Oil and
Gas Exploitation in the South China Sea, in Myron H. Nordquist, John Norton
Moore, Kuen-chen Fu, Recent Developments in the Law of the Sea and China,
Martinus Nijhoff Publishers, 2006, p. 150。

气近 50 亿立方米。[1]

四、印度尼西亚

印度尼西亚自建国以来便享有南海海域所带来巨大的石油利益，[2] 也是东盟最大的石油生产国和出口国。1969 年，印度尼西亚与马来西亚撇开中国签订大陆架协定，侵吞了中国南沙海域 5 万多平方公里。1980 年 3 月 21 日，印尼发布《印度尼西亚专属经济区政府宣言》，单方面宣布设立 200 海里专属经济区，"其宽度从测算印度尼西亚领海宽度的基线起向外延伸 200 海里"。根据该宣言，印尼的专属经济区在纳土纳群岛一带已深入中国"断续线"内，[3] 目的是掠夺中国南沙海域的油气资源。印度尼西亚在南沙海域的石油开发主要集中在纳土纳群岛（Kepulauan Natuna）周围。在纳土纳群岛的正北方，印度尼西亚提出的海域边界和划出的矿区，有一部分延伸至中国海域内，70 年代初印度尼西亚开始对东纳土纳海域进行油气钻探，并发现了一个巨型气田——Natuna D-Alpha 气田，该气田位于中国南沙海域。20 世纪 70 年代，印度尼西亚在纳土纳群岛海域钻井达百口，每年产油量达 2000 万吨。80 年代，印度尼西亚依靠西方石油公司在中国海域内打井近 20 口，从 1990 年起纳土纳气田每年可生产大约 800 万吨液化天然气，从 2001 年开始印度尼西亚已经通过海下 400 英国管线将纳土纳岛天然气运输至新加坡，[4] 可见印度尼西亚获利之丰。

---

① 孙广勇：《马来西亚如何攫取南海石油?》，参见国际能源网：https：//www. in-en. com/article/html/energy-1221294. shtml，最后访问日期 2021 年 3 月 29 日。

② 郭渊：《东南亚国家对南海石油资源的开发及其影响——以菲、马、印尼、文莱为考察中心》，载《近现代国际关系史研究》第四辑，第 140 页。

③ 常书：《印度尼西亚南海政策的演变》，载《国际资料信息》2011 年第 10 期，第 25 页。

④ 郭渊：《东南亚国家对南海石油资源的开发及其影响——以菲、马、印尼、文莱为考察中心》，载《近现代国际关系史研究》第四辑，第 144~145 页。

五、文莱

文莱巨大的油气生产主要依靠掠夺南沙海域的油气资源。1966年，文莱宣布设立 500 千米长、100 千米宽的海上招标区，吸引外国石油公司参与勘探开发，侵入中国南沙海域。自 20 世纪 70 年代起，文莱加强与外国公司合作，对沙巴盆地的油气资源进行勘探和开采。[①] 文莱在南沙已开发 9 个油田，5 个气田，年产原油 700 多万吨，天然气 90 亿立方米。文莱利用外国石油公司开采南沙海域油气而致富。[②]

相较于南海周边国家开采油气资源如火如荼的场面，中国对南海油气资源的开发简直是云壤之别。中国为了避免激化矛盾，最大限度地保持克制与忍让，还未开始实质性的油气生产。[③] 1992 年，中国国家海洋石油公司和美国石油公司（Creston Energy Corporation of America）签订了开发合同，但由于越南的反对便无疾而终。此后，中国也一直在加强对南海资源尤其是油气资源的开发与管理。2012 年 6 月 25 日，中国海洋石油总公司发布公告称，在南海地区对外开放 9 个海上区块，供与外国公司进行合作勘探开发。8 月 28 日，中国海洋石油总公司公布了 2012 年第二批中国海域开放区块，共有 26 个区块可供外国公司进行合作，其中 22 个位于南海海域。[④] 但由于多方原因，中国至今仍然未能在南沙地区开展实质性生产活动。而南海周边国家的大肆掠夺，给中国经济和能源安全带来了重大损失与严重威胁。

---

① 郭渊：《东南亚国家对南海石油资源的开发及其影响——以菲、马、印尼、文莱为考察中心》，载《近现代国际关系史研究》第四辑，第 153 页。

② 参见吴士存：《纵论南沙争端》，海南出版社 2005 年版，第 166～185页；李国选：《中国和平发展进程中的海洋权益》，中国民主法制出版社 2016年版，第 190 页。

③ 参见扬振发：《国际能源法发展趋势研究——兼论对中国能源安全的影响》，知识产权出版社 2014 年版，第 259 页。

④ 参见中国南海网：http：//www.thesouthchinasea. org. cn/2016-07/21/c_53514. htm，最后访问日期 2021 年 3 月 12 日。

第二节　南海周边国家的共同开发实践

虽然南海周边国家大肆单方面开发油气资源，但仍然有成功的共同开发实践。马来西亚与泰国、马来西亚与越南、马来西亚与文莱、马来西亚与印度尼西亚的共同开发实践是南海地区成功的共同开发案例，为南海地区的共同开发提供了参考。

一、马来西亚与泰国共同开发案

在南海西侧泰国湾南部有一片约 7250 平方公里的海域，这里距离泰国北大年府 180 公里、距离马来西亚哥打巴鲁 150 公里。马来西亚和泰国分别于 1966 年和 1973 年颁布法律，都宣称对这片海域拥有主权。[①] 由于两国主张重叠，马来西亚与泰国于 1979 年签订了《马来西亚与泰国谅解备忘录》，奠定了两国共同开发的基本法律框架。备忘录主要确定了两个重要事项。其一是确定了共同开发区。共同开发区呈不规则的狭长五边形，面积约 7250 平方千米。[②] 其二是表示将建立马来西亚和泰国联合管理局，以共同开发和分享海洋资源，尤其是矿产资源。此后，两国达成了一系列后续协定，以执行两国在备忘录中的约定。但是受一系列因素的影响，备忘录所达成的框架的实现并不顺利。两国对于共同开发的政治意愿中断，[③] 而且对于如何协调双方的权利和法律，[④] 以及石油公司

---

① 翟冠朝：《泰马开发争议海域苦谈 11 年 南海争议海域很多》，参见环球网：https://finance.huanqiu.com/article/9CaKrnJsmTa，最后访问日期 2021 年 4 月 5 日。

② 参见何海榕：《马泰与马越共同开发案的比较研究》，载《太平洋学报》2015 年第 12 期，第 87 页。

③ 参见 Clive Schofield, Blurring the Lines? Maritime Joint Development and the Cooperative Management of Ocean Resources, Issues in Legal Scholarship, 2009, Article 3, p. 16。

④ 马来西亚和泰国对于如何协调各自国内的石油法，以及如何授予承包商勘探权，都缺乏一致认识。泰国建议适用传统的许可制，而马来西亚认为产品分成合同更合适。参见 Vasco Becker Weinberg, Joint Development of Hydrocarbon Deposits in the Law of the Sea, Springer, p. 156。

和政府的经济纠纷等,[①] 都影响了备忘录的实现。然而, 由于发现了具有商业价值的油气田, 两国对资源的迫切渴望战胜了其他的阻碍因素。经过 11 年的谈判, 两国终于于 1990 年达成了《马来西亚与泰国关于设立马来西亚—泰国联合管理局及其他事项的 1990 年协定》。1990 年协定严格遵守 1979 年备忘录的精神, 如平等地分担和分享成本与收益、和平地解决争端等,[②] 还规定了联合管理局的法律地位和组成、联合管理局的权力和职能、产品分成、财税事项等实质性内容, 是对 1979 年备忘录的有益补充。除此之外, 联合管理局还颁布了《泰国—马来西亚联合管理局第 2553 号法令 (1990)》《马来西亚和泰国联合管理局第 440 号法令 (1991)》和《马来西亚—泰国联合管理局石油作业准则》等, 以规范共同开发活动。

作为东南亚首例海上共同开发的成功案例, 2020 年, 泰国、马来西亚政府就分别从共同开发区获得开采天然气税收和利润各 3.9 亿美元, 其中不包括获得专营权的泰国石油公司和马来石油公司的销售利润, 而区同开发这片海域的首个合同期限是 50 年。[③] 这一成功的实践给南海周边国家提供了重要借鉴。

---

① Due to both parties' apprehension of the natural gas potential in the area of overlapping claims, Malaysia and Thailand both acted in a preemptive manner by unilaterally awarding exploration concessions in the disputed area. Disputes arouse between the individual governments and petroleum exploration companies that had been preemptively awarded petroleum concessions in the Joint Development Area. These disputes initially involved Thailand alone, but later drew in Malaysia too. 参见 David M. Ong, The 1979 and 1990 Malaysia-Thailand Joint Development Agreements: A Model for International Legal Cooperation in Common Offshore Petroleum Deposits? The International Journal of Marine and Coastal Law, Vol. 14, 1999, p. 225。

② 参见 Clive Schofield, Maritime Claims, Conflicts and Cooperation in the Gulf of Thailand, Ocean Yearbook, Vol. 22, 2008, p. 109。

③ 孙广勇:《探访"泰马海上共同开发区"》, 参见 http://roll. sohu. com/20111014/n322182081. shtml, 最后访问日期 2021 年 4 月 5 日。

二、马来西亚与越南共同开发案

马来西亚与越南的争议海域面积为 2500 平方千米。马来西亚和越南于 1992 年签订了《马来西亚与越南谅解备忘录》，决定共同勘探和开发该争议海域的油气资源。备忘录划定了一块面积约合 1358 平方千米的共同开发区，它是一个狭长的三角形海域，与马来西亚和越南大陆架边界线主张重叠海域一致。与马来西亚与泰国共同开发案不同，马来西亚与越南的共同开发模式更为简单。两国政府选择避免建立联合管理机构，而是直接授权各自的国家石油公司代表各自利益，在划定区域内进行石油勘探和开发活动。其中，马来西亚授权国家石油公司 Petronas,[①] 越南授权国家石油公司 Petro Vietnam，并由这两国国家石油公司就区域内的石油勘探和开发达成商业安排。两国政府只负责批准两国石油公司缔结的商业安排和石油合同，两国政府仍然享有否决权，或者解决经两国石油公司调解无效的争端。其他事务完全交由两国石油公司全权负责，两国政府避免对石油开采活动过多干预。[②] 1993 年 8 月，Petronas 和 Petro Vietnam 达成商业安排，并约定由马来西亚的 Petronas 公司负责开发区的日常管理和监督工作。[③] 实践中，若 Petronas 已经签订了产品分成合同，Petro Vietnam 凭借这些合同达成的商业安排仍然是有效的，但仍由 Petronas 对石油运营进行直接管理。此外，这项商业安排还要求建立一个由 8 人组成的协调委员会，由双方石油公

---

① 马来西亚 1974 年的《石油法》赋予了马来西亚国家石油公司 Petroleum Nasional Behad(Petronas)陆上和海上油气资源的所有权，以及排他性的勘探开发权。任何公司想要在马来西亚开展勘探和生产活动，都必须与 Petronas 签订产品分成合同。参见 Toby Hewitt, An Asian Perspective on Model Oil and Gas Services Contracts, Journal of Energy & Natural Resources Law, Vol. 28, 2010, p. 363。

② 参见何海榕:《马泰与马越共同开发案的比较研究》，载《太平洋学报》2015 年第 12 期，第 89 页。

③ 参见黄文博:《论海上共同开发监督机制的完善及其在南海的适用》，载《中国海洋大学学报(社会科学版)》2017 年第 5 期，第 54 页。

司各派 4 人组成，委员会的目标是在全体一致的基础上为管理运营活动而制定政策。不同于马泰联合管理局的是，该协调委员会主席每两年轮换一次。

可见，就共同开发管理模式而言，相较于马来西亚与泰国的联合管理机构，马来西亚与越南的模式更加灵活。任何与商业及石油运营活动相关的争端，都将在协调委员会的指导下，由双方的国家石油公司解决。由协调委员会达成的任何决议或决定，都将与国际石油工业的实践相符。协调委员会无法友好解决的争端，将被提交给马来西亚和越南政府，因此马来西亚和越南政府不会过多地干预商业活动，[①] 淡化了政治分歧和领土争端，突出合作共赢，共享利益。[②] 随着区域内的油气资源相继被开采，马来西亚与越南也均获利，因而本案也是一项成功的共同开发实践。

三、马来西亚与文莱共同开发案

文莱位于全世界第三大岛婆罗洲岛西北部，在马来西亚东部沙捞越州（Sarawak）和沙巴州之间，而这两个州的近海拥有丰富的石油和天然气资源。[③] 文莱与马来西亚两国的争议领土由海陆两部分构成，陆上部分为林梦地区（Limbang Division）的主权归属争议（面积约 7788 平方千米），海上部分为两国在南海的领海、专属经济区和大陆架划界争议。[④] 2002 年，文莱将该地区两个油气区块的开发权给予了英国皇家荷兰壳牌和法国石油巨头道达尔公司，而马来西亚国油公司在 2003 年将相同海域的开发权授予了美国的墨菲

---

① 参见 Nguyen Hong Thao, Vietnam and Joint Development in the Gulf of Thailand, Asian Yearbook of International Law, Vol. 8, 1998, pp. 142-143。

② 参见苏莹莹：《马来西亚南海政策解读与我国的应对策略研究》，北京外国语大学博士学位论文，2017 年，第 109 页。

③ 参见周云：《文莱与马来西亚达成"领土换石油"协议》，参见 http://news.sohu.com/20090318/n262856931.shtml，最后访问日期 2021 年 4 月 6 日。

④ 参见戴渝龙：《"陆地换海洋"：文莱与马来西亚解决领土争端研究》，载《东南亚研究》2019 年第 6 期，第 76 页。

石油公司，因此产生了争议。马来西亚海军军舰 2003 年将道达尔公司的船只从该地区驱逐之后，该公司停止了其在相关海域的石油开采活动。① 2009 年 3 月，文莱与马来西亚签署了一份关于解决两国领海重叠纠纷问题的一揽子方案，文莱同意放弃索讨林梦地区的领土所有权，以换取对婆罗洲近岸争议海域的石油储备的共同勘探和开发。文莱的这一做法被称为"领土换石油"，充分体现了文莱的经济实用主义。马来西亚与文莱同意将文莱领海外的两个石油区块指定为商业安排区（CAA），CAA 也由两国各自的国家石油公司管理。从这个方面来说，马来西亚与文莱共同开发遵循了马来西亚与越南共同开发的模式。②

马来西亚与文莱经过多年的谈判解决了彼此间的海上划界争端，并于 2012 年起着手进行联合陆地勘界。这是东南亚地区首个经由当事国通过双边和平谈判形式得到一揽子解决的领土争端，两国也从中获益颇丰。③ 2019 年 3 月 5 日，文莱苏丹哈桑纳尔·博尔基亚出席第 22 次文莱与马来西亚年度协商会议，并与马来西亚总理马哈蒂尔重申了两国之间的共同合作关系以进一步强化两国共同感兴趣的领域并让两国人民受益。两国领导人对两国石油公司 PETRONAS 和 Petr oleum BRUNEI 通过商业安排区（CAA）和生产分享协议（PSA）的合作取得的持续进展表示满意，并鼓励两家公司继续合作。④

---

① 参见苏莹莹：《马来西亚南海政策解读与我国的应对策略研究》，北京外国语大学博士学位论文，2017 年，第 110 页。

② 参见祁怀高、薛松、Jolene H. Y. Liew（刘蕙云）、Evi Fitriani、Ngeow Chow Bing（饶兆斌）、Aaron Jed Rabena、Bui Thi Thu Hien（裴氏秋贤）、洪农：《南海共同开发六国学者共同研究报告》，参见：http://www.iis.fudan.edu.cn/_ upload/article/files/9f/21/992faf20465fae26c23ccce1ecc6/6a03e292-85e8-48b0-9b4c-4c8579e981ef. pdf，最后访问日期 2021 年 4 月 6 日。

③ 参见戴渝龙：《"陆地换海洋"：文莱与马来西亚解决领土争端研究》，载《东南亚研究》2019 年第 6 期，第 77 页。

④ 参见潘艳勤、云昌耀（马来西亚）：《文莱：2019 年回顾与 2020 年展望》，载《东南亚纵横》2020 年第 2 期，第 16~17 页。

需特别指出的是，虽然马来西亚与文莱共同开发是成功的案例值得肯定，但两国的共同开发区作为文莱主张的专属经济区的一部分，位于中国主张的历史性水域内，这一区域理应属于中文和中马争议的区域，不能由两国擅自划定。① 马来西亚与文莱的这一做法侵害了中国的领土主权与海洋权益，应遭到中国的反对。

四、马来西亚与印度尼西亚共同开发案

马来西亚与印尼签订了渔业谅解备忘录。马来西亚和印尼之间的争议发生在马六甲海峡，两国的领土主张重叠面积约为 14300 平方公里。这一重叠区域内渔业资源丰富，因此两国政府在争议海域驱赶对方渔船的事情时有发生。然而，印尼表现得更为强硬，它逮捕了马来西亚渔民并扣押渔船。2012 年两国签署谅解备忘录规定，两国执法部门将不再逮捕和拘留渔民（但仍有驱赶情况发生），从而实质上在争议海域创建了一个共同的渔场。②

第三节　中国推进南海共同开发的实践与进展

对于南海争端，我国始终坚持"搁置争议，共同开发"。虽然在推进南海共同开发方面困难重重，但近年来我国通过多种外交途径与南海周边国家增进互信与合作，不同程度地与南海周边国家就南海共同开发达成了共识，并取得了重要进展，为南海共同开发的进一步推进起到了积极作用。虽然 2020 年新冠肺炎疫情在全球蔓延，给南海局势造成了很大冲击，南海周边国家因渔业、油气资源

① 参见戴渝龙：《"陆地换海洋"：文莱与马来西亚解决领土争端研究》，载《东南亚研究》2019 年第 6 期，第 88~89 页。

② 参见［中国］祁怀高、［中国］薛松、［文莱］Jolene H. Y. Liew（刘蕙云）、［印度尼西亚］Evi Fitriani、［马来西亚］Ngeow Chow Bing（饶兆斌）、［菲律宾］Aaron Jed Rabena、［越南］Bui Thi Thu Hien（裴氏秋贤）、［中国］洪农：《南海共同开发六国学者共同研究报告》，第 12~13 页。参见：https://max.book118.com/html/2019/0602/5041241141002042.shtm，最后访问日期2021 年 6 月 7 日。

争端等与我国发生一些摩擦，在法理斗争、"准则"磋商方面也出现新的问题，但各国在南海问题上的基本态度仍是希望维持地区稳定，不愿事态升级。① 而且中国政府一直秉持理性与克制，与南海周边国家开展合作与对话，向南海周边国家多次提供疫情援助，对南海地区的和平与稳定作出了重大贡献，对推进南海共同开发创造了有利条件。

一、中国与越南

在与南海周边国家的关系上，中国与越南不仅是海上邻国而且也是陆地邻国，两国就南海共同开发的磋商事宜启动最早。② 在 20 世纪 50—60 年代，中越两国就已在北部湾开展渔业合作共享，③ 但两国关系在 20 世纪 70—80 年代逐步恶化，出现岛屿主权归属问题及北部湾划界争端，两国渔业纠纷频发。但在 20 世纪 90 年代后，中越两国关系实现正常化，两国通过外交谈判共同寻找解决海域划界和渔业纠纷问题的有效途径，④ 并于 1993 年签署了《关于解决中华人民共和国和越南社会主义共和国陆地边界和划分北部湾问题的基本原则协议》，为两国和平友好地解决划界问题奠定了良好的基础。在中越双方的共同努力下，两国最终于 2000 年 12 月达成了《中华人民共和国和越南社会主义共和国关于两国在北部湾领海、专属经济区和大陆架的划界协定》和《中华人民共和国政府和越南社会主义共和国政府北部湾渔业合作协定》，彻底解决了两国

① 刘琳：《南海形势及发展趋势展望》，载《亚太安全与海洋研究》2021 年第 2 期，第 6 页。

② 孙传香：《中国与南海邻国共同开发南海油气资源的困境与突围》，载《南华大学学报（社会科学版）》2020 年第 4 期。

③ 两国签署了三个渔业协定来实现渔业合作共享的方针，即 1957 年《中越关于北部湾帆船渔业的协定》、1961 年《关于补充修改中越北部湾帆船渔业协定的议定书》和 1963 年《中华人民共和国水产部和越南民主共和国水产总局关于北部湾渔业合作的协定》。

④ 林凡力：《中越北部湾渔业问题外交谈判历程及其基本经验（1993—2004）》，载《党史与文献研究》2018 年第 6 期，第 102~103 页。

在北部湾的海上划界和渔业合作问题。①

《中华人民共和国和越南社会主义共和国关于两国在北部湾领海、专属经济区和大陆架的划界协定》确定了中国第一条海上边界线，协定规定了跨界油气资源的共同开发，是中国第一次与南海周边国家就共同开发跨界油气资源正式达成一致，对南海争议海域的油气开发具有重要借鉴意义。② 中越两国在协定中约定："如果任何石油、天然气单一地质构造或其他矿藏跨越本协定第二条所规定的分界线，缔约双方应通过友好协商就该构造或矿藏的最有效开发以及公平分享开发收益达成协议"，"双方同意就北部湾生物资源的合理利用和可持续发展以及两国在北部湾专属经济区的生物资源养护、管理和利用的有关合作事项进行协商"。③ 根据《中华人民共和国政府和越南社会主义共和国政府北部湾渔业合作协定》，两国设立共同渔区，双方本着互利的精神在共同渔区内进行长期渔业合作，期限为 15 年，期满后的合作事宜由中越双方通过协商商定。该协定还规定了过渡性安排，即缔约各方应对共同渔区以北本国专属经济区内缔约另一方的现有渔业活动作出过渡性安排。缔约另一方应采取措施，逐年削减上述渔业活动，过渡性安排自本协定生效之日起四年内结束。关于过渡性安排水域的范围和过渡性安排的管理办法，由中越双方以补充议定书形式加以规定，该补充议定书为本协定不可分割的组成部分。该协定第四部分规定了小型渔船缓冲区，以避免引发纠纷。第五部分还专门规定了中越双方决定设立中越北部湾渔业联合委员会，并详细规定了该渔业委员会的职责，④协定的顺利实施和解决合作中的具体问题提供了保障。此后，双方

①　罗圣荣、黄国华：《南海争端视域下的中越海洋合作》，载《和平与发展》2017 年第 2 期，第 45 页。

②　参见谭民：《中国—东盟能源安全合作法律问题研究》，武汉大学出版社 2016 年版，第 438~439 页。

③　杨泽伟主编：《海上共同开发协定续编》，武汉大学出版社 2018 年版，第 439 页。

④　参见杨泽伟主编：《海上共同开发协定续编》，武汉大学出版社 2018 年版，第 441~446 页。

经过多轮谈判，于 2004 年达成了《中越北部湾渔业合作协定补充议定书》。

虽然中越两国的海洋合作范围广泛，涉及海洋环境保护、地质勘查、灾害预警、海上搜救、海上安全管控等多个领域，但在共同开发上仍然进展缓慢。2005 年中菲越三国签署了为期三年的《在南海协议区三方联合海洋地震工作协议》，2005 年中国海洋石油总公司与越南石油总公司签署了《关于北部湾油气合作的框架协议》，2006 年 11 月中国海洋石油总公司与越南油气总公司签署了《北部湾协议区联合勘探协议》。但遗憾的是，双方并未发现商业性油气资源，① 中越共同开发并未取得实质性进展。特别是越南单方面开发严重侵害了中国的海洋权益，给中越共同开发造成了负面影响。

近年来，在中越双方的共同努力下，中越共同开发又展现了良好的势头。2011 年 10 月根据中越领导人就海上问题达成的各项共识，在 1993 年《关于解决中华人民共和国和越南社会主义共和国边界领土问题的基本原则协议》基础上，双方签署了《关于指导解决中国和越南海上问题基本原则协议》。协议第 4 条约定，双方"在寻求基本和长久的解决海上问题的办法进程中，本着相互尊重、平等相待、互利共赢的精神，按照本协议第二条所述原则，积极探讨不影响双方立场和主张的过渡性、临时性解决办法，包括积极研究和商谈共同开发问题。"第 5 条约定，双方"本着循序渐进、先易后难的精神解决海上问题。稳步推进北部湾湾口外海域划界谈判，同时积极商谈该海域的共同开发问题。"这些约定充分展示了双方妥善解决海上争议、推进共同开发的政治意愿。

2012 年，中越双方同意成立中越北部湾湾口外海域工作组，商谈湾口外海域划界和共同开发问题。2013 年 10 月，中越两国在河内发表《新时期深化中越全面战略合作的联合声明》，约定在海

---

① 参见 Nguyen Pham Muoi, Vietnam, China Expand Joint Exploration in Gulf of Tonkin, Dow Jones Newswires, Thursday, June 20, 2013, available at: https://www.rigzone.com/news/oil_gas/a/127197/Vietnam_China_Expand_Joint _Exploration_in_Gulf_of_Tonkin, last visited on 9 Dec. 2017。

上合作方面成立中越海上共同开发磋商工作组，"本着先易后难、循序渐进的原则，稳步推进湾口外海域划界谈判并积极推进该海域的共同开发，年内启动该海域共同考察，落实北部湾湾口外海域工作组谈判任务。"①2015 年 11 月，中越两国在河内发表联合声明称："双方宣布于 2015 年 12 月中旬启动北部湾湾口外海域共同考察海上实地作业，认为这是双方开展海上合作的重要开端。双方将稳步推进北部湾湾口外海域划界谈判并积极推进该海域的共同开发，同意加大湾口外海域工作组谈判力度，继续推进海上共同开发磋商工作组工作。"②至 2021 年 1 月，中越北部湾湾口外海域工作组已经进行了十四轮磋商，中越海上共同开发磋商工作组已经进行了十一轮磋商。在中越北部湾湾口外海域工作组第十四轮磋商和海上共同开发磋商工作组第十一轮磋商中，双方同意同步推进湾口外海域划界与南海共同开发，并将认真研究对方提出的具体方案；双方就南海共同开发指导原则深入交换意见，同意进一步加强沟通，争取早日达成一致；双方还同意尽快完成北部湾湾口外海域共同考察成果报告，共同推进南海渔业合作，深化北部湾地区海上合作，并开展无争议海域的油气合作等。③ 这些举措为中越共同开发的推进无疑起到了积极作用。

二、中国与菲律宾

《中国坚持谈判解决中菲南海有关争议》白皮书第三部分称："实际上，中国在解决南海问题上的'搁置争议，共同开发'倡议，

① 《新时期深化中越全面战略合作的联合声明》，参见外交部网站：https://www.fmprc.gov.cn/web/ziliao_674904/1179_674909/t1089639.shtml，最后访问日期 2021 年 4 月 3 日。

② 杨泽伟主编：《海上共同开发协定续编》，武汉大学出版社 2018 年版，第 480 页。

③ 《中越举行北部湾湾口外海域工作组第十四轮磋商和海上共同开发磋商工作组第十一轮磋商》，参见外交部网站：http：//russiaembassy.fmprc.gov.cn/web/wjb_673085/zzjg_673183/bjhysws_674671/xgxw_674673/t1845235.shtml，最后访问日期 2021 年 4 月 3 日。

首先是对菲律宾提出的。"早在 1986 年 6 月，中国领导人邓小平在会见菲律宾副总统萨尔瓦多·劳雷尔时就提出："这个问题可以先搁置一下，先放一放。过几年后，我们坐下来，平心静气地商讨一个可为各方接受的方式。我们不会让这个问题妨碍与菲律宾和其他国家的友好关系"。1988 年 4 月，邓小平在会见菲律宾总统科拉松·阿基诺时重申"对南沙群岛问题，中国最有发言权。南沙历史上就是中国领土，很长时间，国际上对此无异议"；"从两国友好关系出发，这个问题可先搁置一下，采取共同开发的办法"。此后，中菲两国在推进共同开发问题上作出了重大尝试。

2003 年 11 月，中国海洋石油总公司与菲律宾国家石油勘探公司签署合作意向，为共同勘探开发南海的油气资源奠定了初步基础。双方同意组成联合工作委员会，对位于南中国海适于油气 勘探开发的可能区域进行甄选。同时，双方同意共同拟订方案，对选定区域的相关地质、物探和其他技术数据资料和信息进行审查、评估和评价，以便最终确定该区域的含油气前景。[1] 2004 年 9 月，中国海洋石油总公司(简称"中海油"，CNOOC)与菲律宾国家石油公司(PNOC)在北京签署《联合海洋勘探谅解备忘录》。时任菲律宾总统格洛丽亚·马卡帕加尔·阿罗约(Gloria Macapagal Arroyo)出席签字仪式。她表示，此项协议旨在研究中菲都宣称拥有主权的南海地区的石油潜力，是纯粹的收集、处理、分析地震数据工作，是勘探前的研究，不是钻探或开发。2005 年 3 月，越南油气总公司加入合作，中、菲、越签署了为期三年的《在南海协议区三方联合海洋地震工作协议》，协议合作区总面积超过十四万平方公里。三方表示，协议表达了三方共同研究南海潜在石油资源的意愿，是勘探前的准备工作。[2] 在这三年时间内，这三个国家的石油公司开展海洋地震调查，以确定在争议海域的钻井位置。然而，基于菲律宾国内

---

① 张明亮：《中国—东盟能源合作：以油气为例》，载《世界经济与政治论坛》2006 年第 2 期，第 73 页。

② 余文全：《中菲南海争议区域共同开发：曲折过程与基本难题》，载《国际论坛》2020 年第 2 期，第 112 页。

的原因，中菲越三国仅完成了第一阶段的勘探工作。虽然这个三方协议未能被进一步推进，但此次实践被认为是中菲两国在争议海域加强合作的里程碑，合作的范围包括传统安全与非传统安全，以及经贸等领域。①

中菲第二次共同开发尝试是在礼乐滩海域。2012 年到 2013 年，中国海洋石油总公司和菲律宾菲利克斯石油公司（Philex Mining Corporation）就覆盖礼乐滩的"72 号合同区"进行谈判。时任总统阿基诺三世强调，礼乐滩位于菲律宾专属经济区内，协议必须符合菲律宾法律。对此，中国海洋石油总公司明确表示拒绝，拒绝的原因是在 72 号合同区增加联合"开垦协议"（reclamation agreement）的建议不被接受。"开垦协议"指的是一种由"农场"的拥有者和开发伙伴签署的合同，签署此类协议可以被解读为中海油接受菲律宾是礼乐滩的"拥有者"。② 至此，中菲两国第二次共同开发尝试也无果而终。

2013 年，在美国等域外势力高调介入和操弄下，菲律宾炮制出了"南海仲裁案"这一政治闹剧，对中菲关系造成了巨大的负面影响。2016 年罗德里戈·杜特尔特（Rodrigo Duterte）上台执政，在中国政府的多方努力下，中菲两国关系开始回暖。2017 年 11 月，中菲两国发表联合声明称："双方愿探讨在包括海洋油气勘探和开发等其他可能的海上合作领域开展合作的方式。有关合作应符合两国各自的国内法律法规和包括 1982 年《联合国海洋法公约》在内的国际法，不影响两国各自关于主权、主权权利和管辖权的立场。""双方认为海上争议问题不是中菲关系的全部。双方同意继续商谈建立信任措施，提升互信和信心，并承诺在南海保持自我克制，不

---

① 参见 Carlos Santamaria, Sino-Philippine Joint Development in the South China Sea: Is Political Will Enouth? Asian Politics & Policy, Vol. 10, Issue 2, 2018, pp. 329-330。

② 中菲南海联合勘探 谁发挥"主权在我"谁就在搞事情，参见 https://www.163.com/dy/article/EO32U9B705414IR6.html，最后访问日期 2021 年 3 月 29 日。

采取使争议复杂化、扩大化及影响和平与稳定的行动。"①中菲两国
达成的重要共识为两国重回谈判创造了有利条件。在共同开发方
面，中菲双方达成了诸多共识并取得了重要进展。2017年初，中
菲建立南海问题双边磋商机制（BCM），重回通过谈判协商解决海
上有关问题的正轨。② 中菲南海问题双边磋商机制第一次会议于
2017年5月19日在中国贵阳举行，此次会议目的是落实2016年
10月中菲两国领导人达成的重要共识精神，就中菲两国涉南海有
关问题建立机制性对话平台。中菲南海问题双边磋商机制第二次会
议于2018年2月13日在菲律宾马尼拉举行，双方就加强包括海洋
环境保护、渔业、海洋科学研究和油气等合作的方式进行了富有成
效的交流。③ 中菲南海问题双边磋商机制第三次会议于2018年10
月18日在北京举行，双方就当前南海形势及各自关切交换意见，
探讨深化包括海上油气联合勘探在内的海上务实合作。④ 中菲南海
问题双边磋商机制第四次会议于2019年4月3日在马尼拉举行，
中菲双方再次确认，中菲在南海有关分歧不应影响双方其他领域互
利合作。有关争议和分歧，应由直接有关的主权国家通过友好磋商
和谈判，以和平方式加以解决。⑤ 中菲南海问题双边磋商机制第五

①　《中华人民共和国政府和菲律宾共和国政府联合声明》第十四项、第
十五项。参见外交部网站：https：//www.fmprc.gov.cn/web/ziliao_674904/
1179_674909/t1511205.shtml，最后访问日期2021年4月3日。

②　外交部回应中菲南海问题双边磋商机制近期进展，参见人民网：
http：//world.people.com.cn/n1/2018/1016/c1002-30345159.html，最后访问
期2021年3月29日。

③　袁梦晨：中菲南海问题双边磋商机制第二次会议召开，参见：
http：//www.81.cn/gjzx/2018-02/13/content_7944327.htm，最后访问日期2021
年3月29日。

④　中菲南海问题双边磋商机制第三次会议举行，参见 https：//
baijiahao.baidu.com/s？id=1614668755980741770&wfr=spider&for=pc，最后访
问日期2021年3月29日。

⑤　中菲南海问题双边磋商机制第四次会议召开 我外交部回应，参见：
https：//baijiahao.baidu.com/s？id=1629877075862770725&wfr=spider&for=
pc，最后访问日期2021年3月29日。

次会议于 2019 年 10 月 28 日在北京举行，双方就南海总体形势和中菲间涉海关切问题坦诚、友好地交换了意见。双方对南海局势不断向好发展予以积极肯定，认识到处理南海有关分歧的重要性，并回顾了海上各领域务实合作取得的积极进展。双方重申继续以积极和建设性的态度妥善处理分歧，探索开展海上务实合作，以增进相互信任和信心。①

2018 年，习近平总书记对菲律宾进行国事访问期间，两国签署了《关于油气开发合作的谅解备忘录》及《关于建立政府间联合指导委员会和企业间工作的职责范围》等文件，意味着双方在油气勘探、开发合作方面迈出了新的步伐。《关于油气开发合作的谅解备忘录》第三部分规定了"工作机制"，约定双方将设立政府间联合指导委员会和企业间工作组，委员会负责谈判、达成合作安排及其适用的海域，并决定需建立的工作组数量及具体位置。工作组负责谈判、达成适用于相关工作区块的企业间技术和商业安排。中方授权中国海洋石油集团有限公司作为中方参与企业。菲方将授权在适用本协议的工作区块内与菲律宾有服务合同的一家或多家企业，若特定工作区块无此类企业则授权菲律宾国家石油勘探公司作为菲方参与企业。双方将在本备忘录签订后 12 个月内致力于就合作安排达成一致。委员会和工作组将定期接触，以推进相关工作。② 2019 年 8 月 29 日，习近平主席在北京会见菲律宾总统杜特尔特，中菲双方宣布成立油气合作政府间联合指导委员会和企业间工作组，推动

---

①　中菲举行南海问题双边磋商机制（BCM）第五次会议，参见：https：//www. guancha. cn/politics/2019_10_29_523149. shtml，最后访问日期 2021 年 3 月 29 日。

②　参见《中华人民共和国政府和菲律宾共和国政府关于油气开发合作的谅解备忘录》，外交部网站：http：//russiaembassy. fmprc. gov. cn/web/wjb_673085/zzjg_673183/bjhysws_674671/bhfg_674677/t1616639. shtml，最后访问日期 2021 年 3 月 29 日。

共同开发尽快取得实质性进展。①

此外，2020 年 10 月，石油公司 PXP Energy 与中国海洋石油公司（CNOOC）就中菲南海油气共同开发谅解备忘录开启谈判。② 菲律宾国家石油公司与中国海洋石油公司也一致同意于 2021 年开展南海油气联合开发活动。③ 可见，杜特尔特上台执政后中菲关系得到改善，在共同开发问题上也取得了重大突破。

三、中国与马来西亚

多年来，对于南海争端，相比于不断挑衅叫嚣的菲律宾和越南，马来西亚一方面毫不放松其主权声索，另一方面一直采取比较理智低调的态度。该国政府主张以和平的方式，通过外交途径来解决争端。④ 马来西亚强烈建议南海各声索国能够避免武力冲突，搁置领土争议，并把"共同开发、合作共赢"的发展模式运用到油气资源储量极其丰富的南海地区，以求在经济方面获得共赢。⑤ 在中马双边关系上，两国一直保持着友好合作的双边关系。长期以来，马来西亚在南海问题上推行"不挑头、不挑事"的相对低调的政策，尽量避免正面冲突，特别是军事冲突，而更多的是采取政治手段以确保自身在南海的既得利益的获得，它支持中国提出的南海共同开

---

① 中菲宣布一项重大消息，参见环球时报网站：https：//baijiahao. baidu. com/s？id=1643213980131697524&wfr=spider&for=pc，最后访问日期 2021 年 3 月 29 日。

② Bojan Lepic，PXP，CNOOC discussing South China Sea work after lifting of Philippines exploration moratorium，available at：https：//www. offshore-energy. biz/pxp-cnooc-discussing-south-china-sea-work-after-lifting-of-philippines-exploration-moratorium/，last visited on Mar. 12, 2021.

③ Bojan Lepic，PNOC，CNOOC to start South China Sea joint venture by 2021，available at：https：//www. offshore-energy. biz/pnoc-cnooc-to-start-south-china-sea-joint-venture-by-2021/，last visited on Mar. 12, 2021.

④ 参见苏莹莹：《马来西亚南海政策解读与我国的应对策略研究》，北京外国语大学博士学位论文，2017 年，第 34 页。

⑤ 参见苏莹莹：《马来西亚南海政策解读与我国的应对策略研究》，北京外国语大学博士学位论文，2017 年，第 36 页。

发倡议。① 但实际上，除了两国官方在不同场合声明在《联合国海洋法公约》框架下和平解决南海争端，不采取使争议复杂化、扩大化的行动等过于原则性的约定外，中国与马来西亚共同开发并未得到进一步推进。

四、中国与文莱

与越南、菲律宾相比，文莱在南海问题上也属于态度相对温和的国家。在自身国力有限的前提下，文莱一般不轻易单独在南海问题上表态，而是更多地希望能够以集体的声音来参与南海问题讨论。由于文莱在外交上致力于维护地区和平与稳定，因此，出于自身安全的需要，文莱在南海争端中也一如既往地秉持这种态度，主张通过对话谈判来解决争端。② 近年来，中国与文莱一直保持稳定的双边关系，在共同开发上也取得了一定进展。

2011 年 11 月，中国与文莱签署了《中华人民共和国政府和文莱达鲁萨兰国政府关于能源领域合作谅解备忘录》，中国海洋石油总公司与文莱国家石油公司签署了《中国海洋石油总公司与文莱国家石油公司油气领域商业性合作谅解备忘录》。2013 年 4 月，中华人民共和国和文莱达鲁萨兰国发表联合声明称："两国元首同意支持两国有关企业本着相互尊重、平等互利的原则共同勘探和开采海上油气资源。有关合作不影响两国各自关于海洋权益的立场。"③ 2013 年 10 月，中华人民共和国和文莱达鲁萨兰国发表联合声明称，"双方对中文在能源领域，特别是中国海洋石油总公司（中国海油）与文莱国家石油公司（文莱国油）之间的现有合作表示满意，对中国海油与文莱国油近期签署关于成立油田服务领域合资公司的

---

① 参见苏莹莹：《马来西亚南海政策解读与我国的应对策略研究》，北京外国语大学博士学位论文，2017 年，第 32 页。

② 参见康霖：《文莱南海政策评析》，载《新东方》2014 年第 4 期，第 35 页。

③ 《中华人民共和国和文莱达鲁萨兰国联合声明》第十项，参见外交部网站：https：//www.fmprc.gov.cn/web/ziliao_674904/1179_674909/t1028639.shtml，最后访问日期 2021 年 4 月 5 日。

协议表示欢迎。双方鼓励各自官员根据 2013 年 4 月 5 日中文联合声明第十条所表述的原则为基础，探讨两国相关企业在其他方面共同勘探和开采海上油气资源。"①2018 年 11 月，中华人民共和国和文莱达鲁萨兰国发表联合声明称："双方欢迎签署《中华人民共和国政府与文莱达鲁萨兰国政府关于建立政府间联合指导委员会的谅解备忘录》，建立部级磋商机制，进一步促进和鼓励双方包括海上、经济、商业、科技、贸易、投资以及能源在内的各领域合作交流。""双方对两国能源合作取得的进展感到满意，同意将继续支持两国有关企业本着相互尊重、平等互利原则，按照 2013 年 4 月 5 日两国联合声明第十段所述及国际法原则，在海上油气资源领域开展合作。"②

2020 年 1 月 21 日，中华人民共和国国务院国务委员兼外交部长王毅和文莱达鲁萨兰国外交事务主管部长艾瑞万共同主持召开中国文莱政府间联合指导委员会首次会议。双方重申致力于维护南海的和平、稳定和安全，强调应由直接有关的主权国家根据包括 1982 年《联合国海洋法公约》在内的公认的国际法原则，通过和平对话和协商解决领土和管辖权争议。全面有效落实《南海各方行为宣言》，尽早达成实质有效的"南海行为准则"。③ 2021 年 1 月 14 日，中华人民共和国国务委员兼外交部长王毅同文莱达鲁萨兰国外交事务部长艾瑞万共同主持召开中国—文莱政府间联合指导委员会（以下简称"委员会"）第二次会议。双方宣布在委员会框架下建立能源合作工作组，同意推动在海上合作、农渔业合作、旅游人文合

---

① 《中华人民共和国和文莱达鲁萨兰国联合声明》第七项，参见外交部网站：https：//www. fmprc. gov. cn/web/ziliao_674904/1179_674909/t1087458. shtml，最后访问日期 2021 年 4 月 5 日。

② 《中华人民共和国和文莱达鲁萨兰国联合声明》第八项与第十一项，参见中华人民共和国中央人民政府网站：http：//www. gov. cn/xinwen/2018-11/19/content_5341700. htm，最后访问日期 2021 年 4 月 5 日。

③ 中华人民共和国和文莱达鲁萨兰国政府间联合指导委员会首次会议联合新闻稿，参见外交部网站：http：//new. fmprc. gov. cn/web/wjbzhd/t1734984. shtml，最后访问日期 2021 年 4 月 3 日。

作领域建立工作组，并尽快研究上述工作组"职责范围"。双方重申致力于维护和促进南海和平、稳定和安全，强调应由直接有关的主权国家根据包括 1982 年《联合国海洋法公约》(《公约》)在内公认的国际法原则，通过和平对话和协商解决领土和管辖权争议。双方并重申致力于同其他东盟成员国一道，推动全面有效落实《南海各方行为宣言》，尽早达成实质有效的"南海行为准则"。①

五、中国与印尼

印尼一直积极推动解决南海争端，扮演着"诚实可靠的中间人"(honest broker) 和调停者角色，② 不仅举办"处理南海地区潜在冲突研讨会"(Workshop on Managing Potential Conflicts in South China Sea)，还在东盟框架内推落实南海共同开发。为维护纳土纳群岛及其海域的海洋权益，历届印尼政府采用法律、军事、经济和安全等手段，实践内容扩展至纳土纳群岛地区的政治、军事、经济以及社会等方面。③ 虽然印尼维护纳土纳海域海洋权益的手段强硬，但同时一直寻求与中国的合作。中国高度重视与印尼的双边关系，并在海洋合作方面取得了重要成果。2005 年 4 月 25 日，国家主席胡锦涛和印度尼西亚总统苏西洛在雅加达签订了中国与印尼关于建立战略伙伴关系的联合宣言，推动落实《南海各方行为宣言》，使南中国海成为合作平台和友谊桥梁，并就密切开展海上合作，提升能力建设，建立海上问题磋商与合作机制达成共识。④ 2013 年 3

---

① 中华人民共和国和文莱达鲁萨兰国政府间联合指导委员会第二次会议联合新闻稿，参见：https：//baijiahao. baidu. com/s？id = 1689018679290 278488&wfr = spider&for = pc，最后访问日期 2021 年 4 月 3 日。

② 常书：《印度尼西亚南海政策的演变》，载《国际资料信息》2011 年第 10 期，第 26 页。

③ 覃淑婷：《印度尼西亚纳土纳群岛政策研究》，广西民族大学硕士学位论文，2020 年，第 26 页。

④ 《中华人民共和国与印度尼西亚共和国关于建立战略伙伴关系的联合宣言》，参见人民网：http：//world. people. com. cn/n1/2016/0627/c404981- 28482042. html，最后访问日期 2021 年 6 月 7 日。

月，中国与印尼发表联合声明，双方积极评价两国在海洋领域进行富有成效的合作，欢迎两国签署海上合作谅解备忘录，同意成立海上合作委员会并启动两国海上合作基金。① 2013 年 10 月 2 日，习近平出席出访印尼，中国与印尼双方发布了《中印尼全面战略伙伴关系未来规划》。习近平主席同苏西洛总统双方一致同意，将双边关系提升为全面战略伙伴关系。会谈结束后，双方还签署了《中华人民共和国农业部与印度尼西亚共和国海洋渔业部渔业合作谅解备忘录》。② 2014 年 10 月，中国与印尼两国就中国渔船在纳土纳海域捕鱼达成了为期三年的渔业合作协议。2015 年 3 月 25 日，国家主席习近平在出席博鳌亚洲论坛年会期间与印尼佐科总统签署了《关于加强两国全面战略伙伴关系的联合声明》，双方认为，习近平主席提出的建设"21 世纪海上丝绸之路"重大倡议和佐科总统倡导的"全球海洋支点"战略构想高度契合，携手打造"海洋发展伙伴"。③ 虽然中印尼在纳土纳问题上还未取得实质进展，2015 年 1 月印尼还单方面废止渔业合作协议，④ 并扣押中国渔船，给两国的渔业合作蒙上了阴影，但总体而言，中印尼关系持续向好，双方都致力于维护南海和平与稳定，为两国的共同开发奠定了基础。

本 章 小 结

中国南海地区因其重要的战略地位和丰富的油气储藏，而被其

---

① 《中华人民共和国和印度尼西亚共和国联合声明》，参见外交部网站：http://switzerlandemb.fmprc.gov.cn/web/ziliao_674904/1179_674909/t917110.shtml，最后访问日期 2021 年 6 月 7 日。

② 《中印尼全面战略伙伴关系未来规划》，参见中华人民共和国中央人民政府网站：http://www.gov.cn/ldhd/2013-10/04/content_2500331.htm，最后访问日期 2021 年 6 月 7 日。

③ 《中国和印尼关于加强两国全面战略伙伴关系的联合声明》，参见中央政府门户网站：http://www.gov.cn/xinwen/2015-03/27/content_2838995.htm，最后访问日期 2021 年 6 月 7 日。

④ 黄永弟：《中国—印尼海洋经济合作：进展、问题与建议》，载《西部学刊》2019 年 6 月总第 92 期，第 129 页。

他沿岸国所觊觎。长期以来，中国政府一直重陆地而轻海洋的指导方针，导致远洋利益严重受损。随着深海钻探技术的发展和海权意识的增强，南海沿岸国在积极主张海洋权利的同时，加紧了对中国南海海洋资源的掠夺。从 20 世纪中后期开始，越南、菲律宾、马来西亚、印度尼西亚和文莱就通过大肆单方面地掠夺和开发南海海洋资源，而获取巨大的经济利益。中国政府从南海地区和平与稳定大局出发，推进"搁置争议，共同开发"，并取得重大进展。南海沿岸国之间成功的共同开发实践也为中国推进南海共同开发提供了参考。

越南是首个与中国就南海共同开发跨界油气资源正式达成一致的国家。中越两国签署了《中华人民共和国和越南社会主义共和国关于两国在北部湾领海、专属经济区和大陆架的划界协定》和《中华人民共和国政府和越南社会主义共和国政府北部湾渔业合作协定》，彻底解决了两国在北部湾的海上划界和渔业合作问题。[1] 中国和菲律宾就南海共同开发作出了重大尝试，例如 2005 年 3 月中、菲、越三方签署的《在南海协议区三方联合海洋地震工作协议》和 2012 年至 2013 年中菲两国共同开发礼乐滩海域。虽然"南海仲裁案"给两国关系和共同开发进程造成负面影响，但杜特尔特总统上台后两国重回谈判轨道，建立了南海问题双边磋商机制，签署了《关于油气开发合作的谅解备忘录》及《关于建立政府间联合指导委员会和企业间工作的职责范围》等文件，在油气勘探的开发合作方面迈出了新的步伐。中国与文莱的共同开发也取得了一定进展。2011 年中国与文莱在政府和国家石油公司层面均签署了相应的法律文件，2018 年中文两国发表联合声明，建立部级磋商机制，2021 年中文两国还共同主持召开了中国—文莱政府间联合指导委员会第二次会议，在海上能源合作方面进一步达成共识。对于中国与马来西亚、中国与印尼的共同开发，虽然进程较为曲折，但总体上中马与中印尼之间仍保持良好的双边关系，为共同开发的推进提

---

[1] 参见罗圣荣、黄国华：《南海争端视域下的中越海洋合作》，载《和平与发展》2017 年第 2 期，第 45 页。

供了良好的外部环境。

在越南、菲律宾、马来西亚、文莱和印度尼西亚中，马来西亚的共同开发经验最为丰富也最为成功。经济利益显然在马来西亚支持共同开发的决策中发挥重要作用。马来西亚进行共同开发的另一个主要动因是与海洋邻国保持睦邻友好关系。① 马来西亚与泰国、越南、文莱和印度尼西亚都有共同开发实践，其中马来西亚与泰国共同开发案是东南亚首例海上共同开发的成功案例，为马来西亚与其他国家的共同开发实践提供了重要借鉴。相较于马泰联合管理局的开发模式而言，马来西亚与越南则更为灵活，双方直接授权各自的国家石油公司代表各自利益，在划定区域内进行石油勘探和开发活动，淡化了政治分歧和领土争端，突出合作共赢，共享利益。② 马来西亚与文莱的共同开发模式与马来西亚与越南的共同开发模式相像，也是由各自国家的石油公司管理。值得注意的是，虽然马来西亚与文莱共同开发取得了成功，但两国划定的共同开发区有一部分位于中国主张的历史性水域内，应受到中国的反对。马来西亚与印尼签订的渔业谅解备忘录是马六甲海峡主张重叠区域针对"渔业资源的一种准共同开发"。③ 这四个海上共同开发案例的一个重要的共同点，即双方承认存在海洋划界争议，并有履行合作原则与谈判义务的意愿。此外，由国家石油公司共同管理的商业安排，看来

---

① 参见［中国］祁怀高、［中国］薛松、［文莱］Jolene H. Y. Liew（刘惠云）、［印度尼西亚］Evi Fitriani、［马来西亚］Ngeow Chow Bing（饶兆斌）、［菲律宾］Aaron Jed Rabena、［越南］Bui Thi Thu Hien（裴氏秋贤）、［中国］洪农：《南海共同开发六国学者共同研究报告》，第 13 页。参见：https://max.book118.com/html/2019/0602/5041241141002042.shtm，最后访问日期2021 年 6 月 7 日。

② 参见苏莹莹：《马来西亚南海政策解读与我国的应对策略研究》，北京外国语大学博士学位论文，2017 年，第 109 页。

③ 参见洪农：《南海共同开发：困境中求新机——〈南海共同开发六国学者共同研究报告〉述评》，载《亚太安全与海洋研究》2019 年第 4 期，第 61页。

是较为容易接受的管理模式。① 这些共同开发实践不仅说明"搁置争议、共同开发"符合南海地区的共同利益，是一项有效的、可行的方针；同时，也为其他南海沿岸国推进共同开发提供了重要参考，增强了南海沿岸国推进共同开发的信心。

---

① 参见洪农：《南海共同开发：困境中求新机——〈南海共同开发六国学者共同研究报告〉述评》，载《亚太安全与海洋研究》2019 年第 4 期，第 61 页。

第七章 与中国有关的共同开发争端 及对南海共同开发的启示

中国在东海、黄海、南海水域均存在不同程度的海洋权益争端。在东海和黄海海域，中、日、韩三国主张海域重叠，因而在三国主张重叠海域其中任何两国的共同开发活动，都会侵犯第三国的海洋权益。虽然中国海上共同开发的成功实践较少，但现有的与中国相关的共同开发案例同样值得深入研究，尤其是涉及侵害中国海洋权益而产生争端的案例，对于在南海共同开发中如何避免和解决争端，具有重要的启示意义。

第一节 中国与日韩共同开发争端

一、中国与日韩共同开发争端的背景

东海海域由中国、日本和韩国环绕，自《大陆架公约》通过后，三国均主张其拥有大陆架主权权利，且主张存在重叠。1969 年，亚洲近海矿物资源联合勘探协调委员会发表了东海具有石油远景的报告(即《埃默里报告》)后，日本和韩国更是对此予以高度关注，并分别在各自宣称的东海大陆架区域内开展油气钻探活动。韩国根据大陆架自然延伸原则在济州岛以南划定了自己的矿区，而日本则按"中间线"方法也在同一区域划出了矿区，双方出现了 2 万多平方公里的重叠区，特别是韩国设定的第 7 矿区与日本石油公司设定的矿区几乎完全重叠。[①] 为了解决这一问题，及早开发这一地区的

---

① 参见[日本]水上千之：《日本与海洋法》，有信堂 1995 年版，第 119 页。转引自朱凤岚：《"日韩大陆架协定"及其对东海划界的启示》，载《当代亚太》2006 年第 11 期，第 35 页。

石油，日本石油界要求政府通过外交谈判划定大陆架界线。由于日韩两国在海洋划界上的主张分歧较大，谈判陷入僵局。① 1972 年 9 月，在韩国举行的第六次日韩定期部长级会议上，双方同意搁置两国间的法律主张，在权利主张重叠区域设立共同开发区，开采的石油天然气对半分成。② 最终，两国于 1974 年 1 月签署了《日本和大韩民国关于邻接两国的北部大陆架划界协定》和《日本和大韩民国关于共同开发邻接两国的南部大陆架的协定》(即《日韩大陆架协定》和《日本和韩国共同开发协定》)。协定规定在东海海域划出 10 万平方公里的大陆架，作为"共同开发区"，由日韩双方在该地进行勘察和开发石油及天然气。"共同开发区"所涉及的范围由北纬 28°36′至北纬 32°57′，东经 125°55′30″至东经 129°09′00″，面积大约为 24，101 平方海里(后调整为 24.092 平方海里)。共同开发区共划分为 9 个区块，划分流程附在《日本和韩国共同开发协定》附录中。1987 年 8 月，第一轮开发结束后，日韩双方协议将区块重新划分为面积大致相等的 6 区块。③

日韩划定的"共同开发区"深入中国东海大陆架海域，严重侵

---

① 在 1970 年 11 月、1971 年 9 月、1972 年 3 月进行的日韩大陆架划界谈判中，韩国根据 1969 年 2 月国际法院对北海大陆架案中肯定大陆架自然延伸原则的判决，认为在黄海及对马海峡海域，可以根据等距离原则的"中间线"作为本国大陆架的界限；但在东海北部海域，应以陆地领土自然延伸原则，主张其大陆架延伸到冲绳海槽。并强调，日本男女群岛南部大陆架是朝鲜半岛的自然延伸，韩国对与日本矿区的重叠区域特别是第 7 矿区，具有开发权利。而日本则援引 1958 年《大陆架公约》第 6 条第 1 款，强调相向国家间大陆架划界应按照"中间线"划界。并认为，国际法院虽然承认自然延伸原则，但那是相邻的三个国家间的大陆架划界案例，并不适用于日韩两国这样的相向国家。参见〔日本〕落合淳隆：《日本面临的亚洲国际环境》，敬文堂 1981 年版，第 134 页。转引自朱凤岚：《"日韩大陆架协定"及其对东海划界的启示》，载《当代亚太》2006 年第 11 期，第 35 页。

② 参见朱凤岚：《"日韩大陆架协定"及其对 东海划界的启示》，载《当代亚太》2006 年第 11 期，第 35 页。

③ 参见邓妮雅：《日韩共同开发东海大陆架案及其对中国的启示》，载《中国海洋大学学报(社会科学版)》2016 年第 2 期，第 68 页。

害了中国领土主权与海洋权益。《日本和韩国共同开发协定》是在并未顾及中国对东海大陆架权利主张的情况下签署的,[①] 日韩两国明知与中国在东海大陆架权利主张上存在严重分歧,但却未与中国协商划分大陆架管辖范围,擅自将中国权利主张范围内的大陆架划入了日韩共同开发区,[②] 引发了中国的强烈抗议,给刚刚建交的中日关系蒙上了阴影。

二、中国政府的应对

中国政府通过外交途径表达自己的立场。协议签定后,中国政府对此表示坚决反对。1974 年 2 月 4 日,中华人民共和国外交部发言人声明:中国政府认为,根据大陆架是大陆自然延伸的原则,东海大陆架理应由中国和有关国家协商确定如何划分。现在,日本政府和南朝鲜当局背着中国在东海大陆架划定所谓日、韩"共同开发区",这是侵犯中国主权的行为。对此,中国政府决不能同意。如果日本政府和南朝鲜当局在这一区域擅自进行开发活动,必须对由此引起的一切后果承担全部责任。[③]

1977 年 5 月 27 日,中华人民共和国外交部副部长何英应约会见了日本驻中国大使小川平四郎,向他重申我国政府对"日韩共同开发大陆架协定"的立场。何英副部长在谈话中指出,日本政府和南朝鲜当局背着中国在东海大陆架划定所谓"日韩共同开发区",这是侵犯中国主权的行为。对此,中国政府决不能同意。中国政府曾经多次申明这一立场。遗憾的是,日本政府还是把这一"协定"提交国会准备通过。中国政府一贯主张东海大陆架理应由中国和有关国家协商确定如何划分,但是日方背着中国签订这个"协定",现在又企图在国会通过,造成所谓既成事实,这怎么能说是有诚意

---

① 参见朱凤岚:《"日韩大陆架协定"及其对东海划界的启示》,载《当代亚太》2006 年第 11 期,第 36 页。

② 参见朱凤岚:《"日韩大陆架协定"及其对东海划界的启示》,载《当代亚太》2006 年第 11 期,第 36~37 页。

③ 参见《我外交部发言人发表声明》,载《人民日报》1974 年 2 月 5 日第 1 版。

准备同中国进行协商呢？何英副部长表示，如果日本政府不顾中国政府的意见，硬要国会通过这个"协定"，对中日关系的发展是有害的，日本政府必须对由此产生的一切后果负完全责任，希望日方以中日两国友好关系为重，慎重考虑中国政府的意见。①

1977年6月13日，中华人民共和国外交部就日本政府最近强使所谓"日韩共同开发大陆架协定"在日本国会获得"自然批准"一事发表声明。声明指出，对日本政府这一公然侵犯中国主权的行为，中国政府表示严重抗议，并再次指出，日本政府必须对由此产生的一切后果负完全责任。②

1978年5月10日，中华人民共和国外交部副部长韩念龙约见日本驻华大使佐藤正二，就日本政府把所谓"关于实行日韩大陆架协定的特别措施法"提交日本国会通过，继续采取侵犯中国主权的步骤，表示强烈抗议。韩念龙副部长指出，中国政府对日本政府和南朝鲜当局背着中国在东海大陆架片面划定"共同开发区"的所谓"日韩共同开发大陆架协定"，曾先后两次声明，指出这是侵犯中国主权的行为，所谓"日韩共同开发大陆架协定"完全是非法的、无效的，中国政府决不能同意。韩念龙副部长强调指出，但遗憾的是日本政府根本无视中国政府的严正立场，4月7日竟然又在众议院通过了所谓"关于实行日韩大陆架协定的特别措施法"，并提交参议院进行审议。对日本政府执意侵犯中国主权的这一严重步骤，中国政府表示强烈抗议。日本政府必须立即停止侵犯中国主权、损害中日关系的行为，否则，必须对由此产生的一切后果负完全责任。③

1978年6月26日，中华人民共和国外交部就日本政府和南朝鲜当局互换所谓"日韩共同开发大陆架协定"的批准书一事，对日

---

①　参见《何英副部长应约会见日本小川大使 重申我对"日韩共同开发大陆架协定"的立场》，载《人民日报》1977年5月28日第3版。

②　参见《中华人民共和国外交部发表声明》，载《人民日报》1977年6月14日第1版。

③　参见《韩念龙副外长约见日本驻华大使 强烈抗议日本政府执意侵犯中国主权》，载《人民日报》1978年5月11日第5版。

本政府侵犯中国主权的行为提出强烈抗议。中国政府郑重重申，所谓"日韩共同开发大陆架协定"完全是非法的，无效的；任何国家和私人如果在该"协定"所划定的所谓"共同开发区"内擅自进行开发活动，必须对由此引起的一切后果承担全部责任。①

1980年5月7日，中华人民共和国政府就日本政府决定同南朝鲜当局在东海大陆架片面划定的"共同开发区"西侧开始进行钻探试采再一次郑重声明：日本政府不同中国协商，背着中国而同南朝鲜当局签订的所谓"日韩共同开发大陆架协定"完全是非法的、无效的。中国政府对于侵犯我国主权和重大利益的行动决不能置若罔闻。任何国家和私人如果在该"协定"所片面划定的所谓"共同开发区"内擅自或参与进行开发活动，必须对由此产生的一切后果承担责任。中国政府保留对该区域的一切应有权利。②

需要说明的是，虽然中国政府的坚决反对一定程度上阻碍了日韩共同开发，但日韩两国并未放弃共同开发活动。在协定生效后，两国正式发布开发区区块划分公告，允许石油公司进入，开发活动进行至1989年两国仍未发现具有商业价值的储藏而停止。这说明，中国的外交抗议并未对日韩共同开发起到实质性的阻碍作用。

三、中国与日韩共同开发争端的特点

其一，这是共同开发外的第三国与共同开发当事国之间产生的争端。相较于共同开发私法主体之间的争端，共同开发当事国之间的争端较为少见，共同开发当事国之外的第三国与共同开发当事国之间的争端则更为稀少。因此，中国与日韩共同开发争端具有代表意义。从该案中可以看出，在多国之间存在海域划界争议的情况下，其中两国未与第三国协商擅自进行共同开发，极易侵犯第三国的海洋权益而与之产生争端，而且此类争端具有强烈的政治敏感性

---

① 参见《中华人民共和国外交部声明强烈抗议日本政府侵犯我国主权》，载《人民日报》1978年6月27日第1版。

② 《我国东海大陆架主权不容侵犯》，载《人民日报》1980年5月8日第1版。

和对抗性，容易使争端升级。这就告诉我们，海上共同开发不能只顾各自的利益，而需要尊重第三方合法的权利主张，以免给共同开发带来负面影响，甚至影响三国外交关系的发展。这一点在中国推进南海共同开发中具有重要的启示意义。

其二，争端的产生是由于中日韩三国之间存在海域划界争端。对于日韩大陆架争端，韩国主张自然延伸原则，将其大陆架延伸至日本岛屿附近，而日本则坚持采用中间线的原则来划定。① 在中韩大陆架争端中，中国坚持自然延伸原则，而韩国却主张中间线原则，可见韩国在大陆架划界问题上采用双重标准。在中日大陆架划界争端中，中国主张自然延伸原则，认为冲绳海槽是两国大陆架的天然界限，而日本仍然坚持中间线原则。可见，中日韩三国在海域划界问题上存在严重的分歧，任何两方枉顾第三方的权益而擅自在三方主张重叠海域进行共同开发活动，都将侵犯第三方的海洋权益，导致争端产生。

第三，中国政府注重运用外交方法和平解决国际争端。和平解决国际争端是中国政府始终坚持的重要原则。在日韩共同开发严重侵犯中国主权的情况下，中国政府通过多种外交途径表明立场，试图通过外交途径阻止日韩共同开发进程，虽然日韩最终未能从共同开发中获得经济利益，对中国海洋资源和海洋经济未产生实质性威胁，但日韩不顾中方的外交抗议一意孤行，继续推进共同开发的做法，使中国在政治上和法律上均处于被动地位，严重侵害了中国的国家主权、尊严和核心利益，这说明中国政府运用单一的外交手段解决国际争端效果较为有限。

第二节 中韩渔业争端

东海和黄海有利的自然条件和丰富的渔业资源为周边国家长期

---

① 参见 Jon M. Van Dyke, Reconciliation between Korea and Japan, Chinese Journal of International Law, Vol. 5, 2006, p. 238。

发展渔业生产提供了很好的机遇和条件。[1] 为适应 200 海里专属经济区制度所构建的国际渔业新秩序，从传统渔业管理逐步转变为专属经济区管理制度，[2] 中国先后与日本、[3] 韩国和越南签署了双边渔业协定。中日、中韩渔业协定是在未完成划界情况下达成的一项临时安排，而中越渔业协定是与中越北部湾划界完成后对北部湾渔业问题作出的法律安排，这三个渔业协定的签署对于发展渔业经济、深化渔业开发合作起到了重要作用。相比于中日和中越，中韩渔业协定在实施过程中产生的问题更为复杂，尤其是中韩渔业协定签署后中韩之间产生了多次不同烈度的渔业纠纷，给中韩渔业合作甚至中韩关系都带来了不利影响。

一、中韩渔业争端的背景

1996 年，韩国和中国先后批准加入了《联合国海洋法公约》，

---

[1] 刘丹：《海洋生物资源国际保护研究》，复旦大学 2011 年博士学位论文，第 123~124 页。

[2] 张吉喆：《〈中韩渔业协定〉框架下两国相互入渔的分析研究》，中国海洋大学 2015 年硕士学位论文，第 1 页。

[3] 中日两国早在 1955 年就开展了渔业合作，双方签署了非政府渔业协定。1972 年两国邦交正常化，1972 年 9 月 29 日发表了《中华人民共和国政府和日本国政府联合声明》，两国政府于 1975 年 8 月 15 日签订了《中华人民共和国和日本国渔业协定》。中日两国 1995 年开始，就大陆架和专属经济区划界进行磋商。但双方在划界问题上的观点分歧太大，短期内无法达成协议。为了维护东海的渔业秩序，两国根据《联合国海洋法公约》的有关规定，在海洋划界完成之前，决定先就渔业安排进行磋商，作为海洋划界前的过渡安排。经过一年多的谈判，中国驻日本国特命全权大使徐敦信和日本国外务大臣小渊惠三代表两国政府于 1997 年 11 月 11 日在日本东京签订了新的中日渔业协定。新的中日渔业协定签署后，双方于 1998 年上半年完成了协定生效的各自国内法律手续，并于 1998 年下半年开始就协定生效有关问题进行协商。2000 年 2 月 27 日，两国政府代表团在北京最终就存在的主要分歧达成协议，中国农业部部长陈耀邦与日本国农林水产大臣玉泽德一郎签署了会谈纪要，约定新中日渔业协定于 2000 年 6 月 1 日生效。参见许柳雄：《建立我国与周边国家海洋渔业新秩序——1997—2004 年我国与日、韩、越三国新的政府间渔业协定先后签订和生效》，载《中国渔业改革开放三十年中国渔业协会会议论文集》，第 144 页。

都宣布建立 200 海里专属经济区。但中韩两国属于海岸相向国家，且两国之间的海域最宽处不到 400 海里，无法满足两国各 200 海里专属经济区的主张，因此中韩两国之间产生了大面积的主张重叠海域。在两国暂时无法达成划界的情况下，两国依据《联合国海洋法公约》第 74 条第 3 款之规定，最终于 2000 年 8 月签订了《中华人民共和国政府和大韩民国政府渔业协定》（以下简称《中韩渔业协定》），并于 2001 年 6 月 30 日正式生效。① 协定将中韩两国领海外部界线之间的海域分为五种区域，即暂定措施水域、过渡水域、维持现有活动水域、专属经济区水域和特殊警戒区。

根据协定第 7 条的规定，在暂定措施水域，中韩双方"采取共同的养护措施和量的管理措施"，双方"只对从事渔业活动的本国国民及渔船采取管理和其他必要措施。缔约一方发现缔约另一方国民及渔船违反中韩渔业联合委员会的决定时，可就事实提醒该国民及渔船注意，并将事实及有关情况通报缔约另一方。缔约另一方应尊重对方的通报，并在采取必要措施后，将结果通报对方"。

根据协定第 8 条的规定，过渡水域即在暂定措施水域两侧，分别划定一块带状海域作为缓冲。在过渡水域，缔约双方各自对在缔约另一方一侧过渡水域作业的本国渔船发放许可证，并相互交换渔船名册。自协定生效之日起 4 年后，过渡水域适用专属经济区制度，即自 2005 年 6 月 30 日起，过渡水域不复存在，由中韩两国按

---

① 中韩建交之前，双方渔业纠纷主要通过民间渔业组织"中国东黄海渔业协会"和"韩国水产业协调组合中央会"协商解决。中韩两国 1992 年建交后，1993 年开始政府间渔业谈判。两国先后批准了《联合国海洋法公约》，并宣布实施 EEZ 制度后，产生了中韩海洋划界问题。由于划界原则上的分歧，海洋划界协议难以在短期内达成，而渔业问题是两国在 EEZ 制度下对双方都非常重要，迫切需要解决的问题。中韩双方经过历时 7 年近 30 次谈判，于 1998 年 11 月 11 日两国新的渔业协定开始启动。《中韩渔业协定》是继《中日渔业协定》之后，我国与周边国家签署并生效的第二个双边渔业协定。参见许柳雄：《建立我国与周边国家海洋渔业新秩序——1997—2004 年我国与日、韩、越三国新的政府间渔业协定先后签订和生效》，载《中国渔业改革开放三十年中国渔业协会会议论文集》，第 145 页。

专属经济区性质水域管理。① 第 8 条第 2 款还规定："为在过渡水
域逐步实施专属经济区制度，缔约各方应采取适当措施，逐步调整
并减少在缔约另一方一侧过渡水域作业的本国国民及渔船的渔业活
动，以努力实现平衡。"为便于实施本协定，中韩两国还设立了中
韩渔业联合委员会，委员会由缔约双方各自任命的一名代表和若干
名委员组成，必要时可设立专家组。渔业联合委员会每年召开一次
会议，在中韩两国间轮流举行。中韩双方还根据本协定第 2 条第 2
款的规定，达成了应采取的入渔许可措施，作为附件一附于协定之
后。中韩双方还根据本协定第 11 条第 2 款的规定，② 就紧急避难
可采取的相关措施达成一致，并作为附件二附于协定之后。

　　然而，由于靠近韩方一侧的海域一直是中国渔民的传统渔场，
协定生效后，中国大面积海外渔场丧失。此外，靠近中国一侧水域
因工业发展和城镇化而污染严重，海洋渔业资源减少，中国近海渔
民迫于生计而不得不进入韩国一侧的过渡水域进行捕鱼活动，③ 但
是需要韩国发放许可证。由于许可证发放的数量十分有限，中国渔
民获得许可证较困难，中国渔民不得不进行非法捕鱼活动。同时，
由于韩国政府加强了对渔业监管的力度，严厉打击中国渔民的非法
捕鱼活动，④ 使中韩渔业争端愈演愈烈，从起初简单的扣押和罚款发展为
重大伤亡事件，甚至演化成外交事件，给两国渔业合作和外交关系

① 参见董加伟：《论中韩、中日渔业协定框架下的传统捕鱼权保障》，
载《东北亚论坛》2014 年第 4 期，第 37 页。

② 第 11 条第 2 款规定：缔约一方的国民及渔船，由于天气恶劣或其他
紧急事态需要避难时，可按本协定附件二的规定，与缔约另一方有关部门联
系，到缔约另一方港口等处避难。该国民及渔船应遵守缔约另一方的有关法
律、法规，并服从有关部门的指挥。

③ 参见 Zewei Yang, The Present and Future of the Sino-South Korean
Fisheries Dispute: A Chinese Lawyer's Perspective, Journal of East Asia and
International Law, Vol. 5, No. 2, 2012, p. 485。

④ 参见 Zewei Yang, The Present and Future of the Sino-South Korean
Fisheries Dispute: A Chinese Lawyer's Perspective, Journal of East Asia and
International Law, Vol. 5, No. 2, 2012, p. 487。

蒙上了阴影。

二、中国政府的应对

其一，中国政府采取使领馆交涉等外交途径来处理争端。发生严重的冲突后，中国外交部门会迅速地反应，表达立场，而且态度严肃坚定。以2014年10月10日发生的韩国海警开枪打死中国渔民宋厚模事件为例，外交部发言人洪磊在例行记者会上表示，中方对韩方采取暴力执法行为导致中国渔民死亡表示十分震惊、强烈不满，中国外交部已向韩方提出严正交涉，敦促韩方严肃、认真、妥善处理善后事宜。① 事发后，中国驻韩使领馆立即向韩方提出交涉，并派领事官员前往事发地核实了解情况，处理这一事件。中国外交部领事司负责人已向韩国驻华使馆提出严正交涉。外交部和中国驻韩国使领馆将继续密切关注事件进展。② 可见，中国在解决与韩国的渔业争端中，虽然采用的是外交方法，但仍能感觉到中国政府维护中国渔民权益的决心和力度。

其二，中方采取切实措施维护中国渔民的合法权益，维护中国海洋权益。在韩国海警被中国船员刺死事件中，韩国仁川地方法院对此案进行审判，并适用韩国"专属经济区法"来追究中国船员的责任。③

---

① "外交部：韩方暴力执法致中国渔民死亡 中方感到十分震惊强烈不满"，参见人民网：http://world. people. com. cn/n/2014/1010/c157278-25807660. html，最后访问日期2021年7月1日。

② 参见张扬：《〈中韩渔业协定〉研究》，青岛大学硕士学位论文，2015年，第18~19页。

③ 2011年12月，"鲁文渔"号在黄海水域进行捕捞时遭韩国海警查缉，船长程大伟在冲突中用玻璃碎片刺伤两名韩国海警，其中一人伤重不治。2012年4月19日，韩国仁川地方法院一审认定程大伟犯有"杀害执行公务者未遂和杀害执行公务者之罪"，鉴于程大伟杀人并非故意、反省态度真诚，判处其30年监禁和2000万韩元(约合11.2万元人民币)罚款。法院同时判处与此案相关的中国渔船"辽葫渔号"船长刘某和"鲁文渔号"的8名船员18个月至5年监禁，并处以罚款。在此之前，韩国检方要求法院判处程大伟死刑。参见李翊、贾子健：《"程大伟事件"与中韩渔权之争》，载《三联生活周刊》2012年第19期，三联生活周刊网站：http://www. lifeweek. com. cn/2012/0511/37173. shtml，最后访问日期2021年7月1日。

对此，外交部发言人刘为民在例行记者会上明确表示，中方注意到韩方有关判决。中韩在黄海尚未划定专属经济区界限，中方不接受韩方单方面适用其"专属经济区法"对中国渔民作出判决。事件发生以后，中方一直与韩方保持密切沟通，敦促韩方理性、公正、妥善处理此案。中方持续关注案件进展，并为本案中当事中国公民提供必要协助，维护他们的正当、合法权益。[1] 从这一表态可以看出，中方已经洞悉韩国想将韩方一侧水域变成韩国事实上的专属经济区的企图。不论韩国通过何种手段来强化其非法意图，中方都始终遵守《联合国海洋法公约》和《中韩渔业协定》中对于海域划界的立场，并协助中国渔民来维护自己的合法权益。

三、中韩渔业争端的特点

其一，争端产生的原因较为复杂。原因之一是协定本身的局限性。从表面上看，中韩双方非常公平地平分了整片海域，但实际却并非如此。被划分到韩国专属经济区海域的一部分是中国渔民历史上的高产作业渔区，[2] 协定的生效使中国渔民失去了大面积的传统渔场。因而对中方而言，协定本身的公正性存疑，这是中国渔民迫于生计违规违法的直接原因。原因之二是中国渔民渔船的技术性违规。虽然中国也依据《中韩渔业协定》，允许韩国渔船获得许可后到中方指定水域进行捕捞，但由于靠近韩国水域渔业资源丰富，韩国渔船到中国捕捞的数量很小，因而发生违法的现象也较少。据韩方统计，从 2004 年至 2011 年，一共只有 4 艘韩国渔船被中国扣留过，而中国渔船已经有近 500 艘被韩国执法部门扣留过。从韩国执法部门公布的情况来看，中国渔船非法捕捞主要分为无证捕捞（含侵犯韩国领海）和违反专属经济区规定的捕捞。后一种主要是指在

---

① "中方：不接受韩方单方面对中国渔民进行判决"，参见环球网：https://china.huanqiu.com/article/9CaKrnJv7l3，最后访问日期 2021 年 7 月 1 日。

② 参见崔晓：《中韩争议水域捕鱼权问题研究》，辽宁大学 2018 年法律硕士学位论文，第 8 页。

非指定期间捕捞、捕捞不合规定的鱼类、网具不符合规定、无捕捞日志、虚假记载捕捞量、未事先通报入渔等，大部分属于技术性违规。① 原因之三是韩国渔业部门对于进入其海域的中国渔船粗暴执法。② 2016 年 10 月，伴随着渔业冲突的升级，韩国政府宣布，决定对中国渔民执法时提升武力使用程度，在必要时甚至将动用舰炮轰击涉嫌违规的中国渔船。2016 年 11 月 1 日，韩国海警首次动用班组武器向中国渔民开火，先后使用 M60 机关枪向空中和中国渔船周围水域发射 600 多发子弹。③ 韩方的暴力执法行为使中韩渔业争端不断升温。

其二，渔业争端与海域划界争端交织。在渔业争端中，韩国想单方面侵吞过渡水域使争端升级。中韩两国在渔业协定谈判中均表示，渔区的划定不影响将来两国的海域划界，而且协定第 14 条还规定，"本协定各项规定不得认为有损缔约双方各自关于海洋法诸问题的立场"，但韩国的做法显然背离了这一初衷。近年来，韩国已然将韩国一侧的过渡水域当作其事实上的专属经济区，通过不断强化其在该水域的管辖，试图影响未来专属经济区的划定。尤其是2008 年 9 月和 2011 年 12 月发生韩国海警盘查中国渔船过程中死亡事件后，韩国明显加大了其打击力度。例如，2012 年韩国修订了《外国人渔业法》，提高了对韩国专属经济区管理水域违规作业渔船的处罚金额，增加了没收违规渔船的渔具和渔获物等内容，④ 还允许韩国海警运用枪支。⑤ 此外，韩国还试图通过法律审判来强化

---

① 参见詹德斌：《海洋权益角力下的中韩渔业纠纷分析》，载《东北亚论坛》2013 年第 6 期，第 63~65 页。

② 邱昌情：《非传统安全视角下的中韩关系——以中韩渔业纠纷与冲突为例》，载《韩国研究论丛》2013 年第一辑，第 54 页。

③ 《韩国海警暴力执法凸显其不专业本质》，参见 https：//world. huanqiu. com/article/9CaKrnK0C1L，最后访问日期 2021 年 6 月 23 日。

④ 参见马光：《中韩渔业合作与纠纷探析》，载《浙江社会科学》2014 年第 5 期，第 70 页。

⑤ 参见 Suk Kyoon Kim, Illegal Chinese Fishing in the Yellow Sea: A Korean Officer's Perspective, Journal of East Asia & International Law, Vol. 5, 2012, p. 474。

其主权诉求。在韩国海警被中国船员刺死事件中，韩国法院适用韩国"专属经济区法"来追究中国船员的责任，判决书明确指出"被告多次进入韩国水域进行打捞"，这一表述使韩国想单方面将该水域据为己有的野心昭然若揭。韩国的这一系列举动不仅反映了中国渔民艰难的生存现状，也显示出中韩两国进行海域划界的紧迫性。①

其三，两国并未对争端的解决事先达成一致。同其他共同开发协定一样，《中韩渔业协定》也并未重视争端解决条款，中韩两国并未在协定中纳入争端解决条款。即使两国建立了渔业联合委员会这一联合管理机构，从协定条款上看，渔业联合委员会并未被直接明确地赋予解决争端的职能。② 这导致在争端产生后，对于如何控制和解决争端，中韩双方无法快速有效地形成一致意见，双方都从各自立场出发，③ 妄加揣测，互相指责，甚至导致争端升级。例如，2011 年 12 月中韩渔民发生严重冲突导致韩国海警人员伤亡事件发生后，中韩双方并未及时控制事态发展，并就争端的解决达成一致意见，这导致韩国国内舆论反应激烈，演化为中韩两国民间的恶意对抗。若双方早有争端解决的约定，就能及时作出反应，避免双方仅从各自立场出发而攻击对方。可见，协定缺失争端解决条款，不利于争端的解决。而且从中国渔民的角度而言，也没有可以援引的争端解决条款作为法律依据来维护其合法权益，只能听由韩国处置，使自己陷入被动的境地。

---

① 参见 Zewei Yang, The Present and Future of the Sino-South Korean Fisheries Dispute: A Chinese Lawyer's Perspective, Journal of East Asia and International Law, Vol. 5, No. 2, 2012, p. 493。

② 协定第 13 条第 2 款规定渔委会的任务如下：（一）协商如下事项，并向缔约双方政府提出建议：1. 第 3 条规定的缔约另一方国民及渔船的可捕鱼种、渔获配额及其他具体作业条件的事项；2. 有关维持作业秩序的事项；3. 有关海洋生物资源状况和养护的事项；4. 有关两国间渔业合作的事项。（二）根据需要，可就本协定附件的修改向缔约双方政府提出建议。（三）协商和决定与第 7 条、第 8 条规定有关的事项。（四）研究本协定的执行情况及其他有关本协定的事项。

③ 参见张珉晗：《中韩渔业争端解决法律研究》，重庆大学硕士学位论文，2015 年，第 14 页。

第三节　对南海共同开发的启示

一、划界才是有效避免海上共同开发争端产生的根本

从上述与中国相关的共同开发争端可知，争端产生的根本原因在于中国与相关国家尚未划定海域界线，相关国家竞相争夺海洋权益从而引发争端。因此，划界才是避免和化解争端最根本的途径。这一启示在中韩、中越渔业协定及其实施过程中体现得较为明显。中国也与越南签订了渔业协定，但《中越渔业协定》和《中韩渔业协定》在实施过程中却收效迥异。中越在北部湾海域的渔业纠纷逐年减少，两国渔业关系稳定有序，渔业合作发展顺利。与之相反，近年来中韩之间的海域非但没有风平浪静，反而是一波未平一波又起。① 究其原因，无非是中越两国已完成北部湾划界，两国的权利界限分明，不存在竞相争夺海洋权益的情况，有助于减少中越双方因管辖权界定不清造成的执法纠纷和渔业纠纷，为双方建立互信、开展海上合作奠定了基础。② 而中韩两国专属经济区主张重叠，韩国难免为了使自己在划界中获得优势而排挤中方，导致争端升级。中国与日韩共同开发争端也是因为海域划界不明而产生。因此，尽可能完成划界，才可能从根源上减少共同开发争端。

二、尊重第三方的合法权益

南海的海域划界争端涉及多方，因而要吸取日韩共同开发的教

---

① 参见黄瑶、黄明明：《中韩与中越渔业协定及其实施的比较分析—兼论中韩渔业冲突解决之道》，载《中山大学法律评论》2013 年第 11 卷第 2 辑，第 58 页。

② 李途：《主权声索能力、战略竞争程度与中国的南海政策》，南京大学博士学位论文，2019 年，第 84～85 页。

训，尊重第三方的合法权利，避免与第三国产生争端。其实日韩两国 1974 年签订的共同开发协定并不是日韩第一次侵害中方海洋权益的行为，日韩两国于 1998 年 11 月签订的渔业协定，在东海中、日、韩三国交界水域划定了日本与韩国的专属经济区，同样严重侵害了中国的海洋权益。[①] 更何况南海地区涉及多国，而且也曾出现过第三方与共同开发当事国之间产生争端的先例。例如，马泰共同开发案中，越南就曾提出过抗议。因而中国更要慎重地选择开发合作的当事国和开发区域，以减少共同开发的阻力，尽量避免争端的产生。

三、务必要重视争端解决条款

虽然南海周边国家都知晓中国政府一贯主张通过双边谈判的方式解决争端，但还是有必要在共同开发协定中事先载入争端解决条款，就争端解决作出一致约定。一方面，争端解决条款并非一个事后约定，它在国际条约中具有重要价值，是条约的解释、适用和执行的重要因素。另一方面，共同开发，尤其是油气资源的共同开发而产生的争端，其解决极有可能在一个不友好的环境下，适用不恰当的法律和程序，因而争端当事方有必要事先确保争端的解决能符合其利益要求。[②] 例如，在运用国际仲裁的场合，事先存在的包含仲裁的争端解决条款，可以为仲裁裁决的有效执行提供法律依据。此外，中国政府主张通过外交方法和平解决国际争端，但在某些情况下这种单一的做法对争端的解决并未能起到良好的效果，因而预先设计好一个完整的争端解决机制就十分必要，这就对中国政府综合、灵活地运用多种争端解决方法提出了更高

---

① "日韩渔业协定侵犯了中国专属经济区主权权利"，参见光明网：https：//www. gmw. cn/01gmrb/1999-01/23/GB/17946% 5EGM4-2305. HTM，最后访问日期 2021 年 7 月 1 日。

② 参见 Timothy Martin, Dispute Resolution in the International Energy Sector：An Overview, The Journal of World Energy Law & Business, Vol. 4, 2011, p. 3。

要求。

四、贯彻落实好《中华人民共和国海警法》

虽然中韩渔业争端产生的直接原因在于中韩渔业协定本身使中国丧失了大片传统渔场，中国渔民不得不铤而走险，以及韩方暴力执法违反国际法等多种因素，但中方执法力量分散，执法力度薄弱也是对中国渔民权益保护不力的间接因素之一。2021 年 1 月 22 日第十三届全国人民代表大会常务委员会第二十五次会议通过了《中华人民共和国海警法》（以下简称《海警法》），其第 2 条明确规定："人民武装警察部队海警部队即海警机构，统一履行海上维权执法职责。"结束了此前海监、海事、渔政、海关、边防海警等职能部门多头管理、职能交叉的局面。① 《海警法》还明确了海警机构依法履行的职责，海上维权执法的权限和措施，海警机构开展国际合作工作的原则、主体、任务和领域等。② 因此，贯彻落实海警法不仅是加强海上维权执法力量建设、有效维护国家海洋权益、加快建设海洋强国的重要举措，③ 也是防范化解重大风险、预防和化解海洋争端的法律手段。《海警法》第 12 条对海警机构履行的职责作了详

---

①　郭锐、王箫轲：《中韩海洋权益纠纷问题与我国的应对之策》，载《国际关系研究》2013 年第 2 期，第 141 页。

②　中国人民武装警察部队司令员王宁：《关于〈中华人民共和国海警法（草案）〉的说明——2020 年 10 月 13 日在第十三届全国人民代表大会常务委员会第二十二次会议上》，参见全国人大网站：http：//www. npc. gov. cn/npc/c30834/202101/e496ce89079c4565aefceeca6ef8b97c. shtml，最后访问日期 2021 年 6 月 22 日。

③　中国人民武装警察部队司令员王宁：《关于〈中华人民共和国海警法（草案）〉的说明——2020 年 10 月 13 日在第十三届全国人民代表大会常务委员会第二十二次会议上》，参见全国人大网站：http：//www. npc. gov. cn/npc/c30834/202101/e496ce89079c4565aefceeca6ef8b97c. shtml，最后访问日期 2021 年 6 月 22 日。

细列举,① 第六章还对海警机构警械和武器使用作了明确规定,②
这都将必然对中国维护南海权益, 管控和化解海洋争端提供重要的
法律依据。

---

① 第12条规定的海警机构依法履行下列职责:(一)在我国管辖海域开
展巡航、警戒, 值守重点岛礁, 管护海上界线, 预防、制止、排除危害国家
主权、安全和海洋权益的行为;(二)对海上重要目标和重大活动实施安全保
卫, 采取必要措施保护重点岛礁以及专属经济区和大陆架的人工岛屿、设施
和结构安全;(三)实施海上治安管理, 查处海上违反治安管理、入境出境管
理的行为, 防范和处置海上恐怖活动, 维护海上治安秩序;(四)对海上有走
私嫌疑的运输工具或者货物、物品、人员进行检查, 查处海上走私违法行为;
(五)在职责范围内对海域使用、海岛保护以及无居民海岛开发利用、海洋矿
产资源勘查开发、海底电(光)缆和管道铺设与保护、海洋调查测量、海洋基
础测绘、涉外海洋科学研究等活动进行监督检查, 查处违法行为;(六)在职
责范围内对海洋工程建设项目、海洋倾倒废弃物对海洋污染损害、自然保护
地海岸线向海一侧保护利用等活动进行监督检查, 查处违法行为, 按照规定
权限参与海洋环境污染事故的应急处置和调查处理;(七)对机动渔船底拖网
禁渔区线外侧海域和特定渔业资源渔场渔业生产作业、海洋野生动物保护等
活动进行监督检查, 查处违法行为, 依法组织或者参与调查处理海上渔业生
产安全事故和渔业生产纠纷;(八)预防、制止和侦查海上犯罪活动;(九)按
照国家有关职责分工, 处置海上突发事件;(十)依照法律、法规和我国缔结、
参加的国际条约, 在我国管辖海域以外的区域承担相关执法任务;(十一)法
律、法规规定的其他职责。海警机构与公安、自然资源、生态环境、交通运
输、渔业渔政、海关等主管部门的职责分工, 按照国家有关规定执行。

② 第46条明确规定了海警机构工作人员可以使用警械或者现场的其他
装备、工具的具体情形:(一)依法登临、检查、拦截、紧追船舶时, 需要迫
使船舶停止航行的;(二)依法强制驱离、强制拖离船舶的;(三)依法执行职
务过程中遭遇阻碍、妨害的;(四)需要现场制止违法犯罪行为的其他情形。
第四十七条明确了海警机构工作人员可以使用手持武器的具体情形:(一)有
证据表明船舶载有犯罪嫌疑人或者非法载运武器、弹药、国家秘密资料、毒
品等物品, 拒不服从停船指令的;(二)外国船舶进入我国管辖海域非法从事
生产作业活动, 拒不服从停船指令或者以其他方式拒绝接受登临、检查, 使
用其他措施不足以制止违法行为的。第四十八条明确了海警机构工作人员除
可以使用手持武器外, 还可以使用舰载或者机载武器的情形:(一)执行海上
反恐怖任务的;(二)处置海上严重暴力事件的;(三)执法船舶、航空器受到
武器或者其他危险方式攻击的。

五、强大的综合国力是争端解决的重要保证

从上述案例不难看出，虽然中国在处理争端时都态度坚定，表现了中国维护国家海洋权益的决心，但两者的效果是有一定差别的。在中国与日韩共同开发争端中，日韩两国无视中国的抗议而仍然继续推进共同开发。可是在中韩渔业争端中，除了中国的外交声明，中国政府还有能力为中国公民提供必要的协助，并敦促韩国妥善处理，以维护中国渔民的合法权益。此外，对于韩国侵犯中国主权权益的行为，如今强大的中国还具备在国际法的框架内展开多方手段予以回击的能力。可见，提升综合国力，提升国家的国际话语权，可以为中国解决国际争端提供强大的支撑。

本 章 小 结

中日韩三国在东海和黄海海域存在主张重叠，三国为开发和利用海洋资源达成了多项临时安排，但任何两方无视第三方正当的海洋权益而达成的协定，其实施势必会面临诸多阻碍。日本与韩国共同开发严重侵害了中国的海洋权益，中国政府的应对主要表现为外交层面的声明和抗议，对于日韩两国的共同开发活动没有产生实质性的阻碍，日韩两国最终停止开发活动的根本原因在于两国并未开采出有商业价值的储藏。可见，要切实维护国家的领土主权与海洋权益，仅有外交层面的抗议是远远不够的，还必须在加强综合国力的基础上，综合运用多种和平解决国际争端的方法，对严重侵犯国家海洋权益的行为予以坚决有效的反击。

东海和黄海拥有丰富的渔业资源，在海域划界未完成的情况下，日韩两国对渔业资源的争抢和掠夺也就成为了必然。为了和平解决国际争端，合理公平地分配渔业资源，中日韩三国互相签订了渔业协定，即《中韩渔业协定》《中日渔业协定》和《日韩渔业协定》。对于《中韩渔业协定》和《中日渔业协定》，两份协定的内容基本相同，仅在协定水域、适用范围以及管理

措施上有部分的调整。① 比如两份协定都确立了互惠入渔制度,②
都划定了不同类型的协定水域,③ 都建立了渔业联合委员会等。④
但相较而言,《中日渔业协定》实施中产生的渔业争端主要集中于
钓鱼岛海域,总体而言其落实状况较为平稳,这主要表现在三个方
面,即两国的渔业生产水平没有较大的波动、共同作业水域的渔业
纠纷没有显著增多、渔业管理模式运行较为稳定。⑤ 而《中韩渔业
协定》不仅同样涉及海域划界问题,还使中国渔民丧失了大量传统
渔场,严重侵害了中国渔民的传统捕鱼权,其协定的公平性本身就
饱受争议,在实施过程中产生的争端也就更加难以避免。

　　对于日韩两国,双方于 1965 年和 1998 年擅自签订了《日韩渔
业协定》,与《中日渔业协定》的适用水域在东海北部有部分水域重

---

　　① 　袁典:《国际法视角下东黄海区域渔业组织的构建》,浙江大学 2017
年硕士专业学位论文,第 7~8 页。

　　② 　缔约各方根据互惠原则,准许缔约另一方的国民及渔船在本国专属
经济区从事渔业活动,并向缔约另一方的国民及渔船颁发有关入渔的许可证。
缔约各方考虑到本国专属经济区资源状况、本国捕捞能力、传统渔业活动、
相互入渔状况及其他相关因素,每年决定在本国专属经济区的缔约另一方国
民及渔船的可捕鱼种、渔获配额、作业区域及其他作业条件。这一制度在《中
日渔业协定》第 2 条至第 5 条、《中韩渔业协定》第 2 条至第 5 条均有明确规
定。

　　③ 　《中日渔业协定》设立了暂定措施水域(由中日双方共同管理,中日两
国按各自国内法对本国违规渔船进行处理,即实行船旗国管理)、暂定措施水
域以南水域(维持现有的渔业关系,两国不将自己的国内法适用于对方的国
民)、暂定措施水域以北的中间水域(基本维持现状,中日两国渔船无需领取
对方许可证即可作业)、在暂定措施水域与中间水域东西两侧实行专属经济区
管理的水域(分别由中日两国各自管理)。

　　④ 　参见《中日渔业协定》第 11 条规定设立中日渔业联合委员会,由缔约
双方政府各自任命的两名委员组成,并规定了中日渔业联合委员会的主要任
务。

　　⑤ 　参见袁典:《国际法视角下东黄海区域渔业组织的构建》,浙江大学
2017 年硕士专业学位论文,第 9 页。

叠,① 而遭到中方的严重反对。不仅如此,韩国对于《中日渔业协定》亦持有异议,韩国认为中日渔业协定设立的"暂定措施水域"与其主张的专属经济区存在重叠部分,影响了其渔业利益,要求举行中日韩三方渔业会谈。② 可见,在三国主张重叠海域,在划界完成前,即使有临时安排作为过渡,也仍然可能成为争端的聚集地。因此,要避免或者尽可能减少争端的产生,划界才是根本。即使是在划界前确有必要达成一项临时安排,也应当在协定中设置全面有效的争端解决条款,而遗憾的是,《中韩渔业协定》和《中日渔业协定》都无相关的实质性内容。

中国面临严峻的海洋形势,中国政府维护海洋权益的决心坚定不移。中国始终坚持和平解决国际争端,除了以外交方法表明立场和态度,更应在国际法的框架内综合运用多种争端解决方法,以更强有力的方法予以回击。同时,强大综合国力也是中国国际地位和国际话语权的根本保障,因此提升综合国力亦是保证中国在外交斗争中掌握主动权的重要举措。

---

① 参见张良福:《中国与海洋邻国初步建立新型渔业关系》,载《中国海洋法学评论》2005 年卷第 2 期,第 59 页。

② 参见刘晓静:《我国与沿海邻国渔业争端的国际法分析》,西南政法大学 2013 年硕士学位论文,第 27 页。

第八章　南海共同开发争端解决机制的构建及其适用

　　全面地分析现有的争端解决机制，其根本目的在于为南海共同开发提供参考和借鉴。中国政府与中国石油公司是参与南海共同开发最重要的两大主体。对中国政府而言最重要的是要坚持南海问题的基本立场，以及解决南海争端的政策主张，在此基础上吸取和总结此前有关共同开发争端的经验教训，为可能产生的争端设计灵活有效的解决方案。中国石油公司要在准确风险研判的基础上，充分运用现有的争端解决法律框架，更好地维护自身权益。

第一节　明确中国政府对第三方介入的方法解决国际争端的立场

　　在选择争端解决方法时，中国政府要全面地总结和对比各争端解决方法的优劣。特别是在对方当事国建议以第三方介入的方法来解决共同开发争端时，中国政府更要明确其对第三方介入的方法解决国际争端的立场。在对外关系中，中国政府历来主张用谈判或协商的方法解决区域争端或国家之间的争端。① 谈判是重要的解决国际争端的政治方法之一。尽管如此，在谈判破裂时，仍有必要运用第三方介入的方法来解决争端。在过去几十年间，中国政府对调解、仲裁和司法裁判的态度经历了重大转变。尤其是对于国际商事争端的解决，在谈判失败后，中国政府已经将调解、仲裁和司法裁

---

　　① 参见赵劲松：《中国和平解决国际争端问题初探》，载《法律科学》2006 年第 1 期，第 98 页。

判视为谈判方法的主要替代。①

一、中国政府重视和鼓励以调解的方式解决国内和国际争端

中国政府重视和鼓励调解来解决争端的做法受到传统儒家文化的深远影响。儒家文化注重人与人之间关系的和谐友好，采用对抗性强烈的仲裁或诉讼的方法解决争端被认为是可耻的，因而对抗性程度较低的调解能在国际或国内争端解决中普遍适用。对于国内争端，仅 1980 年至 2000 年的 20 年间，以调解结案的案件数量就是诉讼的五倍。② 多数的中国涉外商事合同中，也将调解作为对抗性解决方式的前置程序。中国政府也建立了许多机构来调解解决国际或国内商事争端，包括中国国际贸易促进委员会调解中心（the Mediation Center of the China Council for the Promotion of International Trade，CCPIT）、中美商事调解中心（the United States-China Business Mediation Center）等。自 1987 年以来，中国国际贸易促进委员会调解中心已经在中国国内建立了 40 多个调解中心。中美商事调解中心也在中国和美国均有代表处，以促进中美两国运用调解的方法解决商事争端。此外，中国的很多仲裁机构和法院也提供程序和资源，鼓励争端当事方在仲裁或诉讼之前通过调解解决争端，并取得了很高的成功率。③ 例如著名的国际仲裁机构中国国际经济贸易仲裁委员会（China International Economic and Trade Arbitration

---

① 参见 Tiffany M. Lin, Chinese Attitudes Towards Third-Party Dispute Resolution in International Law, New York University Journal of International Law and Politics, Vol. 48, 2016, p. 585。

② 参见 William Heye, Forum Selection for International Dispute Resolution in China-Chinese Courts vs. CIETAC, Hasting International and Comparative Law Review, Vol. 27, 2004, p. 553。

③ 参见 Tiffany M. Lin, Chinese Attitudes Towards Third-Party Dispute Resolution in International Law, New York University Journal of International Law and Politics, Vol. 48, 2016, p. 612。

Commission, CIETAC)的仲裁规则中也包括了调解程序,① 对于双方当事人有调解愿望的, 或一方当事人有调解愿望并经仲裁庭征得另一方当事人同意的, 仲裁庭可以在仲裁程序进行过程中对其审理的案件进行调解。②

最高人民法院一直十分重视推进调解工作的发展, 2016 年 6 月发布《关于人民法院进一步深化多元化纠纷解决机制改革的意见》和《关于人民法院特邀调解的规定》。《关于人民法院进一步深化多元化纠纷解决机制改革的意见》高度重视调解在解决国际商事纠纷中的作用, 明确指出要支持具备条件、在国际上享有良好声誉的国内调解机构开展涉"一带一路"国际商事调解。支持有条件的律师事务所参与国际商事调解, 充分发挥律师在国际商事调解中的作用。2019 年 8 月 7 日, 中国签署《联合国关于调解所产生的国际和解协议公约》, 公约旨在解决国际商事调解达成的和解协议的跨境执行问题, 这对于今后解决"一带一路"沿线国家和解协议的跨境执行问题具有重要意义。③

二、中国政府对国际仲裁的态度由谨慎转为开放

对于以仲裁的方法解决国际争端, 中国一直非常慎重。在中国与外国缔结的国际条约中, 除了一些贸易议定书外, 几乎都没有载入任何仲裁条款。在中国签署、批准或加入的多边条约或国际公约

---

① 参见 Tiffany M. Lin, Chinese Attitudes Towards Third-Party Dispute Resolution in International Law, New York University Journal of International Law and Politics, Vol. 48, 2016, pp. 586-587。

② 参见 China International Economic and Trade Arbitration Commission CIETAC Arbitration Rules (Revised and adopted by the China Council for the Promotion of International Trade/China Chamber of International Commerce on November 4, 2014. Effective as of January 1, 2015.), Article 47 " Combination of Conciliation with Arbitration ". Available at: http://cn. cietac. org/index. php? m = Page&a = index&id = 106&l = en, last visited on 10 Nov. 2017. The word "conciliation" in the rules is synonymous with "mediation" used in western culture。

③ 廖丽:《新中国 70 年国际争端解决的回顾和展望》, 载《中国国际法年刊》2019 年, 第 153 页。

中，对仲裁条款，中国几乎都作了保留。到 20 世纪 80 年代后期，中国对于以仲裁方式解决国际争端的政策有所调整。在中国与外国签订的非政治性的政府间或国家间协定中，开始同意载入仲裁条款或在争端条款中包括仲裁的方法。在中国签署、批准或加入国际公约时，也开始对一些规定有仲裁解决争端的条款不再保留，但仲裁的适用仍非常有限。例如，在绝大多数中国的双边投资条约中，要么未将仲裁作为争端解决的方式，要么仲裁仅在很有限的情形下才能作为救济手段。但近几十年来，中国政府逐渐放开了对仲裁的限制，允许投资者将与双边投资条约有关的争端依据 ICSID 提交国际仲裁，或在谈判失败后建立仲裁庭。在中国加入世贸组织后，中国政府已认识到国际仲裁已经成为解决国际商事争端的重要途径，并自行建立了许多仲裁机构来处理国际商事争端，包括中国国际经济贸易仲裁委员会、北京仲裁委员会（Beijing Arbitration）、上海国际仲裁中心（Shanghai International Arbitration Centre）、深圳国际仲裁院（Shenzhen Court of International Economic and Trade Arbitration Commission）等，[1] 融入了国际仲裁发展的潮流。在仲裁实践上，仅在世界贸易组织框架内，中国政府参与仲裁的案件就有很多。至 2021 年 7 月，中国作为原告的案件有 22 起，作为被告的案件有 47 起，还在其他的 189 起案件中作为第三方参与仲裁。[2] 而且中国政府还任命了许多中国专家服务于世贸组织专家组和上诉机构。

此外，随着"一带一路"建设的稳步推进，我国的仲裁事业蓬勃发展，国际商事仲裁也在良好的政策环境下迈上了一个新的台阶。[3] 2018 年 1 月 23 日，中央全面深化改革领导小组第二次会议

---

① 参见 Tiffany M. Lin, Chinese Attitudes Towards Third-Party Dispute Resolution in International Law, New York University Journal of International Law and Politics, Vol. 48, 2016, p. 589。

② 参见 Disputes by Member, World Trade Organization, available at：https：//www.wto.org/english/tratop_e/dispu_e/dispu_by_country_e.htm#top, last visited on 7 Jul. 2021。

③ 张莉：《我国国际商事仲裁迈上新台阶〈中国国际商事仲裁年度报告（2018—2019）〉发布》，载《中国对外贸易》2019 年第 11 期，第 39 页。

审议通过了《关于建立"一带一路"争端解决机制和机构的意见》，会议强调："建立'一带一路'争端解决机制和机构，要坚持共商共建共享原则，依托我国现有司法、仲裁和调解机构，吸收、整合国内外法律服务资源，建立诉讼、调解、仲裁有效衔接的多元化纠纷解决机制，依法妥善化解'一带一路'商贸和投资争端，平等保护中外当事人合法权益，营造稳定、公平、透明的法治化营商环境。"①这有利于发挥各个争端解决机制的优势，实现不同争端解决机制之间的有机衔接与转换。②

三、中国政府对国际法院解决争端的方法仍有诸多限制

由于历史的原因，包括中国在内的许多东亚国家大都不信任国际司法机构。对于非商业性的、涉及国家重大利益的国际争端，中国政府历来拒绝诉诸国际法院，而坚持通过谈判的方式予以解决。除此之外，对有关经济、贸易、科技、航空、环境、交通运输、文化等专业性和技术性公约，中国在签署、批准或加入时，对所规定的由国际法院解决争端的条款一般不作保留。这改变了过去对提交国际法院解决国际争端的条款一概保留的态度。③ 在过去几十年，中国政府，包括东亚的其他国家，对国际司法裁判的态度渐渐缓和，并积极地参与国际司法活动。例如，中国政府向国际法院和国际海洋法法庭派遣中国籍法官，还于 2009 年参与国际法院关于科索沃独立案的咨询意见程序，并表示中国政府始终尊重国际法院的

---

① 《习近平主持召开中央全面深化改革领导小组第二次会议》，参见中央人民政府网站：http：//www.gov.cn/xinwen/2018-01/23/content_5259818.htm，最后访问日期 2021 年 9 月 12 日。

② 廖丽：《新中国 70 年国际争端解决的回顾和展望》，载《中国国际法年刊》2019 年，第 154 页。

③ 参见王虎华：《论我国和平解决国际争端的理论与实践》，载《河南师范大学学报》2002 年第 4 期，第 29～31 页。

权威性和重要性等。① 2018 年 3 月还就查戈斯群岛咨询意见案提交了书面意见。② 但即便如此，中国仍对通过国际法院解决争端的方法非常敏感，迄今为止尚未向国际法院提交任何争端案件。

　　综上可见，即使中国政府对国际商事领域的调解、仲裁和国际诉讼的接受程度增大，但对于国际商事领域之外的国际争端，特别是对于领土及海域划界争端，中国政府的态度仍然是拒绝第三方的介入。在海洋争端领域，中国政府早在 2006 年就依据《联合国海洋法公约》第 298 条规定，向联合国提交书面声明，对于海洋划界与领土争端，中国政府不接受任何国际司法或仲裁管辖。因此，中国政府在与南海周边国家商议争端解决条款时，要区别对待共同开发当事国之间因海域划界问题产生的政治争端，和其他的因共同开发活动产生的经济争端。对于前者，中国政府应坚持在南海问题上的基本立场，以及解决南海争端的政策主张，排除第三方的介入。而对于后者，争端的解决方法可以有更多的选择。

第二节　中国政府在南海共同开发争端解决机制的构建与适用应注意的问题

　　中国政府与南海周边国家签订海上共同开发协定，在构建与适用争端解决机制时要综合考虑多方面因素，不仅要将目光着眼于自身，吸取此前与中国有关的海上共同开发争端实践的经验与教训，还要放眼于对方当事国国内有关海域划界立场的法律与文件，更要顾及与协调南海地区有关争端解决的国际法律框架。

---

　　①　参见 Tiffany M. Lin, Chinese Attitudes Towards Third-Party Dispute Resolution in International Law, New York University Journal of International Law and Politics, Vol. 48, 2016, p. 595。

　　②　参见 Legal Consequences of the Separation of the Chagos Archipelago from Mauritius in 1965 (Request for Advisory Opinion), Written Statement of the People's Republic of China, 1 March 2018, available at https：//www.icj-cij.org/public/files/case-related/169/169-20180301-WRI-03-00-EN.pdf, Last visited on Jun. 26, 2021。

一、总结和吸取此前与中国有关的海上共同开发争端实践的教训

中国政府在进行南海共同开发争端解决机制的构建与适用之前，首先要做的就是要总结此前相关实践的特点，并从中吸取教训，为南海共同开发争端解决机制的构建与适用提供参考。与中国有关的海上共同开发争端中，中国与日韩共同开发争端和中韩渔业争端较为典型。在这两个争端案例中，中国与日本、韩国产生争端的原因及中国的应对既有相似之处，又各具特点。因此，这两个实践对中国构建与适用南海共同开发争端解决机制具有重大的指导意义。这一问题已在第七章第三节详细论述，此处不再赘述。

二、做好争端的预防与应对

一般情况下，涉及中国政府的争端主要有两类，第一类为国家与国家之间的争端。这类争端大多与划界相关，因此要做好此类争端的预防与准备工作，就必须要熟悉南海周边国家与划界相关的立场、法律依据和实践。第二类为国家与国际投资者之间的争端，要做好这类争端的预防与准备工作，就必须要熟悉南海周边国家的石油立法或经济立法现状。

对于前者，中国政府一方面是要清楚南海周边国家有关海域划界的法律文件，熟知南海周边国家对海域划界的立场和主张，如《马来西亚大陆架法》《马来西亚专属经济区法》《越南社会主义共和国对领海、毗连区、专属经济区和大陆架的声明》等。中国与南海周边国家存在海域划界争端，熟知对方海域划界的法律文件，是要了解对方对于海域划界的立场和法律依据，明确双方的权利边界，避免在共同开发区的划定中产生争端。此外，在共同开发活动中，若出现对方超越权利边界而侵害到对方主权权益的情形，中国政府能及时意识到并尽快采取措施维护自己的权益。

另一方面，中国政府还要分析和总结南海周边国家解决国际争端的实践。尤其是要深入学习和研究马来西亚与泰国、马来西亚与越南、马来西亚与印度尼西亚、马来西亚与文莱共同开发案中，有

关争端解决的条款与实践，并总结出规律性认识，以助于中国在与南海周边国家的共同开发中，一旦产生争端，能有效地应对。

对于后者，中国政府还要熟悉南海周边国家有关石油与投资保护方面的立法情况，以及其处理相关争端的实践。尤其是马来西亚与泰国、马来西亚与越南、马来西亚与印度尼西亚、马来西亚与文莱共同开发案中，马来西亚、泰国、越南、印度尼西亚和文莱政府在这方面的相关实践，为中国应对相关争端提供参考。

三、参考和协调南海地区有关争端解决的国际法律框架

中国在南海推进共同开发的合作对象均是东盟组织成员国，中国与东盟致力于自贸区建设，通过签订一系列国际法律文件，来加强双方经济合作，其中也包括能源领域的合作。这些法律文件中大都涉及争端解决。例如，《中华人民共和国政府与东南亚国家联盟成员国政府全面经济合作框架协议投资协议》（Agreement on Investment of the Framework Agreement on Comprehensive Economic Cooperation Between the People's Republic of China and the Association of Southeast Asian Nations，以下简称《投资协议》）第 13 条和第 14 条，还有专门针对争端解决的《中华人民共和国政府与东南亚国家联盟成员国政府全面经济合作框架协议争端解决机制协议》（Agreement on Dispute Settlement Mechanism of the Framework Agreement on Comprehensive Economic Co-operation Between the People's Republic of China and the Association of Southeast Asian Nations，以下简称《争端解决机制协议》），是解决双方贸易摩擦和保障双方合作利益的重要依据。[①] 这些国际法律文件都对争端的解决有特殊的约定，对中国与东盟组织成员国之间的投资争端的解决具有重要意义。在《投资协议》中规定，缔约方与投资者之间争端

---

① 《中国—东盟全面经济合作框架协议 10 周年回眸展望》，参见中华人民共和国商务部中国自由贸易区服务网：http://fta.mofcom.gov.cn/article/ftazixun/201203/9535_1.html，最后访问日期 2021 年 9 月 14 日。

的解决，应先进行磋商和谈判；若在 6 个月内仍未解决，可将争端提交国际仲裁，而且还应当在造成损害后的 3 年内提交调解或仲裁。①《争端解决机制协议》创设了富有自己特色的争端解决机制，② 它对磋商程序、调解或调停、仲裁庭的设立、职能、组成和程序、仲裁的执行等都做了相应规定。③ 如第 5 条关于调解或调停

---

① 《中华人民共和国政府与东南亚国家联盟成员国政府全面经济合作框架协议投资协议》第 14 条缔约方与投资者间争端解决：三、争端所涉方应尽可能通过磋商解决争端。四、如果按第三款规定提出磋商和谈判的书面请求后 6 个月内，争端仍未解决，除非争端所涉方另行同意，则应当根据投资者的选择，将争端：（一）提交有管辖权的争端缔约方法院或行政法庭；或（二）如果争端所涉缔约方和非争端所涉缔约方均为国际投资争端解决中心公约的成员，则可根据《国际投资争端解决中心公约》及《国际投资争端解决中心仲裁程序规则》提交仲裁；或（三）如果争端所涉缔约方和非争端所涉缔约方其中之一为国际投资争端解决中心公约的成员，则可根据国际投资争端解决中心附加便利规则提交仲裁；或（四）根据《联合国国际贸易法委员会的规则》提交仲裁；或（五）由争端所涉方同意的任何其他仲裁机构或根据任何其他仲裁规则进行仲裁。五、在一争端已被提交给适格的国内法院的情况下，所涉投资者如果在最终裁决下达前从国内法院撤回申请，可将其提交给国际争端解决机构。对于印尼、菲律宾、泰国和越南，一旦投资者将争端提交给其适格的法院和行政法庭，或根据本条第四款第（二）项、第（三）项、第（四）项或第（五）项规定的仲裁程序之一，则选定的程序是终局性的。六、与本条内容保持一致，根据如上第四款第（二）项、第（三）项、第（四）项或第（五）项将争端提交调解或仲裁，应取决于：（一）将争端提交调解或仲裁发生在争端所涉投资者知道，或者在合理情况下应当知道对本协议义务的违反对其或其投资造成损失或损害之后的 3 年内；以及（二）争端所涉投资者在提交请求 90 日前以书面方式将他（或她）欲将此争端提交调解或仲裁的意愿通知争端所涉缔约方。争端所涉缔约方收到通知后，可要求争端所涉投资者在提交争端前根据第四款第（二）项、第（三）项、第（四）项或第（五）项完成其国内法规规定的国内行政复议程序。参见中华人民共和国商务部中国自由贸易区服务网：http：//fta. mofcom. gov. cn/dongmeng＿phase2/annex/touzixieyi＿cn. pdf，最后访问日期 2021 年 9 月 14 日。

② 参见沈四宝：《论〈中国—东盟全面经济合作框架协议争端解决机制协议〉》，载《上海财经大学学报》2006 年第 1 期，第 31 页。

③ 《解读中国-东盟自贸区〈争端解决机制协议〉》，参见中华人民共和国商务部网站：http：//www. mofcom. gov. cn/article/Nocategory/200507/20050700180197. shtml，最后访问日期 2021 年 9 月 14 日。

规定："争端当事方可随时同意进行调解或调停，此程序由争端当事方随时开始，随时终止。如争端当事方同意，在仲裁庭解决争端的同时，调解或调停程序可在争端方同意的任何人士或者组织主持下继续进行。"①"在最终报告散发前，如形成双方满意的解决方法，则争端当事方经一致同意可终止仲裁程序。在仲裁庭作出裁决前，在程序的任何阶段，仲裁庭可建议争端当事方友好解决争端。"②虽然这些文件在争端解决的具体细节上存在差别，但它们都规定，争端当事方要尽最大努力通过磋商和谈判达成令双方都满意的解决办法，综合运用仲裁、调解、谈判等多种方法。共同开发协定的争端解决机制虽不必完全照搬这些规定，但也需要考虑和尊重南海地区法律文件体现的原则和精神，毕竟中国是与东盟成员国进行共同开发，也属于经济能源领域的合作，因而不得完全脱离和违背这些法律框架的限制。

第三节　中国石油公司在南海共同开发争端解决机制的构建与适用应注意的问题

除了中国政府，中国的石油公司是另一重要的南海共同开发主体，在南海共同开发争端解决机制的构建与适用中同样要注意诸多问题。中国的石油公司要在做好风险研判的基础上，科学地、有针对性地设计争端解决方案，更好地维护自身合法权益。同时，中国石油公司开展作业也应严格遵守国际标准，履行公司的社会责任，树立良好的国际形象，积累正面的国际声誉。

---

① 《中华人民共和国政府与东南亚国家联盟成员国政府全面经济合作框架协议争端解决机制协议》第五条第二款。参见中华人民共和国商务部中国自由贸易区服务网：http://fta. mofcom. gov. cn/dongmeng_phase2/annex/zhengduanjzxy_cn. pdf，最后访问日期 2021 年 9 月 14 日。

② 《中华人民共和国政府与东南亚国家联盟成员国政府全面经济合作框架协议争端解决机制协议》第十一条第二款和第三款。参见中华人民共和国商务部中国自由贸易区服务网：http://fta. mofcom. gov. cn/dongmeng_phase2/annex/zhengduanjzxy_cn. pdf，最后访问日期 2021 年 9 月 14 日。

一、做好风险的识别与预防

对风险进行识别和评估是中国石油公司进行争端预防的准备性工作之一。这项工作的进行需专业和客观，要准确把握南海沿岸国家的油气开发的政策和以往的共同开发实践，以便对南海共同开发前景有准确的预期。此外，还要在风险研判的基础上，完善相应的机制和制度，使后续各项工作和各个环节都置于掌握之下，尽可能规避风险。对于中国石油公司而言，进行风险管理建设不是简单地应对风险所带来的负面影响，而是要提升管理应对能力，要能驾驭风险，创造价值，为可持续性发展提供保证。[1] 还应注意的是，在当前新冠肺炎疫情仍旧肆虐的情况下，南海沿岸国家经济受到重创，社会不稳定因素增多，也给中国的石油公司带来了潜在风险。中国的石油公司除了要做好常规的风险识别与预防外，还要加强疫情防护，这都对中国石油公司提出了更高的要求。

二、明确中国法律对争端解决的相关规定

中国已经建立了基本海洋法律制度。全国人大常委会先后颁布了《海洋环境保护法》《领海与毗连区法》《专属经济区和大陆架法》《海域使用管理法》《石油天然气管道保护法》《深海海底区域资源勘探开发法》等涉海法律。国务院也制定了《海洋石油勘探开发环境保护管理条例》《海洋倾废管理条例》《海洋观测预报管理条例》等行政法规，[2] 为中国石油公司开展海洋生产活动提供了坚实的法律基础。

由于之前中国石油公司缺少勘探和开发的先进技术，在海洋开发的初始阶段，需要与外国石油公司合作，因而，中国政府制定了相关的法律来规制石油公司的活动，例如《中华人民共和国对外合作开采海洋石油资源条例》(Regulations of the People's Republic of

---

[1]　德勤会计师事务所：《中海油：风险管理国际化之路》，载《新理财》2011 年第 4 期，第 72 页。

[2]　黄惠康：《中国特色大国外交与国际法》，法律出版社 2019 年版，第 198 页。

China on the Exploitation of Offshore Petroleum Resources in Cooperation with Foreign Enterprises)。① 该条例规定，在合作开采海洋石油资源活动中，中国企业和外国企业发生争端的，应当通过友好协商解决；通过协商不能解决的，由中华人民共和国仲裁机构进行调解、仲裁，也可以由合同双方协议在其他仲裁机构仲裁。② 从这一规定可知，中国的石油公司与外国公司就海洋石油勘探开发产生的争端，可以选择协商、调解和仲裁，排除了诉讼的方式。

但需要注意的是，根据《最高人民法院关于海事法院受理案件范围的规定》③，中国的海事法院受理案件的范围包括"海洋及通海可航水域开发利用与环境保护相关纠纷案件"。④ 因此，对于海洋

---

① 1982 年 1 月由国务院发布，并于 2001 年 9 月 23 日进行了第一次修订，2011 年 1 月 8 日进行了第二次修订，2011 年 9 月 30 日进行了第三次修订，2013 年 7 月 18 日进行了第四次修订。

② 参见《中华人民共和国对外合作开采海洋石油资源条例》第 24 条。

③ 《最高人民法院关于海事法院受理案件范围的规定》（法释〔2016〕4 号）已于 2015 年 12 月 28 日由最高人民法院审判委员会第 1674 次会议通过，自 2016 年 3 月 1 日起施行。参见国家法律法规数据库：https：//flk. npc. gov. cn/detail2. html？NDAyODgxZTQ1ZmZiNWM0YzAxNWZmYjkzMmE4NTA 0YzQ%3D，最后访问日期 2021 年 9 月 21 日。

④ 海洋及通海可航水域开发利用与环境保护相关纠纷案件包括：53. 海洋、通海可航水域能源和矿产资源勘探、开发、输送纠纷案件；54. 海水淡化和综合利用纠纷案件；55. 海洋、通海可航水域工程建设（含水下疏浚、围海造地、电缆或者管道敷设以及码头、船坞、钻井平台、人工岛、隧道、大桥等建设）纠纷案件；56. 海岸带开发利用相关纠纷案件；57. 海洋科学考察相关纠纷案件；58. 海洋、通海可航水域渔业经营（含捕捞、养殖等）合同纠纷案件；59. 海洋开发利用设备设施融资租赁合同纠纷案件；60. 海洋开发利用设备设施抵押、质押等担保合同纠纷案件；61. 以海洋开发利用设备设施设定担保的借款合同纠纷案件，但当事人仅就借款合同纠纷起诉的案件除外；62. 为担保海洋及通海可航水域工程建设、海洋开发利用等海上生产经营相关债权实现而发生的担保、独立保函、信用证等纠纷案件；63. 海域使用权纠纷（含承包、转让、抵押等合同纠纷及相关侵权纠纷）案件，但因申请海域使用权引起的确权纠纷案件除外；64. 与上述第 53 项至 63 项规定的合同或者行为相关的居间、委托合同纠纷案件；65. 污染海洋环境、破坏海洋生态责任纠纷案件；66. 污染通海可航水域环境、破坏通海可航水域生态责任纠纷案件；67. 海洋或者通海可航水域开发利用、工程建设引起的其他侵权责任纠纷有相邻关系纠纷案件。参见国家法律法规数据库：https：//flk. npc. gov. cn/detail2. html？NDAyODgxZTQ1ZmZiNWM0YzAxNWZmYjkzMmE4NTA0YzQ% 3D，最后访问日期 2021 年 9 月 21 日。

资源开发利用及环境保护相关的争端，海事法院享有管辖权。对于合同争议的法律适用，《中华人民共和国民法典》合同编第467条规定："在中华人民共和国境内履行的中外合资经营企业合同、中外合作经营企业合同、中外合作勘探开发自然资源合同，适用中华人民共和国法律。"从该规定可知，中国的石油公司与外国公司在中国海域内合作勘探开发自然资源而产生的争端，其可适用的法律为中国法律，不遵循由当事人自由选择法律适用的原则。①

需特别指出的是，在与外国石油公司的合作中，中国海洋石油总公司起着至关重要的作用，② 它全面负责海洋勘探开发工作，享有勘探、开发、生产和销售石油资源的排他性权利。③ 因此，除了中国政府，作为中国海洋资源勘探开发的领头羊，中国海洋石油总公司也不可避免地要参与海洋勘探开发争端的解决，更要全面了解中国法律对于此类争端的规定，以便在共同开发中，若出现相关争端，中国海洋石油总公司能做好准备并有效地应对。

三、制定争端解决的多步方案

海上共同开发协定争端解决条款的规定和实践表明，争端的解决需要运用多种方法，仅通过一种方法就彻底解决争端的可能性很小，这就要求中国石油公司全盘布局，在商议国际石油合同争端解决条款时，建议综合地运用多种争端解决方法，制定争端解决的多步方案，如三步法。三步法即先要求争端主体进行直接协商或谈判，在协商或谈判破裂后可进行不具有拘束力的调解，调解失败

---

① 参见 Zou Keyuan, China's Marine Legal System and the Law of the Sea, Martinus Nijhoff Publishers, 2005, p. 148。

② 参见 Xin Kelei, The Role of Law and Policy in the Offshore Petroleum Development of China, A thesis submitted in Prtial fulfilment of the requirements for the degree of master of laws in the Faculty of Graduate Studies (Faculty of Law), The University of British Columbia, March 1993, p. 104。

③ 参见 Zou Keyuan, China's Marine Legal System and the Law of the Sea, Martinus Nijhoff Publishers, 2005, p. 140。

的，再进行仲裁或诉讼。① 这种三步法是在将调解与仲裁相结合的基础上，施加了运用协商或谈判解决争端的优先性或强制性，符合中国对于通过直接谈判解决争端的一贯做法，也有益于更好地维护争端主体间的友好关系。此外，将诉讼作为仲裁的并列选项，增强了通过诉讼解决争端的可能性。这主要是由于中国大力吸引国际投资、促进能源领域的国际合作，在中国国内提起诉讼的涉外案件数量增加，而且中国国内司法体制不断完善，外国投资者对中国司法的认可度和信任度逐渐增加，因而可鼓励通过国内法院诉讼来解决相关争端，进一步提升中国司法的国际知名度。而且最高人民法院也高度重视将调解与仲裁相衔接的争端解决方式，《关于建立"一带一路"国际商事争端解决机制和机构的意见》指出，推动建立诉讼与调解、仲裁有效衔接的多元化纠纷解决机制，形成便利、快捷、低成本的"一站式"争端解决中心。② 因此，中国石油公司可以结合这一思路预先设计好争端解决方案。

四、要重视仲裁解决争端的方法

仲裁作为海上共同开发争端的重要方法，也同样要被中国的石油公司所重视。但遗憾的是，中国运用仲裁机制的效果难以令人满意。据不完全统计，在涉中国因素的国际商事争端中，存在三个"90%"的特征。具体为：90%的中国企业选择通过仲裁的方式解决争端，而选择通过仲裁方式解决争端中又有90%的企业选择的仲裁地在国外，而选择国外仲裁地的案件中有90%的案件裁决中国企业是败诉方。③ 这一方面是由于中国企业自身参与国际仲裁的实

---

① 参见 William Pitts, ADR in the Oil and Gas Context, Annual Institute on Mineral Law, Vol. 46, 1999, pp. 165-166。

② 《中共中央办公厅、国务院办公厅印发《关于建立"一带一路"国际商事争端解决机制和机构的意见》》，参见中央人民政府网站：http://www.gov.cn/xinwen/2018-06/27/content_5301657.htm，最后访问日期2021年9月12日。

③ 参见梁咏：《中国海外能源投资法律保障与风险防范》，法律出版社2017年版，第275页。

践较晚，国际仲裁的经验相对不足。另一方面的原因在于中国企业不太重视仲裁条款，对仲裁机构、仲裁适用的法律以及仲裁使用的语言等都缺乏前瞻性认识，导致中国企业在国际仲裁中屡试屡败。在能源开发与投资领域，中国的石油公司要注意这一问题，并要努力使自己不在国际仲裁中失利。

1. 要进一步深入研究国际仲裁机构。不同的仲裁机构代表不同的法律文化传统，① 其作出的仲裁结果也可能大相径庭，而且东道国与投资者之间的争端解决呈现司法化倾向，深入了解国际仲裁机构实属必要。中国对仲裁机制不了解或不适应，因而会在争端解决过程中出现各种各样的难题。② 因此，对于常用的几个国际仲裁机构，必须了解该机构的优势和特色、仲裁规则、仲裁的历史经验和仲裁委员会的信誉等，才能帮助中国石油公司在必要时作出最合适的选择，在争端解决中胸有成竹。

需要特别指出的是，中国石油公司务必要加深对 ICSID 的了解。ICSID 已经成为解决国际投资争端运用最广泛的平台。ICSID 独具特色。其一，ICSID 是一个自我封闭的体系（a self-contained system），即 ICSID 不受外界机构的影响，具有独立性。东道国政府和东道国国内法庭无法干涉 ICSID 的仲裁程序。③ 其二，ICSID 同时具有公开和保密的特性，诉讼的公开性和商业仲裁的保密性都能在 ICSID 中得到体现。一方面，ICSID 的庭审程序都是秘密进行（conducted in camera），仲裁员是由争端双方任命，而非由政府指定。这是 ICSID 保密性的一面。另一方面，经争端双方同意，第三方可以参与仲裁程序且仲裁结果可以公开。此外，ICSID 所做的决

---

① 参见[美]翁．基达尼著，朱伟东译，《中非争议解决：仲裁的法律、经济和文化分析》，中国社会科学出版社 2017 年版，第 470 页。

② 参见李英、罗维昱：《中国对外能源投资争议解决研究》，知识产权出版社 2016 年版，第 161 页。

③ 参见 Christoph Schreuer, Course on Dispute Settlement: Overview, United Nations Conference on Trade and Development, 2003, p. 17. Available at: http://unctad. org/en/docs/edmmisc232overview_en. pdf, last visited on 8 Jan. 2018。

定可以经审查委员会审查，但不得被推翻。这体现了 ICSID 的公开性。① 其三，ICSID 的仲裁裁决可以在公约成员国之间被自动承认，执行的当事国不得援引公共政策拒绝执行仲裁裁决。② 对这些特点的把握有助于中国公司运用 ICSID 解决国际石油投资争端。

2. 要重视仲裁条款。由于仲裁是重要的共同开发争端解决方法，因而重视争端解决机制，就务必要重视仲裁。重视仲裁即意味着中国石油公司在议订仲裁条款时要注意，仲裁条款不需要冗长复杂，但要使其有效，就必须很明确，③ 否则存有缺陷的仲裁条款将可能导致仲裁条款无效。④

首先，要明确规定仲裁范围，这是进行仲裁的首要前提。明确规定什么样的争端可以提交仲裁，什么样的争端不得仲裁，这需要结合仲裁机构受理的案件范围、争端的性质和共同开发当事国的立场等因素来确定。例如，中国政府就明确声明，对于国家之间领土主权与海域划界争端，只能由争端双方谈判解决，不得提交国际仲裁。

其次，要明确仲裁的法律适用。国际仲裁的法律适用包括仲裁程序法的适用和仲裁实体法的适用。对于程序法，一般由争端当事人协商选择，当事人未选择的，一般适用仲裁地法。当然，国际仲裁机构有仲裁规则的，也可适用该仲裁规则。对于实体法的适用，最基本的原则是遵从当事人的意思自治，即适用由当事人合意选择

① 参见 Fu Chenyuan, China's Prospective Strategy in Employing Investor-State Dispute Resolution Mechanism for the Best Interest of Its Outward Oil Investment, Peking University Transnational Law Review, Vol. 2, 2014, p. 289。

② 参见 Stephan W. Schill, Tearing Down the Great Wall：The New Generation Investment Treaties of the People's Republic of China, Cardozo Journal of International and Comparative Law, Vol. 15, Issue 1, 2007, p. 88。

③ 参见[美]克里斯多佛·R. 德拉奥萨、理查德·W. 奈马克主编，陈福勇、丁建勇译：《国际仲裁科学探索》，中国政法大学出版社 2007 年版，第 87 页。

④ 参见[美]加里·B. 博恩，白麟等译：《国际仲裁法律与实践》，商务印书馆 2015 年版，第 95 页。

的法律。若当事人没有选择的,是可适用仲裁地冲突法规则指引的实体法,也可授权仲裁庭确定适用的法律,还可适用相关的国际法规则。法律适用是个比较复杂的问题,很多案例都在仲裁条款中回避了这一问题。但法律适用又很重要,涉及当事方的实体权益,因而可以由合同双方主动协商选定仲裁适用的准据法,在协商不一致时,再将法律适用空置也不迟。

最后,要明确仲裁机构和仲裁地。仲裁一般分为常设仲裁机构仲裁和临时仲裁机构仲裁。选择前者的,要事先把握该机构的特点。选择一个好的仲裁机构对于裁决结果至关重要。对合同双方来说,必须综合考虑和比较。[1] 选择组建临时仲裁法庭的,要事先约定仲裁庭的组成和仲裁规则。这一点可以借鉴现有的共同开发实践,很多案例都对此做了详细规定。此外,仲裁地点也是要考虑的重要因素,因为仲裁地点的选择可以在事实上决定案件的结果,[2]而且它很大程度上决定了仲裁裁决的国籍,仲裁裁决能否得到承认和执行,与仲裁裁决的国籍有关。《联合国承认和执行外国仲裁裁决公约》(以下简称《纽约公约》)规定:"任何缔约国在签署、批准或加入公约时,可以在互惠的基础上声明,本国只对在另一缔约国领土内所作成的仲裁裁决的承认和执行,适用本公约。"中国在加入《纽约公约》时对此作了声明保留,"中华人民共和国只在互惠的基础上,对在另一缔约国领土内作出的仲裁裁决的承认和执行适用该公约"。因此,从这个角度讲,最好把仲裁地选择在该公约的缔约国内。[3]

---

① 参见秦朗:《国际石油合同风险控制浅析》,载《国际石油经济》2012年第 12 期,第 56 页。

② 参见[美]克里斯多佛·R. 德拉奥萨、理查德·W. 奈马克主编,陈福勇、丁建勇译:《国际仲裁科学探索》,中国政法大学出版社 2007 年版,第94 页。

③ 参见夏雨:《签订国际仲裁协议应注意的问题》,载《石油企业管理》1999 年第 2 期,第 41~43 页。

五、履行公司的社会责任

从实用主义角度而言，一个公司要想获得广泛的声誉和长远利益，就必须融入社会。外国石油公司与东道国社会群体建立友好的关系，有助于公司与东道国发展互信和建立长期合作关系。建立良好关系的途径之一，就是要履行社会责任。公司社会责任（Corporate Social Responsibility，CSR）是一个宽泛的概念，其核心内容涉及人权、劳工、环境权和可持续发展三个方面。① 它意味着公司除了关注自身纯粹的经济、法律和技术要求外，② 还要尽可能地产生广泛的、积极的社会影响，减小企业行为的负面效应。③ 一系列国际文件都对公司社会责任进行了阐释和规制。例如，1999 年提出的《联合国全球契约》（U. N. Global Compact），包括人权、环境、劳工和反腐败等内容，它号召各公司在这些方面遵守十项原则。④ 虽然这些原则不具有法律约束力，但它无疑给企业施加了一项道德强制，并获得了 120 多个国家的超过 3000 多个企业的自愿参与。中国也有 100 多个企业加入，其中还包括不少能源企业。⑤

---

① 参见 Ilias Bantekas，Corporate Social Responsibility in International Law，Boston University International Law Journal，Vol. 22，2004，p. 309。

② 参见 Wojtek Mackiewicz Wolfe，Annette S. Leung Evans，China's Energy Investments and the Corporate Social Responsibility Imperative，Journal of International Law and International Relations，Vol. 6，2011，p. 85。

③ 参见 Klaus Schwab，Global Corporate Citizenship：Working with Governments and Civil Society，Foreign Affairs，Vol. 87，2008，p. 113。

④ 参见 The Ten Principles of the UN Global Compact，available at：https：//www. unglobalcompact. org/what-is-gc/mission/principles，last visited on 16 Jan. 2018。

⑤ 参见 Wojtek Mackiewicz Wolfe，Annette S. Leung Evans，China's Energy Investments and the Corporate Social Responsibility Imperative，Journal of International Law and International Relations，Vol. 6，2011，p. 101。

除此之外,《安全与人权自愿原则》(Voluntary Principles on Security and Human Rights)也是一项重要的专门适用于采掘与能源行业的公司社会责任准则。它由政府、采掘与能源行业的企业和非政府组织联合制定的,为企业促进和保护人权的活动提供指导。《安全与人权自愿原则》在工业化国家、有影响力的非政府组织和主要的国际石油公司间达成了广泛共识,① 包括 BP、Chevron、ConocoPhillips、ExxonMobil、Shell、Statoil 等。② 在能源采掘领域,企业的角色至关重要,他们能对个人以及更广泛居民群体的人权保护起到积极或负面的作用。③ 如果这些企业能负责任地开发和管理自然资源,就能消除贫困促进当地经济发展。相反,如果这些企业不能有效合理地进行开发活动,则可能产生或使人权问题和环境问题恶化,腐败横行,冲突频发。④

从全球的可持续发展而言,联合国于 2015 年通过了《改变我们的世界——2030 年可持续发展议程》(Transforming our World:The 2030 Agenda for Sustainable Development),⑤ 该纲领性文件包括 17

---

① 参见 Wojtek Mackiewicz Wolfe, Annette S. Leung Evans, China's Energy Investments and the Corporate Social Responsibility Imperative, Journal of International Law and International Relations, Vol. 6, 2011, p. 99。

② 参见 For Companies, Companies and The Voluntary Principles on Security and Human Rights, Corporate Participants, available at:http://www. voluntaryprinciples. org/for-companies/, last visited on 16 Jan. 2018。

③ 参见 Jernej Letnar Cernic, Corporate Obligations under the Human Right to Water, Denver Journal of International Law and Policy, Vol. 39, 2011, p. 303。

④ 参见 Erika George, Shareholder Activism and Stakeholder Engagement Strategies:Promoting Environmental Justice, Human Rights, and Sustainable Development Goals, Wisconsin International Law Journal, Vol. 36, 2019, p. 298。

⑤ 《改变我们的世界——2030 年可持续发展议程》,参见中华人民共和国商务部中华人民共和国常驻联合国日内瓦办事处和瑞士其他国际组织代表团经贸处网站:http://genevese. mofcom. gov. cn/article/wjysj/201604/2016040 1295679. shtml, 最后访问日期 2021 年 9 月 15 日。

项可持续发展目标(The United Nations Sustainable Development Goals),① 致力于消除贫困,促进经济增长与人权保护,遏制气候变化和保护环境。② 从这 17 项目标的内容来看,如果没有私法实体,尤其是国际公司或跨国公司的参与或对其已经造成的环境和人权问题的修复与改善,这些发展目标将难以实现。③ 在能源采掘领域,人权与环境保护,遏止腐败与促进经济发展,与国际石油公司更加紧密相关。④

---

① 目标 1:无贫穷(在全世界消除一切形式的贫困)。目标 2:零饥饿(消除饥饿,实现粮食安全,改善营养状况和促进可持续农业)。目标 3:良好健康与福祉(确保健康的生活方式,促进各年龄段人群的福祉)。目标 4:优质教育(确保包容和公平的优质教育,让全民终身享有学习机会)。目标 5:性别平等(性别平等不仅是一项基本人权,而且是和平、繁荣和可持续世界的基石)。目标 6:清洁饮水和卫生设施(为所有人提供水和环境卫生并对其进行可持续管理)。目标 7:经济适用的清洁能源(确保人人获得负担得起的、可靠和可持续的现代能源)。目标 8:体面工作和经济增长(促进持久、包容和可持续经济增长,促进充分的生产性就业和人人获得体面工作)。目标 9:产业、创新和基础设施(基础设施投资对实现可持续发展至关重要)。目标 10:减少不平等(减少国家内部和国家之间的不平等)。目标 11:可持续城市和社区(建设包容、安全、有抵御灾害能力和可持续的城市和人类住区)。目标 12:负责任消费和生产(产业、创新和基础设施)。目标 13:气候行动(气候变化是跨越国界的全球性挑战)。目标 14:水下生物(保护水下生物)。目标 15:陆地生物(可持续管理森林,防治荒漠化,制止和扭转土地退化,遏制生物多样性的丧失)。目标 16:和平、正义与强大机构(让所有人都能诉诸司法,在各级建立有效、负责和包容的机构)。目标 17:促进目标实现的伙伴关系(重振可持续发展全球伙伴关系)。参见联合国可持续发展目标网站 https://www.un.org/sustainabledevelopment/zh/sustainable-development-goals/,最后访问日期 2021 年 9 月 7 日。

② 参见 https://www.un.org/sustainabledevelopment/, last visited on Sept.7, 2021。

③ 参见 Erika George, Shareholder Activism and Stakeholder Engagement Strategies: Promoting Environmental Justice, Human Rights, and Sustainable Development Goals, Wisconsin International Law Journal, Vol.36, 2019, p.303。

④ 参见 Erika George, Shareholder Activism and Stakeholder Engagement Strategies: Promoting Environmental Justice, Human Rights, and Sustainable Development Goals, Wisconsin International Law Journal, Vol.36, 2019, p.303。

　　具体到南海共同开发中，中国公司，尤其是中国海洋石油总公司，也不能落后。中国海洋石油总公司是国家能源战略和海洋战略的具体实施者之一，肩负着保障国家能源安全、开发利用海洋资源、保护海洋生态环境的重要使命，致力于为人类"贡献优质能源，筑梦碧海蓝天"。公司从组织体系、制度体系和管理流程等层面将可持续发展理念和战略有机地融入日常运营中，并动态调整和持续改进。① 中国海洋石油总公司始终奉行"共商、共建、共享"的合作精神，坚持国际化战略，勇担海外责任使命。公司积极响应"一带一路"倡议，不断深化与"一带一路"沿线国家的油气合作。严格遵守业务所在国法律法规，重视作业区生态保护，搭建海外员工成长通道，与社区携手并进，助力各业务所在国绿色可持续发展。② 公司重视企业海外责任的履行，③ 继续对联合国《改变我们

---

　　① 参见《中国海洋石油集团有限公司 2020 年可持续发展报告》，第 7 页，中国海洋石油集团有限公司官网：https：//www.cnooc.com.cn/attach/0/2104261702205596.pdf，最后访问日期 2021 年 9 月 15 日。

　　② 参见《中国海洋石油集团有限公司 2020 年可持续发展报告》，第 5 页，中国海洋石油集团有限公司官网：https：//www.cnooc.com.cn/attach/0/2104261702205596.pdf，最后访问日期 2021 年 9 月 15 日。

　　③ 《中国海洋石油集团有限公司 2020 年可持续发展报告》将海外责任作为独立部分来介绍中国海洋石油集团有限公司在这方面的履行情况，说明其对海外责任的重视。在创造社会经济价值方面，中国海洋石油总公司始终奉行"共商、共建、共享"的精神，贯彻"双赢"理念，持续加强与当地国家政府、商业合作伙伴、媒体智库，以及其他利益相关方的沟通和合作，努力为当地社会和投资者创造价值。在强化安全合规经营方面，公司遵守所在地法律法规，持续加强海外审计监督，不断完善海外合规体系。在保护生态系统平衡方面，公司高度重视保护作业区生态环境，积极参与环保组织活动，不断提升环保管理水平，将"环保至上"的价值理念贯彻到日常生产经营中。在带动当地共同发展方面，公司与当地政府、社区和居民建立协调融洽的关系是中国海油的优良传统。公司时刻牢记社会责任，与当地政府紧密合作，支持政府改善社区基础设施。同时，推动改善公共关系，创造就业机会，带动地方经济发展，维护并持续提升公司形象和声誉，形成社会贡献项目的长效机制。参见《中国海洋石油集团有限公司 2020 年可持续发展报告》，第 72～81 页。中国海洋石油集团有限公司官网：https：//www.cnooc.com.cn/attach/0/2104261702205596.pdf，最后访问日期 2021 年 9 月 15 日。

的世界—2030年可持续发展议程》中17项可持续发展目标采取有效措施。①

此外，在外国石油公司不履行公司社会责任而侵害到中国公民的人权、劳工权益、环境权，产生共同开发争端时，中国公司更要与中国政府一道，为促进争端的解决、维护相关主体的合法权益而努力。一方面，中国公司要找准自己的定位，不阻碍争端的解决，甚至要在能力所及的范围内为争端的解决创造沟通的条件。在必要和恰当的场合，中国公司还可以提供帮助。另一方面，中国石油公司要履行社会责任，严格贯彻执行各项作业准则，始终坚持和强调可持续发展原则，不对海洋环境造成污染和破坏，不危及人类的共同利益。即便是产生了与海洋环境污染有关的争端，中国石油公司要与外国石油公司合作，尽可能采取措施以防止危害和损失的扩大，避免海洋环境的进一步恶化。

本 章 小 结

为南海共同开发前瞻性地构建争端解决机制，就必然要从中国政府和中国石油公司两个方面来具体论述。中国政府是未来签订南海共同开发协定的当事国之一，对于构建争端解决框架拥有直接话语权，因此首先明确中国政府对国际争端解决的态度与立场，以及中国解决国际争端的实践，就尤为重要。

中国政府始终坚持在国际法的框架内和平解决国际争端。中国政府一贯主张通过双边协商或谈判来解决国家间争端，广泛运用以调解和国际仲裁为代表的第三方介入的方法。受传统的儒家文化的深远影响，中国政府重视和鼓励调解来解决争端，不仅建立了许多机构来调解解决国际或国内商事争端，还签署了《联合国关于调解所产生的国际和解协议公约》，以解决国际商事调解达成的和解协

---

① 参见《中国海洋石油集团有限公司2020年可持续发展报告》，第7页，中国海洋石油集团有限公司官网：https：//www.cnooc.com.cn/attach/0/210426170220596.pdf，最后访问日期2021年9月15日。

议的跨境执行问题。中国加入世贸组织后，中国政府对国际仲裁的态度也由谨慎转为开放。中国政府已认识到国际仲裁已经成为解决国际商事争端的重要途径，并自行建立了许多仲裁机构来处理国际商事争端，并在国际法框架内深度参与国际仲裁，积累了丰富的国际仲裁经验。随着中国"一带一路"建设的不断推进，中国政府和相关部门整合国内外优质的法律资源，建立多元化的争端解决机制，为进一步提升国际法治，以实际行动和平、高效、科学地解决国际争端作出了表率。

具体到南海共同开发争端解决机制的构建，中国政府还应在吸取此前有关争端解决经验教训的基础上，参考和协调南海地区有关争端解决的国际法框架，为南海共同开发制定最有针对性和实效性的争端解决机制。此外，以中国海洋石油总公司为代表的中国石油公司，在明确中国法律对争端解决相关规定的基础上，做好充分的风险研判，结合中国石油公司自身的特点和优势，制定争端解决的多步方案，切实维护自身合法权益。同时，中国石油公司还应贯彻落实好公司社会责任，尤其注重海洋环境保护问题，以人类命运共同体理念为指导，推进南海资源的可持续性开发和利用。

结　　论

　　争端解决机制是保障海上共同开发各主体权益的最后一道屏障，其重要性不言而喻。本书对海上共同开发争端解决机制的研究包括了争端解决应遵循的原则，争端解决的方法与适用的法律，剖析现有争端解决机制的不足并提出对其完善的对策建议，最后在全面总结南海资源开发现状的基础上，前瞻性地为未来南海共同开发争端解决机制的构建与适用提出了几点应注意的问题。

　　在实证研究和文献研究的基础上，本书全面提炼和总结了海上共同开发争端解决的六种方法和不同情形下可适用的法律法规，为海上共同开发争端解决机制研究的深入奠定了现实依据和理论基础。海上共同开发争端解决的六种方法各具特色。其中，协商或谈判是最基本的争端解决方法。由于共同开发争端中涉及私法主体的争端数量最多，而这类争端的解决呈现司法化倾向，因此仲裁是重要的争端解决方法。联合管理机构解决是共同开发争端独有的解决方法，体现了共同开发的管理模式，也反映了共同开发当事国之间的密切合作与协调。这些争端解决方法之间并不是绝对孤立的，而是可以相互结合或衔接，以发挥其最大效用。要评价这些解决方法，必须坚持整体与部分相联系的哲学理念。在逐一地分析各方法优劣的基础上，整体地看待运用这些方法解决共同开发争端所取得的实际效果。遗憾的是，由于可查找到的争端案例有限，无法从更宏观的视角作出进一步的评价。但是基于已有的案例，可以得出这样的结论：这些方法在海上共同开发争端解决中无疑发挥了极为重要的作用，是各共同开发主体维护其合法权益的重要工具。

　　本书对争端解决方法的研究，是在有限参考资料的情况下对争端解决方法进行的初步梳理和总结，要继续争端解决机制的研究，对共同开发法律文本更广泛、更深入的研读，对各当事国法律文化的透视，以及对各当事国解决国际争端实践的总体把握，是进行后续研究必须要完成的基础性工作。关于争端解决方法，后续的研究可以从如下几个方面进行：其一，各争端解决方法对于解决共同开发争端与解决其他争端在适用上有何不同之处，如何进一步准确地评估各争端解决方法的实用性；其二，鉴于东帝汶和澳大利亚最终终止了仲裁程序，而是通过调解程序促进了争端的解决，因而可以反思以仲裁的方式来解决共同开发当事国之间争端的有效性；其三，如何提升中国石油公司综合运用国际争端解决方法来解决共同开发争端的能力；其四，谈判、调解、仲裁与诉讼四者之间如何组合和衔接，才能发挥最大效用；其五，不同争端主体在选择解决方法时会考虑哪些因素。这几个方面只是基于本书的研究而得出的，对争端解决方法的研究当然不限于这些。随着共同开发实践的增多，对争端解决方法的研究必定会更加丰富和深入。

争端解决适用的法律是争端解决机制的另一核心内容，它关系到争端主体的实体权益，甚至是双方的司法主权。或许正因如此，争端解决适用的法律才交由争端主体根据实际需要来选择和确定，而较少地反映在共同开发协定和国际石油合同中。根据本书的归纳，对海上共同开发争端解决适用的法律可以得出如下几点认识：其一，共同开发法律文本为争端的解决提供了最基本的、最直接的适用依据。其二，争端解决适用的法律最大限度地遵循了当事人意思自治原则。对于未被规定在共同开发法律文本中的事项，依据当事人的自主选择来确定所适用的法律。当事人可以选择的法律范围也很广泛，既包括一国的国内法，还包括相关的国际法规则。其三，争端解决可适用的国际条约类型多样。除了基本的能源类国际条约外，还包括国际投资类、人权与环境保护类的国际条约或公约。这也从侧面说明了共同开发是一个多维的、具有包容性的概念，涉及国际法的多方面内容。

虽然在争端解决适用的法律缺位的情况下我们仍能得出以上认识，但与此同时，我们也应当反思：共同开发主体可能基于现实因素的考虑而回避了争端解决适用的法律，这种做法真的合适吗？从争端解决机制完整性的角度而言，答案无疑是否定的。可是除了这样，还有别的选择吗？如果有，共同开发主体在确定争端解决所适用的法律时，又该遵循什么样的原则和方法呢？对这一问题的解答恐怕是今后研究争端解决适用的法律的一个重要方面。

理论研究的最终目标就是指导实践。中国政府一直致力于推进南海共同开发，虽然目前为止南海共同开发还未取得实质性进展，但中国政府始终不遗余力地通过多种途径促成南海共同开发，并已与菲律宾、文莱等相关国家就此达成了共识。新冠疫情暴发后，中国政府均向菲律宾、越南、马来西亚、印度尼西亚和文莱提供了大量医疗物资援助，帮助这些国家抗击疫情，为推动构建人类命运共同体，深化南海沿岸国之间的政治互信，作出了巨大贡献。而且中国政府始终从南海和平稳定大局出发，对于以美国为首的西方国家在南海频频作出的搅局和挑衅行为，保持最大限度的隐忍和克制，通过外交途径表明立场化解冲突，是南海和平稳定的建设者和坚定捍卫者。

在南海，已有多例成功的共同开发经验可供参考和借鉴，这说明南海共同开发是可行的。具体到南海共同开发争端的解决，中国政府与中国石油公司扮演着不同的角色。对于中国政府而言，它需要吸取此前相关的共同开发争端实践的教训，并在此基础上宏观地把握争端解决的立场和动向。有两点需要注意：其一，中国政府要进一步加强对南海周边国家的认识，包括这些国家对于海域划界立场的法律依据，能源开发的立法状况，以及国际争端解决的实践；其二，要全面地协调南海地区有关争端解决的法律框架，为共同开发争端解决机制的适用创造有利条件。而中国的石油公司，作为共同开发活动的实际执行者，要做的功课更多、也更细致。除了做好争端的预防，务必要重视仲裁解决争端的方法外，中国的石油公司还尤其要注重履行社会责任，维护海洋环境。海洋环境关乎人类共同利益，海洋生态系统与人类生存紧密相关。海洋给予人类无穷的物质和精神财富，人类怎么忍心去伤害它！虽然中国与南海周边国家存在领土与海域划界争端，但中国政府作为负责任的大国，一直推动构建人类命运共同体，积极倡导可持续发展的理念。中国的石油公司更应积极响应和践行这一理念，在开发活动中严格遵守作业规则，为留住碧海蓝天作出应有的努力。

最后要指出的是，随着世界范围内海上共同开发实践越来越多，中国政府也一直致力于推进共同开发，与之相关的理论研究也必将更加丰富和深入。对海上共同开发争端解决机制的研究，仍需在坚持理论与实践相结合的基础上，注意突出普遍性与特殊性，即争端解决机制的共性与各案呈现出的特性，为南海共同开发提供更多的理论支撑。

参 考 文 献

一、海上共同开发案例及其法律文件

(一)1960 年捷克斯洛伐克与奥地利共同开发案

[1] Agreement between the Government of the Czechoslovakia Republic and the Austria Federal Government Concerning the Working of Common Deposits of Natural Gas and Petroleum

(二)1962 年荷兰与联邦德国埃姆斯河口资源共同开发案

[1] Supplementary Agreement to the Treaty Concerning Arrangements for Cooperation in the Ems Estuary (Ems-Dollard Treaty), Signed between the Kingdom of the Netherlands and the Federal Republic of Germany on 8 April 1960

(三)1965 年科威特与沙特阿拉伯共同开发案

[1] Agreement between the Kingdom of Saudi Arabia and the State of Kuwait on the Partition of the Neutral Zone

[2] Agreement between the Kingdom of Saudi Arabia and the State of Kuwait concerning the submerged area adjacent to the divided zone 2 July 2000

(四)1969 年卡塔尔与阿布扎比酋长国共同开发案

[1] Agreement between Qatar and Abu Dhabi on Settlement of Marine Boundaries and Ownership of Islands

（五）1971 年伊朗与沙迦共同开发案

[1] Memorandum of Understanding between Iran and Sharjah

（六）1974 年日本与韩国共同开发东海大陆架案

[1] Agreement between Japan and the Republic of Korea Concerning Joint Development of the Southern Part of the Continental Shelf Adjacent to the Two Countries

（七）1974 年法国与西班牙划界与共同开发案

[1] Convention Between the Government of the French Republic and the Government of the Spanish State on the delimitation of the continental shelves of the two states in the Bay of Biscay

（八）1974 年苏丹与沙特阿拉伯共同开发案

[1] Sudan and Saudi Arabia Agreement relating to the Joint Exploitation of the Natural Resources of the Sea-bed and Subsoil of the Red Sea in the Common Zone

（九）1976 年英国与挪威共同开发弗里格天然气案

[1] Agreement Relating to the Exploitation of the Frigg Field Reservoir and the Transmission of Gas therefrom to the United Kingdom

[2] Agreement between the Government of the United Kingdom of Great Britain and Northern Ireland and the Government of the Kingdom of Norway Relating to the Amendment of the Agreement of 10 May 1976 Relating to the Exploitation of the Frigg Field Reservoir and the Transmission of Gas therefrom to the United Kingdom

[3] Framework Agreement between the Government of the United Kingdom of Great Britain and Northern Ireland and the Government of the Kingdom of Norway concerning Cross-Boundary Petroleum Cooperation

(十)1979年泰国与马来西亚共同开发案

[1] Memorandum of Understanding between Malaysia and the Kingdom of Thailand on the Establishment of the Joint Authority for the Exploitation of the Resources of the Sea Bed in a Defined Area of the Continental Shelf of the Two Countries in the Gulf of Thailand

[2] 1990 Agreement between the Government of Malaysia and the Government of the Kingdom of Thailand on the Constitution and Other Matters Relating to the Establishment of the Malaysia-Thailand Joint Authority

[3] Thailand-Malaysia Joint Authority Act, B. E. 2553(1990)

[4] Malaysia-Thailand Joint Authority Act 440

[5] Malaysia-Thailand Joint Authority Standards of Petroleum Operations

(十一)1981年冰岛与挪威扬马延岛共同开发案

[1] Agreement on the Continental Shelf Between Iceland and Jan Mayen

[2] Agreement between Norway and Iceland on Fishery and Continental Shelf Questions

[3] Additional Protocol to the Agreement of 28 May 1980 between Norway and Iceland concerning Fishery and Continental Shelf Questions and the Agreement derived therefrom of 22 October 1981 on the Continental Shelf between Jan Mayen and Iceland

[4] Agreement between Iceland and Norway concerning Transboundary Hydrocarbon Deposits

(十二)1989年澳大利亚与印度尼西亚共同开发案

[1] Treaty between Australia and the Republic of Indonesia on the Zone of Cooperation in an Area between the Indonesian Province of East Timor and Northern Australia

(十三)1992 年马来西亚与越南共同开发案

[1] 1992 Memorandum of Understanding between Malaysia and the Socialist Republic of Vietnam for the Exploration and Exploitation of Petroleum in A Defined Area of the Continental Shelf Involving the Two Countries

(十四)1993 年哥伦比亚与牙买加共同开发案

[1] Maritime delimitation treaty between Jamaica and the Republic of Colombia

(十五)1993 年塞内加尔与几内亚比绍共同开发案

[1] Agreement on Management and Cooperation between the Republic of Guinea-Bissau and the Republic of Senegal

[2] Protocol to the Agreement between the Republic of Guinea-Bissau and the Republic of Senegal Concerning the Organization and Operation of the Management and Cooperation Agency Established

(十六)1995 年英国与阿根廷共同开发案

[1] Joint Statement of 15 February 1990 Re-establishing Diplomatic Relations between Britain and Argentina

[2] UK-Argentina Joint Statement on the Conservation of Fisheries

[3] Joint Declaration of 27 September 1995 Cooperation Over Offshore Activities in the South West Atlantic

[4] Declaration of the British Government with regard to the Joint Declaration signed by the British and Argentine Foreign Ministers on Cooperation over Offshore Activities in the South West Atlantic

[5] Statement by the Argentine Government with regard to the Joint Declaration signed by the Foreign Ministers of Argentina and the United Kingdom on Exploration and Exploitation of Hydrocarbons

（十七）1995 年丹麦与挪威共同开发案

[1] Agreement between the Kingdom of Denmark and the Kingdom of Norway Concerning the Delimitation of the Continental Shelf in the Area Between Jan Mayen and Greenland and Concerning the Boundary between the Fishery Zones in the Area. 18 December 1995

（十八）1997 年丹麦与冰岛共同开发案

[1] Agreement between the Government of the Kingdom of Denmark along with the Local Government of Greenland on the one hand, and the Government of the Republic of Iceland on the other hand on the Delimitation of the Continental Shelf and the Fishery Zone in the Area between Greenland and Iceland, 11 November 1997

（十九）2000 年尼日利亚与赤道几内亚共同开发案

[1] Treaty between the Federal Republic of Nigeria and the Republic of Equatorial Guinea concerning Their Maritime Boundary, 23 September 2000

（二十）2001 年泰国与柬埔寨共同开发案

[1] Memorandum of Understanding between the Royal Thai Government and the Royal Government of Cambodia Regarding the Area of Their Overlapping Maritime Claims to the Continental Shelf

（二十一）2001 年尼日利亚和圣多美普林西比共同开发案

[1] Treaty between The Federal Republic of Nigeria and The Democratic Republic of São Tomé e Príncipe on the Joint Development of Petroleum and other Resources, in respect of Areas of the Exclusive Economic Zone of the Two States

[2] Nigeria-Sao Tome and Principe Joint Development Authority

Petroleum Regulations 2003

（二十二）2001 年东帝汶与澳大利亚共同开发案

[1] Timor Sea Treaty between the Government of East Timor and the Government of Australia

[2] Agreement between the Government of Australia and the Government of the Democratic Republic of Timor-Leste relating to the Unitisation of the Sunrise Troubador Fields

[3] Treaty between Australia and the Democratic Republic of Timor-Leste on Certain Maritime Arrangements in the Timor Sea

[4] Timor Sea Designated Authority for the Joint Petroleum Development Area "Guidelines for Applications for Production Sharing Contracts and Criteria for Assessment of Applications"

[5] Timor Sea Designated Authority for the Joint Petroleum Development Area "Interim Directions Issued under Article 37 of the Interim Petroleum Mining Code Specific Requirements as to Petroleum Exploration and Exploitation in the Joint Petroleum Development Area"

[6] Timor Sea Designated Authority for the Joint Petroleum Development Area "Interim Administrative Guidelines for the Joint Petroleum Development Area"

[7] Timor Sea Treaty Designated Authority (Privileges and Immunities) Regulations 2003

[8] Petroleum Mining Code for the Joint Petroleum Development Area

[9] Taxation of Bayu-Undan Contractors Act

[10] Greater Sunrise Unitisation Agreement Implementation Act 2004, No. 47, 2004

[11] Petroleum (Timor Sea Treaty) (Consequential Amendments) Acts 2003

（二十三）2003 年巴巴多斯和圭亚那共同开发案

[1] Exclusive Economic Zone Cooperation Treaty between the Republic of Guyana and the State of Barbados Concerning the Exercise of Jurisdiction in Their Exclusive Economic Zones in the Area of Bilateral Overlap Within Each of Their Outer Limits and Beyond the Outer Limits of the Exclusive Economic Zones of Outer States

（二十四）2006 年密克罗尼西亚与马绍尔群岛共和国共同开发案

[1] Treaty Between the Federated States of Micronesia and the Republic of the Marshall Islands Concerning Maritime Boundaries and Cooperation on Related Matters

（二十五）2006 年密克罗尼西亚与帕劳共同开发案

[1] Treaty between the Federated States of Micronesia and the Republic of Paul concerning Maritime Boundaries and Cooperation on Related Matters

（二十六）2006 年法罗群岛、挪威与冰岛共同开发案

[1] Agreed Minutes on the Delimitation of the Continental Shelf beyond 200 Nautical Miles between the Faroe Islands, Iceland and Norway in the Southern Part of the Banana Hole of the Northeast Atlantic

（二十七）2007 年特立尼达和多巴哥与委内瑞拉玻利瓦尔共和国共同开发案

[1] Framework Treaty Relating to the Unitisation of Hydrocarbon Reservoirs That Extend Across the Delimitation Line between the Republic of Trinidad and Tobago and the Bolivarian Republic of Venezuela

(二十八)2010年俄罗斯与挪威共同开发案

[1] Treaty between the Kingdom of Norway and the Russian Federation concerning Maritime Delimitation and Cooperation in the Barents Sea and the Arctic Ocean

[2] Joint Statement on Maritime Delimitation and Cooperation in the Barents Sea and the Arctic Ocean

(二十九)2012年美国和墨西哥共同开发案

[1] Treaty between the Government of the United States of America and the Government of the United Mexican States on the Delimitation of the Continental Shelf in the Western Gulf of Mexico beyond 200 Nautical Miles, 9 June 2000

[2] Agreement between the United States of America and the United Mexican States Concerning Transboundary Hydrocarbon Reservoirs in the Gulf of Mexico

(三十)2012年塞舌尔群岛和毛里求斯共同开发案

[1] Treaty Concerning the Joint Management of the Continental Shelf in the Mascarene Plateau Region

[2] Treaty Concerning the Joint Exercise of Sovereign Rights over the Continental Shelf in the Mascarene Plateau Region

二、中国及国际法律文件

(一)中国规范性法律文件

[1]《中华人民共和国海洋石油勘探开发环境保护管理条例》（1983）

[2]《中华人民共和国领海及毗连区法》（1992）

[3]《中华人民共和国矿产资源法实施细则》（1994）

[4]《中华人民共和国专属经济区和大陆架法》（1998）

[5]《中华人民共和国海域使用管理法》(2001)

[6]《中国根据〈联合国海洋法公约〉第 298 条提交排除性声明》
　　(2006)

[7]《中华人民共和国矿产资源法》(2009)

[8]《中华人民共和国海岛保护法》(2009)

[9]《中华人民共和国涉外民事关系法律适用法》(2010)

[10]《中华人民共和国对外合作开采海洋石油资源条例》(2013)

[11]《中国东海油气开发活动正当合法》(2015)

[12]《中国国际经济贸易仲裁委员会仲裁规则》(2015)

[13]《中华人民共和国深海海底区域资源勘探开发法》(2016)

[14]《最高人民法院关于海事法院受理案件范围的规定》(2016)

[15]《中国坚持通过谈判解决中国与菲律宾在南海的有关争议》
　　(2016)

[16]《最高人民法院关于审理发生在我国管辖海域相关案件若干
　　问题的规定(一)》(2016)

[17]《最高人民法院关于审理发生在我国管辖海域相关案件若干
　　问题的规定(二)》(2016)

[18]《中华人民共和国海洋环境保护法》(2017)

[19]《中华人民共和国海洋倾废管理条例》(2017)

[20]《中华人民共和国仲裁法》(2017)

[21]《防治船舶污染海洋环境管理条例》(2018)

[22]《中央企业合规管理指引(试行)》(2018)

[23]《企业境外经营合规管理指引》(2018)

[24]《最高人民法院关于审理海洋自然资源与生态环境损害赔偿
　　纠纷案件若干问题的规定》(2017)

[25]《最高人民法院 最高人民检察院 中国海警局关于海上刑事案
　　件管辖等有关问题的通知》(2020)

[26]《最高人民法院关于审理涉船员纠纷案件若干问题的规定》
　　(2020)

[27]《最高人民法院关于审理船舶油污损害赔偿纠纷案件若干问
　　题的规定》(2020)

[28]《最高人民法院关于审理海事赔偿责任限制相关纠纷案件的若干规定》(2020)

[29]《最高人民法院关于审理船舶碰撞纠纷案件若干问题的规定》(2020)

[30]《最高人民法院关于审理生态环境损害赔偿案件的若干规定(试行)》(2020)

[31]《最高人民法院关于审理海上保险纠纷案件若干问题的规定》(2020)

[32]《最高人民法院关于涉外民商事案件诉讼管辖若干问题的规定》(2020)

[33]《最高人民法院关于审理环境侵权责任纠纷案件适用法律若干问题的解释》(2020)

[34]《中华人民共和国海警法》(2021)

[35]《中华人民共和国陆地国界法》(2021)

(二)声明公报、双边及多边法律文件

[1]《关于解决中华人民共和国和越南社会主义共和国边界领土问题的基本原则协议》(1993)

[2]《中华人民共和国和日本国渔业协定》(1997)

[3]《中华人民共和国政府和大韩民国政府渔业协定》(2000)

[4]《中华人民共和国和越南社会主义共和国关于两国在北部湾领海、专属经济区和大陆架的划界协定》(2000)

[5]《中华人民共和国政府和越南社会主义共和国政府北部湾渔业合作协定》(2000)

[6]《中华人民共和国农业部和印度尼西亚共和国海洋事务与渔业部关于渔业合作的谅解备忘录》(2001)

[7]《中华人民共和国政府和大韩民国政府渔业协定》(2001)

[8]《南海各方行为宣言》(2002)

[9]《东盟地区论坛的三个文件》(2002)

[10]《中越北部湾渔业合作协定补充议定书》(2004)

[11]《在南海协议区三方联合海洋地震工作协议》(2005)

［12］《中华人民共和国和印度尼西亚共和国关于刑事司法协助的条约》（2006）

［13］《中日东海问题原则共识》（2008）

［14］《中华人民共和国政府和沙特阿拉伯王国政府关于石油、天然气、矿产领域开展合作的议定书的补充谅解备忘录》（2009）

［15］《中华人民共和国政府和俄罗斯联邦政府关于石油领域合作的协议》（2009）

［16］《中华人民共和国政府与乌兹别克斯坦共和国政府关于扩大油气领域合作的框架协定》（2009）

［17］《中华人民共和国政府和东南亚国家联盟成员国关于建立中国——东盟中心的谅解备忘录》（2009）

［18］《中国和东盟领导人关于可持续发展的联合声明》（2010）

［19］《第14次中国-东盟领导人会议联合声明——进一步推进面向和平与繁荣的战略伙伴关系》（2011）

［20］《关于指导解决中华人民共和国和越南社会主义共和国海上问题基本原则协议》（2011）

［21］《中华人民共和国政府和越南社会主义共和国政府关于中越陆地边境口岸及其管理制度的协定》（2011）

［22］《中华人民共和国政府和泰王国政府关于可持续发展合作谅解备忘录》（2011）

［23］《落实〈南海各方行为宣言〉指导方针》（2011）

［24］《中华人民共和国与菲律宾共和国联合声明》（2011）

［25］《中华人民共和国政府和印度尼西亚共和国政府关于进一步加强战略伙伴关系的联合公报》（2011）

［26］《2012年联合国可持续发展大会中方立场文件》（2011）

［27］《中华人民共和国和印度尼西亚共和国联合声明》（2012）

［28］《中华人民共和国和泰王国关于建立全面战略合作伙伴关系的联合声明》（2012）

［29］《第五次中日韩领导人会议关于提升全方位合作伙伴关系的联合宣言》（2012）

[30]《中国外交部就越南国会通过〈越南海洋法〉发表声明》(2012)

[31]《钓鱼岛是中国的固有领土》(2012)

[32]《中欧能源安全联合声明》(2013)

[33]《中华人民共和国和文莱达鲁萨兰国联合声明》(2013)

[34]《新时期深化中越全面战略合作的联合声明》(2013)

[35]《中泰关系发展远景规划》(2013)

[36]《中国—东盟发表建立战略伙伴关系 10 周年联合声明》
(2013)

[37]《中华人民共和国和马来西亚联合新闻稿》(2013)

[38]《中印尼全面战略伙伴关系未来规划》(2013)

[39]《中越联合声明》(2013)

[40]《中华人民共和国国家海洋局与越南社会主义共和国自然资
源与环境部关于开展北部湾海洋及岛屿环境综合管理合作研
究的协议》(2013)

[41]《东盟地区论坛发表关于加强海空搜救协调与合作声明》
(2014)

[42]《中华人民共和国政府关于菲律宾共和国所提南海仲裁案管
辖权问题的立场文件》(2014)

[43]《"981"钻井平台作业：越南的挑衅和中国的立场》(2014)

[44]《中华人民共和国和马来西亚建立外交关系 40 周年联合公
报》(2014)

[45]《中越联合声明》(2015)

[46]《中华人民共和国和马来西亚联合声明》(2015)

[47]《中华人民共和国外交部关于应菲律宾共和国请求建立的南
海仲裁案仲裁庭关于管辖权和可受理性问题裁决的声明》
(2015)

[48]《中华人民共和国政府和越南社会主义共和国政府关于北仑
河口自由航行区航行的协定》(2015)

[49]《中国东海油气开发活动正当合法》(2015)

[50]《中华人民共和国与菲律宾共和国联合声明》(2016)

[51]《中华人民共和国和马来西亚联合新闻声明》(2016)

[52]《第 19 次中国—东盟领导人会议暨中国—东盟建立对话关系 25 周年纪念峰会联合声明》(2016)

[53]《第 19 次中国—东盟领导人会议通过〈中国与东盟国家应对海上紧急事态外交高官热线平台指导方针〉》(2016)

[54]《第 19 次中国—东盟领导人会议发表《中国与东盟国家关于在南海适用〈海上意外相遇规则〉的联合声明》》(2016)

[55]《中国—东盟建立对话关系 25 周年纪念峰会发表主席声明》(2016)

[56]《中国和东盟国家外交部长关于全面有效落实〈南海各方行为宣言〉的联合声明》(2016)

[57]《中华人民共和国政府关于在南海的领土主权和海洋权益的声明》(2016)

[58]《中华人民共和国外交部关于应菲律宾共和国请求建立的南海仲裁案仲裁庭所作裁决的声明》(2016)

[59]《中华人民共和国外交部关于坚持通过双边谈判解决中国和菲律宾在南海有关争议的声明》(2016)

[60]《亚洲相互协作与信任措施会议第五次外长会议关于通过对话促进亚洲和平、安全、稳定和可持续发展的宣言》(2016)

[61]《落实中国—东盟面向和平与繁荣的战略伙伴关系联合宣言的行动计划(2016—2020)》(2016)

[62]《中华人民共和国政府和菲律宾共和国政府联合声明》(2017)

[63]《中越联合声明》(2017)

[64]《中越联合公报》(2017)

[65]《中华人民共和国政府和菲律宾共和国政府关于油气开发合作的谅解备忘录》(2018)

[66]《中国—菲律宾关于油气开发合作的政府间联合指导委员会和企业间工作组职责范围》(2018)

[67]《中华人民共和国和文莱达鲁萨兰国联合声明》(2018)

[68]《中华人民共和国与菲律宾共和国联合声明》(2018)

[69]《中华人民共和国政府和马来西亚政府联合声明》(2018)

[70]《中华人民共和国政府和印度尼西亚共和国政府联合声明》

（2018）

［71］《中国—东盟战略伙伴关系 2030 年愿景》（2018）

［72］《中华人民共和国政府和泰王国政府联合新闻声明》（2019）

［73］《落实中国—东盟面向和平与繁荣的战略伙伴关系联合宣言的行动计划（2021—2025）》（2020）

［74］《中华人民共和国国务委员兼外长王毅同马来西亚外交部长希沙慕丁发表的联合新闻声明》（2020）

［75］《中国—东盟关于新冠肺炎问题特别外长会联合声明》（2020）

［76］《华人民共和国和文莱达鲁萨兰国政府间联合指导委员会首次会议联合新闻稿》（2020）

［77］《〈区域全面经济伙伴关系协定〉（RCEP）领导人联合声明》（2020）

［78］《新冠疫苗合作国际论坛联合声明》（2021）

［79］《中国—太平洋岛国外长会联合声明》（2021）

［80］《一带一路"疫苗合作伙伴关系倡议》（2021）

［81］《纪念中国—东盟建立对话关系 30 周年特别外长会共同主席声明》（2021）

（三）国际法律文件

［1］《和平解决国际争端海牙公约》（1907）

［2］《联合国宪章》（1945）

［3］《日内瓦和平解决国际争端总议定书》（1949）

［4］《联合国承认和执行外国仲裁裁决公约》（1958）

［5］《国际投资争端解决中心解决国家和他国国民之间投资争端公约》（1965）

［6］《国际干预公海油污事故公约》（1969）

［7］《关于各国依联合国宪章建立友好关系及合作之国际法原则之宣言》（1970）

［8］《防止倾倒废物及其他物质污染海洋公约》（1972/1978）

［9］《经 1978 年议定书修订的 1973 年防止船舶造成污染公约》（1973/1978）

［10］《近海污染责任协定》(1975)

［11］《美洲国家国际商事仲裁公约》(1975)

［12］《联合国国际贸易法委员会仲裁规则》(1976)

［13］《东南亚友好条约》(1976)

［14］《关于保护海洋环境防止污染的科威特区域公约》(1978)

［15］《联合国国际贸易法委员会调解规则》(1980)

［16］《联合国海洋法公约》(1982)

［17］《国际商会国际仲裁院调解与仲裁规则》(1988)

［18］《保护波罗的海区域海洋环境的公约》(1992)

［19］《联合国气候变化框架公约》(1992)

［20］《生物多样性公约》(1992)

［21］《建立世界贸易组织协定》(1994)

［22］《油类污染防备、响应和合作国际公约》(1995)

［23］《执行 1982 年 12 月 10 日〈联合国海洋法公约〉有关养护和管理跨界鱼类种群和高度洄游鱼类种群的规定的协定》(1995)

［24］《新加坡国际仲裁中心仲裁规则》(1997)

［25］《伦敦国际仲裁院仲裁规则》(1998)

［26］《能源宪章条约》(1998)

［27］《斯德哥尔摩商会仲裁院仲裁规则》(1999)

［28］《中西部太平洋高度洄游鱼类种群养护和管理公约》(2000)

［29］《国际燃油污染损害民事责任公约》(2001)

［30］《〈国际船舶安全营运和防污染管理规则(国际安全管理规则〉的修正案》(2005)

［31］《海上事故或海上事件安全调查国际标准和建议做法规则》(2008)

［32］《南太平洋公海渔业资源养护和管理公约》(2009)

三、英文著作

(一)英文译著

［1］［英］伊恩·布朗利. 国际公法原理［M］. 曾令良，余敏友等

译. 北京：法律出版社，2007.

［2］［美］克里斯多佛·R. 德拉奥萨，理查德·W. 奈马克. 国际仲裁科学探索［M］. 陈福勇，丁建勇译. 北京：中国政法大学出版社，2007.

［3］［荷兰］尼科·斯赫雷弗. 可持续发展在国际法中的演进［M］. 汪习根，黄海滨译. 北京：社会科学文献出版社，2010.

［4］［英］莫里齐奥·拉佳齐. 国际对世义务之概念［M］. 池漫郊等译. 北京：法律出版社，2013.

［5］［美］狄恩·普鲁特，金盛熙. 社会冲突：升级、僵局及解决［M］. 王凡妹译. 北京：人民邮电出版社，2013.

［6］［尼泊尔］苏里亚·P. 苏贝迪. 国际投资法：政策与原则的协调［M］. 张磊译. 北京：法律出版社，2015.

［7］［美］加里·B. 博恩. 国际仲裁法律与实践［M］. 白麟等译. 北京：商务印书馆，2015.

［8］［美］翁·基达尼. 中非争议解决：仲裁的法律、经济和文化分析［M］. 朱伟东译. 北京：中国社会科学出版社，2017.

［9］［加］马克·撒迦利亚. 海洋政策：海洋治理和国际海洋法导论［M］. 邓云成，司慧译. 北京：海洋出版社，2019.

(二)英文专著

［1］Mark J. Valencia. South-East Asian seas：oil under troubled waters：hydrocarbon potential, jurisdictional issues, and international relations. Singapore；New York：Oxford University Press，1985.

［2］J. F. O'Connor. Good faith in international law. USA：Dartmouth，1991.

［3］Mark J. Valencia, Jon M. Van Dyke, Noel A. Ludwig. Sharing the resources of the South China Sea. The Hague；Boston：Martinus Nijhoff Publishers，1997.

［4］Daniele Barberis. Negotiating mining agreements：past, present and future trends. Cambridge：Kluwer Law International，1998.

[5] Bernard Taverne. Petroleum, industry and governments: an introduction to petroleum regulation, economics and government policies. The Hague; Boston: Kluwer Law International, 1999.

[6] James C. Baker. Foreign direct investment in less developed countries: the role of ICSID and MIGA. Westport, Conn.: Quorum Books, 1999.

[7] John Collier, Vaughan Lowe. The settlement of dispute in international law: institutions and procedures. Oxford: Oxford University Press, 1999.

[8] Karin Oellers-Frahm, Andreas Zimmermann (eds.). Dispute settlement in public international law: texts and materials. Berlin; New York: Springer, 2001.

[9] Mark J. Valencia. Maritime regime building: lessons learned and their relevance for Northeast Asia. The Hague; Boston, Mass.: Martinus Nijhoff Publishers, 2001.

[10] Malgosia Fitzmaurice, Milena Szuniewicz. Exploitation of natural resources in the 21st century. The Hague; New York: Kluwer Law International, 2003.

[11] Francisco Orrego Vicuna. International dispute settlement in an evolving global society: constitutionalization, accessibility, privatization. Cambridge, UK; New York: Cambridge University Press, 2004.

[12] Zou Keyuan. China's marine legal system and the law of the sea. Leiden: Martinus Nijhoff Publishers, 2005.

[13] Eileen Carroll, Karl Mackie. International mediation: the art of business diplomacy. Alpen aan den Rijn, The Netherlands: Kluwer Law International, 2006.

[14] Anthony Jennings. Oil and gas production contracts. London: Sweet & Maxwell/Thomson Reuters, 2008.

[15] Arthur W. Rovine. Contemporary issues in international arbitration and mediation: the Fordham papers 2007. Leiden;

Boston: Martinus Nijhoff Publishers, 2008.

[16] David Freestone, Richard Barnes, David M. Ong. The law of the sea: progress and prospects. Oxford; New York: Oxford University Press, 2009.

[17] Junwu Pan. Toward a new framework for peaceful settlement of China's territorial and boundary disputes. Leiden; Boston: Martinus Nijhoff Publishers, 2009.

[18] Sam Bateman, Ralf Emmers. Security and international politics in the South China Sea-towards a cooperative management regime. London; New York: Routledge, 2009.

[19] J. G. Merrills. International dispute settlement. Cambridge, UK; New York: Cambridge University Press, 2011.

[20] Jonathon C. Brady. Offshore oil and gas development: background and issues. New York: Nova Science Publishers, 2011.

[21] Oliver Ramsbotham, Tom Woodhouse, Hugh Miall. Contemporary conflict resolution: the prevention, management and transformation of deadly conflicts. Cambridge, UK; Malden, MA: Polity, 2011.

[22] Guo Rongxing. Cross-border resource management. Oxford, UK: Elsevier, 2012.

[23] J. Michael Greig, Paul F. Diehl. International Mediation. Cambridge, UK; Malden, MA: Polity Press, 2012.

[24] Kun Fan. Arbitration in China: a legal and cultural analysis. Oxford, United Kingdom: Hart Publishing, 2013.

[25] Robert C. Beckman, Ian Townsend Gault, Clive Schofield (eds.). Beyond territorial disputes in the South China Sea. Cheltenham, UK; Northampton, MA: Edward Elgar, 2013.

[26] Zhiguo Gao, Yu Jia, Haiwen Zhang (eds.). Cooperation and development in the South China Sea. Beijing: China Democracy and Legal System Publishing House, 2013.

[27] Kim Talus. Research handbook on international energy law.

Cheltenham, UK; Northampton, MA, USA: Edward Elgar, 2014.

[28] Paul Hallwood. Economics of the oceans. Abingdon, Oxon; New York, NY: Routledge, 2014.

[29] Vasco Becker Weinberg. Joint development of hydrocarbon deposits in the law of the sea. Heidelberg: Springer, 2014.

[30] Zheng Sophia Tang. Jurisdiction and arbitration agreements in international commercial law. Abingdon: Routledge, 2014.

[31] Rachael Lorna Johnstone. Offshore oil and gas development in the Arctic under international law: risk and responsibility. Leiden: Brill, 2015.

[32] Liselotte Odgaard. Maritime security between China and Southeast Asia: conflict and cooperation in the making of regional order. London: Routledge, Taylor & Francis Group, 2016.

[33] Mikhail Kashubsky. Offshore oil and gas installations security: an international perspective. Milton Park, Abingdon, Oxon; New York, NY: Informa Law from Routledge, 2016.

[34] Alfred Gerstl, Mária Strašáková. Unresolved border, land and maritime disputes in Southeast Asia: bi-and multilateral conflict resolution approaches and ASEAN's centrality. Leiden; Boston: Brill, 2017.

[35] Marise Cremona, Anne Thies, Ramses A. Wessel. The European Union and international dispute settlement. Oxford; Portland, Oregon: Hart Publishing, 2017.

[36] Myron H. Nordquist, John Norton Moore, Ronán Long. International marine economy law and policy. Leiden; Boston: Brill Nijhoff, 2017.

[37] S. Jayakumar, Tommy Koh, Robert Beckman, Tara Davenport, Hao Duy Phan. The South China Sea arbitration: the legal dimension. Cheltenham, UK: Edward Elgar Publishing, 2018.

[38] Yoshifumi Tanaka. Predictability and flexibility in the law of

maritime delimitation. Oxford, UK: Hart Publishing, 2019.

[39] Keyuan Zou, Shicun Wu(eds.). The 21st Century Maritime Silk Road: Challenges and Opportunities for Asia and Europe. London; New York: Routledge, Taylor & Francis Group, 2020.

[40] Mark Zacharias, Jeff Ardron. Marine policy: an introduction to governance and international law of the oceans. Abingdon, Oxon; New York, NY: Routledge, 2020.

[41] Hélène Ruiz Fabri, Erik Franckx, Marco Benatar, Tamar Meshel. A bridge over troubled waters: dispute resolution in the law of international watercourses and the law of the sea. Leiden; Boston: Brill Nijhoff, 2021.

[42] Laurence Boisson de Chazournes. Fresh water in international law. Oxford, United Kingdom: Oxford University Press, 2021.

(三)英文论文

[1] William T. Onorato, Apportionment of an International Common PetroleumDeposit, International and Comparative Law Quarterly, Vol. 17, Issue 1, 1968.

[2] Thomas Walde, Negotiating for Dispute Settlement in Transnational Mineral Contracts: Current Practice, Trends, and an Evaluation from the Host Country's Perspective, Journal of International Law and Policy, Vol. 7, No. 1, 1977.

[3] S. J. Mitchell, Dispute Settlement in China, A. S. I. L. S. International Law Journal, Vol. 4, 1980.

[4] Michel Virally, Review Essay: Good Faith in Public International Law, The American Journal of International Law, Vol. 77, No. 1, 1983.

[5] James J. Myers, International Construction Dispute Resolutions and New Alternatives, Construction Lawyer, Vol. 6, No. 3, 1985.

[6] Mark J. Valenica, Taming Troubled Waters: Joint Development of Oil and Mineral Resources in Overlapping Claim Areas, San Diego

Law Review, Vol. 23, No. 3, 1986.

[7] Richard B. Bilder, International Dispute Settlement and the Role of International Adjudication, Journal of International Dispute Resolution, Vol. 1, No. 2, 1987.

[8] Masahiro Miyoshi, The Basic Concept of Joint Development of Hydrocarbon Resources on the Continental Shelf with Special Reference to the Discussions at the East-West Centre Workshops on the South-East Asian Seas, International Journal of Estuarine and Coastal Law, Vol. 3, No. 1, 1988.

[9] Richard B. Bilder, International Third Party Dispute Settlement, Denver Journal of International Law and Policy, Vol. 17, No. 3, 1989.

[10] Yu Hui, Joint Development of Mineral Resources-An Asian Solution? Asian Yearbook of International Law, Vol. 2, 1992.

[11] S. P. Jagota, Maritime Boundary and Joint Development Zones: Emerging Trends, Ocean Yearbook, Vol. 10, 1993.

[12] Joseph Shade, The Oil & Gas Lease and ADR: A Marriage Made in Heaven Waiting to Happen, Tulsa Law Journal, Vol. 30, No. 4, 1995.

[13] Thomas W. Waelde, George Ndi, Stabilizing International Investment Commitments: International Law Versus Contract Interpretation, Texas International Law Journal, Vol. 31, No. 2, 1996.

[14] David M. Ong, The 1979 and 1990 Malaysia-Thailand Joint Development Agreements: A Model for International Legal Cooperation in Common Offshore Petroleum Deposits? The International Journal of Marine and Coastal Law, Vol. 14, No. 2, 1999.

[15] Gillian Triggs, Legal and Commercial Risks of Investment in the Timor Gap, Melbourne Journal of International Law, Vol. 1, 2000.

［16］Kenneth M. Klemm, Charles R. Talley, Minimizing the Risk to the Oil and Gas Operator, Annual Institute on Mineral Law, Vol. 48, 2001.

［17］Anne Peters, International Dispute Settlement: A Network of Cooperational Duties, European Journal of International Law, Vol. 14, Issue 1, 2003.

［18］Gillian Triggs, The Timor Sea Treaty and the International Unitisation Agreement for Greater Sunrise: Practical Solutions in the Timor Sea, Australian Year Book of International Law, Vol. 23, 2004.

［19］Walde, Thomas W. Energy Charter Treaty-Based Investment Arbitration: Controversial Issues, Journal of World Investment & Trade, Vol. 5, Issue 3, 2004.

［20］C. L. Lim, The Uses of Pacific Settlement Techniques in Malaysia-Singapore Relations, Melbourne Journal of International Law, Vol. 6, Issue 2, 2005.

［21］Ramses Amer, Nguyen Hong Thao, Vietnam's Border Disputes: Legal and Conflict Management Dimensions, Asian Yearbook of International Law, Vol. 12, Issue 1, 2005.

［22］Andrea Kupfer Schneider, Not Quite a World Without Trials: Why International Dispute Resolution is Increasingly Judicialized, Journal of Dispute Resolution, Vol. 2006, Issue 1, 2006.

［23］Andrei Konoplyanik, Thomas Walde, Energy Charter Treaty and Its Role in International Energy, Journal of Energy and Natural Resources Law, Vol. 24, No. 4, 2006.

［24］Jacqueline Lang Weaver, David F. Asmus, Unitizing Oil and Gas Fields around the World: A Comparative Analysis of National Laws and Private Contracts, Houston Journal of International Law, Vol. 28, No. 1, 2006.

［25］Jon M. Van Dyke, Reconciliation between Korea and Japan, Chinese Journal of International Law, Vol. 5, No. 1, 2006.

[26] Yucel Acer, A Proposal for a Joint Maritime Development Regime in the Aegean Sea, Journal of Maritime Law & Commerce, Vol. 37, Issue 1, 2006.

[27] Chidinma Bernadine Okafor, Model Agreements for Joint Development: A Case Study, Journal of Energy & Natural Resources Law, Vol. 25, Issue 1, 2007.

[28] Shanthy Rachagan, Controlling Shareholders and Corporate Governance in Malaysia: Would the Self-Enforcing Model Protect Minority Shareholders? The Corporate Governance Law Review, Vol. 3, Issue 1, 2007.

[29] Clive Schofield, Maritime Claims, Conflicts and Cooperation in the Gulf of Thailand, Ocean Yearbook, Vol. 22, 2008.

[30] Gao Jianjun, Joint Development in the East China Sea: Not an Easier Challenge Than Delimitation, The International Journal of Marine and Coastal Law, Vol. 23, Issue 1, 2008.

[31] Itzchak E. Kornfeld, Polycentrism and the International Joint Commission, The Wayne Law Review, Vol. 54, Issue 4, 2008.

[32] J. Nna Emeka, Anchoring Stabilizing Clauses in International Petroleum Contracts, The International Lawyer, Vol. 42, Issue 4, 2008.

[33] Yann Huei Song, The Potential Marine Pollution Threat from Oil and Gas Development Activities in the Disputed South China Sea/Spratly Area: A Role that Taiwan Can Play, Ocean Development & International Law, Vol. 39, Issue 2, 2008.

[34] A. F. M. Maniruzzaman, The Issue of Resource Nationalism: Risk Engineering and Dispute Management in the Oil and Gas Industry, Texas Journal of Oil, Gas and Energy Law, Vol. 5, Issue 1, 2009.

[35] Anna Spain, Integration Matters: Rethinking the Architecture of International Dispute Resolution, University of Pennsylvania Journal of International Law, Vol. 32, Issue 1, 2010.

[36] Luo Tingting, On Key Issues for a Regime of Joint Development in the South China Sea-with the Experiences of Other Sea Areas, China Oceans Law Review, Vol. 2010, Issue 12, 2010.

[37] Vasco Becker-Weinberg, Joint Development Agreements of Offshore Hydrocarbon Deposits: An Alternative to Maritime Delimitation in the Asia-Pacific Region, China Oceans Law Review, Vol. 2011, Issue 13, 2011.

[38] Wojtek Mackiewicz Wolfe, Annette S. Leung Evans, China's Energy Investments and the Corporate Social Responsibility Imperative, Journal of International Law and International Relations, Vol. 6, Issue 2, 2011.

[39] Cecilia A. Low, Marine Environmental Protection in Joint Development Agreements, Journal of Energy & Natural Resources Law, Vol. 30, Issue 1, 2012.

[40] Peter B. Rutledge, Convergence and Divergence in International Dispute Resolution, Journal of Dispute Resolution, Vol. 2012, Issue 1, 2012.

[41] Suk Kyoon Kim, Illegal Chinese Fishing in the Yellow Sea: A Korean Officer's Perspective, Journal of East Asia and International Law, Vol. 5, Issue 2, 2012.

[42] Zewei Yang, The Present and Future of the Sino-South Korean Fisheries Dispute: A Chinese Lawyer's Perspective, Journal of East Asia & International Law, Vol. 5, Issue 2, 2012.

[43] Fu Chenyuan, China's Prospective Strategy in Employing Investor-State Dispute Resolution Mechanism for the Best Interest of Its Outward Oil Investment, Peking University Transnational Law Review, Vol. 2, Issue 1, 2014.

[44] Min Van Pham, Vietnam and the South China Sea Dispute: Sovereign Claim, Energy Security and Joint Development Agreement, Journal of Territorial and Maritime Studies, Vol. 1, Issue 2, 2014.

[45] Tiffany M. Lin, Chinese Attitudes Towards Third-Party Dispute Resolution in International law, New York University Journal of International Law and Politics, Vol. 48, Issue 2, 2016.

[46] Ashley Bartman Watson, Mediating NAGPRA: Bringing Cultural Consideration Back to the Table, Ohio State Journal on Dispute Resolution, Vol. 32, Issue 1, 2017.

[47] Ifeany I. Onwuazombe, Human Rights Abuse and Violations in Nigeria: A Case Study of the Oil-Producing Communities in the Niger Delta Region, Annual Survey of International and Comparative Law, Vol. 22, 2017.

[48] Kathy Douglas, Jennifer Hurley, The Potential of Procedural Justice in Mediation: A Study into Mediators Understandings, Bond Law Review, Vol. 29, Issue 1, 2017.

[49] Miruna Constantinescu, Monica Simona Corchis, Are Mediation Clauses Binding and Mandatory, Juridical Tribune, Vol. 7, Issue 1, 2017.

[50] Mohsen Hodssein Abadi, Alireza Azadi Kalkoshki, Formalities and Regulations Governing the Arbitration Proceedings in International Law, Journal of Politics and Law, Vol. 10, Issue 4, 2017.

[51] Sun Linlin, Dispute Settlement Relating to Deep Seabed Mining: A Participant's Perspective, Melbourne Journal of International Law, Vol. 18, Issue 1, 2017.

[52] Yu Minyou, Xie Qiong, Why the Award on Jurisdiction and Admissibility of the South China Sea Arbitration Is Null and Void-Taking Article 283 of the UNCLOS as an Example, China Oceans Law Review, Vol. 2017, Issue 1, 2017.

[53] Zewei Yang, United Nations Convention on the Law of the Non-Navigational Uses of International Watercourses: Problems, Improvements and Potential Influence on China, Hong Kong Law Journal, Vol. 47, Issue 1, 2017.

[54] Anita L. Parlow, Toward Distributive Justice in Offshore Natural Resources Development: Iceland and Norway in the Jan Mayen, Ocean and Coastal Law Journal, Vol. 23, Issue 1, 2018.

[55] Carlos Santamaria, Sino-Philippine Joint Development in the South China Sea: Is Political Will Enouth? Asian Politics & Policy, Vol. 10, Issue 2, 2018.

[56] Frederic Gilles Sourgens, Value and Judgment in Investment Treaty Arbitration, Journal of Dispute Resolution, Vol. 2018, Issue 1, 2018.

[57] Julian Ellis, A Comparative Law Approach: Enforceability of Arbitration Agreements in American Insolvency Proceedings, American Bankruptcy Law Journal, Vol. 92, Issue 1, 2018.

[58] Tom Childs, The Current State of International Oil and Gas Arbitration, Texas Journal of Oil, Gas and Energy Law, Vol. 13, Issue 1, 2018.

[59] Valdez Garcia, Melissa Maria, The Path towards Defining Investment in ICSID Investor-State Arbitrations: The Open-Ended Approach, Pepperdine Dispute Resolution Law Journal, Vol. 18, Issue 1, 2018.

[60] Norton, Patrick M, Conflicts on the Belt & Road: China's New Dispute Resolution Mechanism, Indian Journal of Arbitration Law, Vol. 8, Issue 1, 2019.

[61] Ren, Hu. Treaties on the International Trade Dispute Settlement and the China Belt and Road Initiative, Beijing Law Review, Vol. 10, Issue 3, 2019.

[62] Dinara R. Ziganshina, Institutional Mechanisms for Preventing and Resolving Cross-Border Water Disputes, AJIL Unbound, Vol. 115, 2021.

[63] Wang Fan, The Future of China-US Relations: Toward a New Cold War or a Restart of Strategic Cooperation? China International Studies, Vol. 86, 2021.

四、中文著作

(一)中文专著

[1] 蔡鹏鸿. 争议海域共同开发的管理模式：比较研究[M]. 上海：上海社会科学院出版社，1998.

[2] 王生长. 仲裁与调解相结合的理论与实务[M]. 北京：法律出版社，2001.

[3] 王杰. 国际机制论[M]. 北京：新华出版社，2002.

[4] 余劲松. 国际投资法[M]. 北京：法律出版社，2003.

[5] 萧建国. 国际海洋边界石油的共同开发[M]. 北京：海洋出版社，2006.

[6] 叶兴平. 国际争端解决重要法律文献[M]. 北京：法律出版社，2006.

[7] 薛桂芳. 国际渔业法律政策与中国的实践[M]. 北京：中国海洋大学出版社，2007.

[8] 叶兴平. 和平解决国际争端[M]. 北京：法律出版社，2008.

[9] 史晓丽，祁欢. 国际投资法[M]. 北京：中国政法大学出版社，2009.

[10] 杨泽伟. 中国能源安全法律保障研究[M]. 北京：中国政法大学出版社，2009.

[11] 黄进. 国际商事争议解决机制研究[M]. 武汉：武汉大学出版社，2010.

[12] 吴建功. WTO 体制下的贸易争端预防机制研究：基于货物贸易的视角[M]. 北京：经济科学出版社，2010.

[13] 许诏智. 贸易自由化与可持续发展[M]. 北京：科学出版社，2010.

[14] 曹建明，贺小勇. 世界贸易组织[M]. 北京：法律出版社，2011.

[15] 朱鹏飞. 国际环境争端解决机制研究[M]. 北京：法律出版社，2011.

[16] 白中红.《能源宪章条约》争端解决机制研究[M].武汉：武汉
大学出版社，2012.

[17] 黄振中，赵秋雁，谭柏平，廖诗评.国际能源法律制度研究
[M].北京：法律出版社，2012.

[18] 栾溪，高晓荣.国际石油合作及法律法规[M].北京：石油工
业出版社，2012.

[19] 马迅.《能源宪章条约》投资规则研究[M].武汉：武汉大学出
版社，2012.

[20] 高翔.海洋石油开发环境污染法律救济机制研究：以美国墨
西哥湾漏油事故和我国渤海湾漏油事故为视角[M].武汉：
武汉大学出版社，2013.

[21] 黄进.中国能源安全若干法律与政策问题研究[M].北京：经
济科学出版社，2013.

[22] 饶戈平.国际组织与国际法实施机制的发展[M].北京：北京
大学出版社，2013.

[23] 朱文奇.现代国际法[M].北京：商务印书馆，2013.

[24] 单文华.中国对外能源投资的国际法保护：基于实证和区域
的制度研究[M].北京：清华大学出版社，2014.

[25] 辛宪章.国际投资争端解决机制研究[M].大连：东北财经大
学出版社，2014.

[26] 张正怡.能源类国际投资争端法律问题研究[M].北京：法律
出版社，2014.

[27] 栗克元，韩斯睿，王春.海事纠纷解决机制研究[M].北京：
海洋出版社，2015.

[28] 李玫，王丙辉.中日韩关于海洋垃圾处理的国际纠纷问题研
究[M].北京：对外经济贸易大学出版社，2015.

[29] 王逸舟.当代国际政治析论[M].上海：上海人民出版社，
2015.

[30] 孙立文.海洋争端解决机制与中国政策[M].北京：法律出版
社，2015.

[31] 杜承秀.涉东盟经贸纠纷调解及其机制建构研究[M].北京：

中国检察出版社，2016.

[32] 姜学峰，徐建山.“一带一路”油气合作环境[M].北京：石油工业出版社，2016.

[33] 李英，罗维昱.中国对外能源投资争议解决研究[M].北京：知识产权出版社，2016.

[34] 谭民.中国—东盟能源安全合作法律问题研究[M].武汉：武汉大学出版社，2016.

[35] 王国华.海洋法规与国际石油合作[M].北京：石油工业出版社，2016.

[36] 杨翠柏，何苗，陈嘉，张倩雯.南沙群岛油气资源共同开发法律研究[M].南京：南京大学出版社，2016.

[37] 杨泽伟.海上共同开发协定汇编[M].北京：社会科学文献出版社，2016.

[38] 杨泽伟.海上共同开发国际法问题研究[M].北京：社会科学文献出版社，2016.

[39] 李建勋.南海低敏感领域区域合作法律机制研究[M].南昌：江西人民出版社，2017.

[40] 梁咏.中国海外能源投资法律保障与风险防范[M].北京：法律出版社，2017.

[41] 张海文，黄影.海洋法争端解决国际案例汇编[M.青岛：青岛出版社，2017.

[42] 张海文，黄影.海上边界协定：1942—1991[M].青岛：青岛出版社，2017.

[43] 杨泽伟.海上共同开发国际法理论与实践研究[M].武汉：武汉大学出版社，2018.

[44] 杨泽伟.海上共同开发协定续编[M].武汉：武汉大学出版社，2018.

[45] 杨泽伟.《联合国海洋法公约》若干制度评价与实施问题研究[M].武汉：武汉大学出版社，2018.

[46] 张海文.海上边界国家实践发展现状[M].青岛：青岛出版社，2018.

[47] 李文杰.《联合国海洋法公约》争端解决强制管辖权研究[M].北京：法律出版社，2019.

[48] 莫神星.能源法学[M].北京：中国法制出版社，2019.

[49] 张正怡.一带一路沿线国家与投资者争端解决问题研究[M].上海：上海社会科学院出版社，2019.

[50] 朱建庚.国家管辖范围外的海洋法律制度[M].北京：知识产权出版社有限责任公司，2019.

[51] 滕蕊.新时代海洋法理论及创新研究[M].昆明：云南科技出版社，2019.

[52] 高健军.《联合国海洋法公约》项下仲裁程序规则研究[M].北京：知识产权出版社，2020.

[53] 郑凡.半闭海的海洋区域合作：法律基础与合作机制[M].厦门：厦门大学出版社，2020.

[54] 雷小华.东盟国家海洋管理理论与实践研究[M].北京：中国商务出版社，2020.

[55] 周江，刘畅，黄昀.菲律宾、印度尼西亚、新加坡海洋法律体系研究[M].北京：知识产权出版社，2020.

[56] 葛勇平.国际海洋权益法律问题研究[M].北京：中国政法大学出版社，2020.

[57] 王超，邱文弦.国际海洋争端解决规则及案例评析[M].北京：中国民主法制出版社，2020.

[58] 何海榕.泰国湾海上共同开发法律问题研究[M].武汉：武汉大学出版社，2020.

[59] 金永明.新中国的海洋政策与法律制度[M].北京：知识产权出版社，2020.

[60] 全小莲.越南、马来西亚、文莱、缅甸海洋法律体系研究[M].北京：知识产权出版社，2020.

[61] 程晓霞.国际法[M].北京：中国人民大学出版社，2021.

[62] 马骏杰.海上传奇：中国海洋文明发展通史[M].北京：北京燕山出版社，2021.

［63］杨泽伟．国际法析论［M］．北京：中国人民大学出版社，2022.

(二)中文论文

［1］叶兴平．国际争端解决中的调查与调解程序［J］．法律科学，1994(4).

［2］叶兴平．试析国际争端解决中的非法律性第三方介入方法［J］．甘肃政法学院学报，1996(3).

［3］叶兴平．区域办法与国际争端的和平解决［J］．江苏社会科学，1997(3).

［4］余敏友．论国际组织对解决争端的国际法的主要发展［J］．武汉大学学报(哲学社会科学版)，1998(6).

［5］夏雨．签订国际仲裁协议应注意的问题［J］．石油企业管理，1999(2).

［6］胡德胜．可持续发展是国际法的一项基本原则［J］．郑州大学学报(哲学社会科学版)，2001(2).

［7］余民才．论国际法上海洋石油共同开发的概念［J］．法学家，2001(6).

［8］李金明．南沙海域石油开发与主权纷争［J］．南洋问题研究，2002(4).

［9］王虎华．论我国和平解决国际争端的理论与实践［J］．河南师范大学学报，2002(4).

［10］张延星．加强石油勘探开发项目合同管理的几点思考［J］．国际石油经济，2002(7).

［11］那力．WTO 环境保护可持续发展［J］．法制与社会发展，2003(1).

［12］肖建国．论国际法上共同开发的概念及特征［J］．外交学院学报，2003(2).

［13］李杰豪．世贸组织争端解决机制中国家主权的让渡与护持［J］．求索，2005(9).

［14］张良福．中国与海洋邻国初步建立新型渔业关系［J］．中国海

洋法学评论，2005(2).

[15] 陈叶兰，蔡守秋. 国际环境争端中的环境保护非政府间国际组织[J]. 生态经济，2006(5).

[16] 王灵碧. 国际石油合同中的风险与对策[J]. 油气地质与采收率，2006(5).

[17] 徐弘艳. 论国际争端解决方法新的发展趋势[J]. 西安政治学院学报，2006(5).

[18] 赵劲松. 中国和平解决国际争端问题初探[J]. 法律科学，2006(1).

[19] 朱凤岚. "日韩大陆架协定"及其对东海划界的启示[J]. 当代亚太，2006(11).

[20] 万霞，宋冬. 争议海域的共同开发制度[J]. 太平洋学报，2007(6).

[21] 何顺善. 论国际组织对国际法的影响[J]. 政治与法律，2008(3).

[22] 徐科琼. 国际法框架下的石油争端解决初探[J]. 西南石油大学学报(社会科学版)，2008(1).

[23] 刘宝发. 国际石油勘探开发项目政治风险的不确定性研究[J]. 中国石油大学学报(社会科学版)，2009(2).

[24] 潘俊武. 解析国际争端解决机制及其发展前景[J]. 法律科学，2009(4).

[25] 姜作利. 诚信原则在WTO争端解决机制中的适用评析[J]. 现代法学，2010(1).

[26] 吕凌燕，陈静芝，施灵运. 我国石油国际合作合同的法律分析[J]. 武汉理工大学学报(社会科学版)，2011(6).

[27] 杨泽伟. "搁置争议、共同开发"原则的困境与出路[J]. 江苏大学学报(社会科学版)，2011(3).

[28] 张弛. 论可持续发展原则与国际法[J]. 求索，2011(11).

[29] 戴兴泓. 国际争端解决机制现状与展望[J]. 社会科学家，2012(6).

[30] 古祖雪. 国际造法：基本原则及其对国际法的意义[J]. 中国

社会科学，2012(2).

［31］罗嘉航，李化. 论可持续发展的国际法律地位［J］. 求索，
2012(4).

［32］秦朗. 国际石油合同风险控制浅析［J］. 国际石油经济，2012
(12).

［33］王明舜，陈明宝. 南中国海油气资源合作开发趋势对中国的
启示［J］. 中国海洋大学学报(社会科学版)，2012(6).

［34］温耀原. 国际法视野下共同开发南海的法律问题研究［J］. 法
学杂志，2012(10).

［35］曾加，魏欣. 中日东海油气资源共同开发中的争端解决［J］.
山东科技大学学报(社会科学版)，2012(4).

［36］郭渊. 东南亚国家对南海石油资源的开发及其影响——以菲、
马、印尼、文莱为考察中心［J］. 近现代国际关系史研究，
2013(4).

［37］金永明. 论南海资源开发的目标取向：功能性与规范性［J］.
海南大学学报(人文社会科学版)，2013(4).

［38］邱昌情. 非传统安全视角下的中韩关系——以中韩渔业纠纷
与冲突为例［J］. 韩国研究论丛，2013(1).

［39］詹德斌. 海洋权益角力下的中韩渔业纠纷分析［J］. 东北亚论
坛，2013(6).

［40］张辉. 中国周边争议海域共同开发基础问题研究［J］. 武大国
际法评论，2013(1).

［41］董加伟. 论中韩、中日渔业协定框架下的传统捕鱼权保障
［J］. 东北亚论坛，2014(4).

［42］黄瑶，黄明明. 中韩与中越渔业协定及其实施的比较分析
［J］. 中山大学法律评论，2014(2).

［43］马光. 中韩渔业合作与纠纷探析［J］. 浙江社会科学，2014
(5).

［44］王承志. 共同开发南中国海油气资源的法律问题［J］. 中山大
学法律评论，2014(2).

［45］杨泽伟. 论海上共同开发的发展趋势［J］. 东方法学，2014(3).

[46] 杨泽伟. 论海上共同开发"区块"的选择问题[J]. 时代法学，2014(3).

[47] 曾令良. 论诚信在国际法中的地位和适用[J]. 现代法学，2014(4).

[48] 赵卫华. 中越南海争端解决模式探索[J]. 当代亚太，2014(5).

[49] 程春华，张瑶. 国际能源贸易中的争端管理机制初探[J]. 国际关系研究，2015(1).

[50] 郭冉. 南沙油气资源开发的法律困境与对策研究[J]. 广西大学学报(哲学社会科学版)，2015(4).

[51] 何海榕. 马泰与马越共同开发案的比较研究[J]. 太平洋学报，2015(12).

[52] 王勇. 当代海洋权益争端中的法律、政治与文化[J]. 武汉大学学报(哲学社会科学版)，2015(3).

[53] 严双伍，李国选. 南海问题中的美国跨国石油公司[J]. 太平洋学报，2015(3).

[54] 杨泽伟. 论海上共同开发区的法律适用问题[J]. 广西大学学报(哲学社会科学版)，2015(4).

[55] 朱丽娣. 国际石油工程合同争议的解决研究[J]. 中国市场，2015(12).

[56] 邓妮雅. 日韩共同开发东海大陆架案及其对中国的启示[J]. 中国海洋大学学报(社会科学版)，2016(2).

[57] 董世杰. 论南海潜在共同开发区的法律适用问题[J]. 广西大学学报(哲学社会科学版)，2016(2).

[58] 何志鹏. 国际司法的中国立场[J]. 法商研究，2016(2).

[59] 胡二杰. 浅析东南亚国家和平解决海洋争端的主要路径选择[J]. 东南亚纵横，2016(4).

[60] 黄世席. 可持续发展视角下国际投资争端解决机制的革新[J]. 当代法学，2016(2).

[61] 孔庆江. 解决南海争端的"双轨思路"[J]. 人民论坛·学术前沿，2016(23).

［62］匡增军，欧开飞．俄罗斯与挪威的海上共同开发案评析［J］．
边界与海洋研究，2016(1)．

［63］任洪涛．论南海海域环境保护管辖的冲突与协调［J］．河北法
学，2016(8)．

［64］王生，张雪．国际争端解决的司法途径及中国的应对［J］．现
代国际关系，2016(10)．

［65］薛松，许利平．印尼"海洋强国战略"与对华海洋合作［J］．国
际问题研究，2016(3)．

［66］杨珍华．刍议第三方在跨界水争端解决中的实践与作用［J］．
河北法学，2016(6)．

［67］叶泉．当事国在海域划界前的国际法义务之研析［J］．法学评
论，2016(6)．

［68］张华．论南海争端各方合作的法律义务及前景［J］．太平洋学
报，2016(1)．

［69］蔡怡希，张晏瑢．《中韩自贸协定》影响下的两国渔业纠纷解
决分析［J］．亚太安全与海洋研究，2017(3)．

［70］初北平．"一带一路"多元争端解决中心构建的当下与未来
［J］．中国法学，2017(6)．

［71］董世杰．剖析日本蓄意在东海"中间线"以西海域挑起争议的
划界图谋［J］．太平洋学报，2017(11)．

［72］黄文博．论海上共同开发监督机制的完善及其在南海的适用
［J］．中国海洋大学学报(社会科学版)，2017(5)．

［73］黄文博：《东帝汶诉澳大利亚仲裁案及其对中国的启示》，载
《武大国际法评论》2017年第5期。

［74］杨泽伟．海上共同开发的先存权问题研究［J］．法学评论，
2017(1)．

［75］杨泽伟．仲裁案后南海共同开发：机遇、挑战及中国的选择
［J］．海南大学学报(人文社会科学版)，2017(6)．

［76］张超，张晓明．"一带一路"战略的国际争端解决机制研究
［J］．南洋问题研究，2017(2)．

［77］李华杰，马丽梅．近年来我国能源投资发展分析［J］．中外能

源，2018(1).

[78] 李威. 论 WTO 新能源贸易争端及我国的对策[J]. 上海对外经贸大学学报，2018(1).

[79] 苏莹莹. 均势理论与马来西亚对于南海议题的"不选边"策略分析[J]. 国际论坛，2018(1).

[80] 杨泽伟. "21 世纪海上丝绸之路"建设的风险及其法律防范[J]. 环球法律评论，2018(1).

[81] 杨泽伟. 论海上共同开发争端的解决及中国的选择[J]. 东方法学，2018(2).

[82] 张璐，惠宁. 一带一路背景下中国对外石油投资合作面临的机遇与挑战[J]. 对外经贸实务，2018(1).

[83] 戴渝龙. "陆地换海洋"：文莱与马来西亚解决领土争端研究[J]. 东南亚研究，2019(6).

[84] 蒋德翠. 中国—东盟自贸区投资争端解决机制的困境与出路[J]. 河北法学，2020(5).

[85] 孙传香. 中国与南海邻国共同开发南海油气资源的困境与突围[J]. 南华大学学报(社会科学版)，2020(4).

[86] 许蔡梦骁. 中菲南海油气开发合作：法律困境与潜在风险[J]. 亚太安全与海洋研究，2020(5).

[87] 余文全. 中菲南海争议区域共同开发：曲折过程与基本难题[J]. 国际论坛，2020(2).

[88] 张晟. 越南在南海油气侵权活动的新动向及中国的应对[J]. 边界与海洋研究，2020(1).

[89] 吴士存. 南海缘何再度成为大国角逐的舞台[J]. 人民论坛·学术前沿，2021(3).

[90] 姚莹. 中国共产党的海洋战略对国际海洋法发展的贡献[J]. 吉林大学社会科学学报，2021(1).

[91] 张晏瑲. 由法律视角论中国特色的海权合作发展模式[J]. 江苏大学学报(社会科学版)，2020(1).

[92] 朱锋. 大变局下的南海局势：新问题与新特点[J]. 人民论坛·学术前沿，2021(3).

[93] 吕江，赵靖.《能源宪章条约》对可再生能源投资的规制研究[J].武大国际法评论，2021(4).

[94] 荣睿.能源贸易公司防范美国经济制裁风险建议[J].国际石油经济，2021(8).

[95] 杨晓锋.能源宪章最新动向：洞察与借鉴[J].情报杂志，2021(4).

[96] 马忠法.论中国海洋开发和利用法律制度的完善[J].广西社会科学，2022(1).

(三)学位论文

[1] 孙炳辉.共同开发海洋资源法律问题研究[D].北京：中国政法大学国际法专业，2000.

[2] 窦仲晖.对和平解决国际争端的政治与法律方式的比较研究[D].广州：暨南大学国际关系专业，2009.

[3] 李彬.资源与环境视角下的我国区域海洋经济发展比较研究[D].青岛：中国海洋大学海洋资源与权益综合管理专业，2011.

[4] 朱红梅.中国石油企业境外勘探开发法律问题研究[D].长沙：湖南师范大学国际法学专业，2014.

[5] 苏畅.我国石油企业海外投资风险研究[D].西安：西安石油大学企业管理专业，2015.

[6] 张扬.《中韩渔业协定》研究[D].青岛：青岛大学国际关系专业，2015.

[7] 常淋淋.中韩争议海域之韩国执法管辖权研究[D].上海：华东政法大学国际法专业，2016.

[8] 柳峰.国际石油合同法律风险控制研究——以中国石油企业开展国际油气资源合作为视角[D].北京：对外经济贸易大学国际法专业，2016.

[9] 刘瑞.中国周边海洋外交的定位与选择[D].长春：吉林大学国际关系专业，2017.

[10] 苏莹莹.马来西亚南海政策解读与我国的应对策略研究[D].

北京：北京外国语大学亚非语言文学专业，2017.

[11] 周子云.南海岛屿冲突各方在南海的油气开发现状及动因研究[D].广州：暨南大学国际关系专业，2017.

[12] 何晓忠.中越北部湾渔业合作国际法问题研究[D].武汉：武汉大学国际法专业，2018.

[13] 汪彩平.印度尼西亚处理海域争端的方式及其影响因素分析[D].武汉：华中师范大学国际关系专业，2019.

[14] 宋建欣.改革开放以来中国共产党维护南海主权权益研究[D].长春：吉林大学中国近现代史基本问题研究专业，2020.

[15] 樊丛维.中国科技兴海视域下海洋强国战略研究[D].长春：吉林大学国际政治专业，2021.

[16] 贾辉.国际投资环境保护之国家责任研究——以中国海外投资为视角[D].北京：中国政法大学国际法专业，2021.

五、网络资源

[1] 胡杰.英国"转向印太"？中国要警惕这些问题[OL].https：//www.guancha.cn/hujie/2021_11_12_614507.shtml，2021-11-12/2021-11-20.

[2] 加强团结合作，携手共建海洋命运共同体——王毅国务委员在"第二届海洋合作与治理论坛"开幕式上的致辞稿[OL].https：//www.fmprc.gov.cn/web/ziliao_674904/zyjh_674906/t1918927.shtml，2021-11-09/2021-11-18.

[3] 东帝汶启动历史上首次陆地石油钻探[OL].http：//easttimor.mofcom.gov.cn/article/sqfb/202111/20211103214360.shtml，2021-11-04/2021-11-10.

[4] 许可.李克强出席第24次中国—东盟领导人会议[OL].http：//www.gov.cn/premier/2021-10-26/content_5645072.htm，2021-10-26/2021-11-10.

[5] 凝聚共识、汇聚合力携手开辟全球发展光明前景——王毅国务委员在2021年可持续发展论坛上的讲话[OL].https：//www.

fmprc. gov. cn/web/ziliao＿674904/zyjh＿674906/t1909841. shtml，
2021-09-26/2021-11-18.

［6］丁铎．推动中菲海上执法合作向更深层次发展［OL］.
https：//www. guancha. cn/dingduo/2021＿08＿28＿604836. shtml，
2021-08-28/2021-10-16.

［7］张学昆．南海局势升温！英国航母已到南海，德国军舰正在来
南 海 的 路 上 ［ OL ］. https：//www. 163. com/dy/article/
GGD99UIL055280F5. html，2021-08-02/2021-10-10.

［8］王世纯．马来西亚：中国空军16架战机在南海上空进行演习
［OL］. https：//www. guancha. cn/military-affairs/2021＿06＿02＿
592832. shtml，2021-06-02/2021-11-18.

［9］马克·瓦伦西亚．中国利用疫情在南海搞事情了吗？［OL］.
https：//www. guancha. cn/MarkJValencia/2020＿05＿07＿549454.
shtml，2020-05-07/2021-8-22.

后　记

此次书稿的撰写是在我博士论文基础上所做的修改和丰富，是对我博士论文的一个全面的检视。在写作过程中我深刻认识到自己的研究还存在诸多不足之处，要想把所研究的问题说透，本书的写作只是一个初步探索，今后的研究任重而道远。

对本书的完成，首先要感谢我的恩师，我学术生涯的领路人杨泽伟教授。我仍然清晰地记得博士一年级时杨老师批改我提交给他的第一篇学术论文留下的整页整页的大叉叉，以及我博士论文中他修改的每一个细小的标点符号，杨老师这样的高标准严要求足以对我的学术态度产生颠覆性的影响。杨老师正是用他严谨治学、务实进取、以上率下的学术作风和道德情操，深刻地鞭策着我在学术上不断精进，也激励着我更加踏实努力地工作。

还要感谢我的家人。我的先生在我求学和工作期间主动分担家务，让我没有后顾之忧。我的母亲和我的婆婆一生忘我奉献，勤劳朴实节俭，树立了良好的家风，让我终生受益。

我是幸运的！不论是求学，组建家庭，还是在工作中，我总能遇到善良真诚的人，他们陪伴和帮助我成长，是我人生中宝贵的精神财富。虽然水平有限，但我还是想用此书来回报他们的善意和期望，我也将以此为勉励，争取作出更好的成绩。

黄文博